Géogr

Prodiges de la nature

EN FRANCE

Responsable éditorial : **Michel Larrieu**
Fabrication : **Agnès Perreau**

Suivi éditorial et iconographique

dédicace
rédiger . coordonner . illustrer . créer

Maquette, photogravure :
Nord Compo

Éditeur du groupe CAMIF.
ISBN : 2-603-01300-9

Si vous désirez être tenu au courant des publications de l'éditeur de cet ouvrage, il vous suffit d'envoyer votre adresse, en mentionnant le pays, aux éditions :
Delachaux et Niestlé – Service promotion
62, rue Jeanne d'Arc
F-75013 Paris
Vous recevrez régulièrement, sans engagement de votre part, nos catalogues et une information sur toutes les nouveautés que vous trouverez chez votre libraire.
Vous pouvez également consulter notre site : www.delachaux-niestle.com

Georges Feterman

Prodiges de la nature

en France

delachaux et niestlé

Avant-propos

Prodiges de la nature en France

À SILLONNER la France, on prend des habitudes, on a ses rendez-vous, ses points de repère. Au détour d'une route, surgissent des falaises escarpées. Les neurones s'activent. Parois verticales, roches blanches, fissures profondes illustrent le calcaire. Gorges, grottes ou gouffres sont alors au programme. À coup sûr, au printemps, des orchidées fleuriront sur les plateaux très secs.

Ailleurs, les pierres grises des vieilles maisons brillent au soleil. Le granite est tout proche, composant des chaos spectaculaires, fruits du travail de l'érosion.

La campagne se fait bocagère, les arbres tondus par les vaches projettent une ombre rectiligne en lisière des prés. Un chêne séculaire trône au milieu de la pâture, une pie grièche profite des épines des haies pour embrocher ses proies.

Regardez bien ! Ouvrez les yeux ! Une France discrète insolite s'offre à vous, au cœur d'admirables paysages. Elle est faite pour les curieux de nature. Ici, un tilleul séculaire abrite une chapelle romane, là un genévrier tordu insinue ses racines dans un rocher aux formes mystérieuses. Allez les chercher, vous ne serez jamais déçus. Vos guides sont déjà sur place. La bergeronnette au bord du ruisseau, près du petit pont, le rouge-queue noir sur le toit de l'église. On ne peut pas les manquer, ils sont toujours là, fidèles au rendez-vous. En leur compagnie, partez à la recherche des sites insolites ou méconnus, si possible hors des sentiers battus. Arbres millénaires, rochers fabuleux, faune et flore d'exception, paysages insolites, ceux dont on a peine à imaginer qu'ils se trouvent en France. Le choix proposé est forcément subjectif. Il ne peut en être autrement. Loin d'être exhaustif, il rassemble une cascade de coups de cœur, un flot de bonheur fugace à partager dans l'intimité.

Dans votre propre région, certains sites vous paraîtront peut-être communs, faisant partie de votre décor, mais pensez à ceux qui viennent d'ailleurs. Eux découvrent ! Choisissez si possible le bon moment pour la visite. La saison, importante pour la faune et décisive pour la flore. Le jour, pour les sites les plus célèbres, évitez les week-ends très chargés pendant lesquels vous courrez… où personne ne va. L'heure, l'esthétique et l'appareil photo ont leurs raisons que l'estomac et le sommeil ignorent. Privilégiez le matin pour éviter la foule ou la soirée pour la belle lumière.

Tous les moyens de transport seront précieux ! Train, voiture, vélo, kayak et surtout vos pieds, merveilleux instruments de découverte. Enfin, est-il besoin de le préciser, respectez les sites et les consignes données. Les fragiles équilibres écologiques déjà bien malmenés ne supportent plus nos agressions et nos dérives. La planète a le mal de l'Homme. Des milieux se dégradent ou disparaissent, l'air et l'eau véhiculent des polluants agressifs, les hirondelles s'en vont pour ne

plus revenir. Mais le combat n'est pas perdu. Au quotidien, des femmes et des hommes agissent, des associations se mobilisent pour préserver des biotopes, sauver des espèces. Et parfois, ça marche…

Qui aurait imaginé il y a quelques dizaines d'années pouvoir admirer le spectacle des milliers de grues cendrées faisant halte en Champagne ou celui des vautours évoluant dans le ciel pyrénéen. Rien n'est gagné, mais tout n'est pas perdu. Ce livre paraîtra peut-être trop optimiste à certains, mais quand on aime…

La France toujours belle suscite tant d'émotions. On tombe vite amoureux de son exceptionnelle diversité. Ses couleurs d'abord. Falaises blanches, gorges rouges, eaux bleues ou vertes, forêts sombres, pierres noires ou roses. La France est une palette. Pas étonnant qu'elle ait inspiré les plus grands peintres. Monet à Belle-Île ou Giverny, Cézanne en Provence ou Courbet dans le Jura. La multiplicité des influences climatiques a façonné les reliefs et la végétation. L'eau, simple agent d'érosion, devient un sculpteur sublime. Toujours du grand art ! Elle travaille, liquide ou glacée, sur une maquette construite en trois temps. Première ébauche, la France précambrienne et primaire au cours de laquelle l'orogenèse hercynienne établit la charpente : Massif armoricain, Massif central et Vosges.

Pendant les ères secondaire et du tertiaire, la mer déposa à plusieurs reprises des sédiments, surtout calcaires, sur les flancs des montagnes déjà usées. Le mille-feuille stratifié des Causses, de la Provence, des Préalpes, du Jura et des bassins parisien et aquitain se met en place. En une troisième phase, les soulèvements pyrénéen et surtout alpin bouleversent les deux structures préalables. Cassant et plissant les dépôts sédimentaires, soulevant à nouveau le socle ancien et laissant place parfois à des épanchements volcaniques. Les derniers coups de « rabot », ceux des glaciers et des eaux de ruissellement, modèlent les paysages actuels.

Les hommes les ont ensuite profondément modifiés, parfois embellis, souvent dégradés. Ils ont fait naître de nouveaux paysages liés à leurs pratiques agricoles. Ils ont utilisé la pierre pour faire naître des merveilles architecturales désormais indissociables des paysages : églises romanes d'Auvergne en pierre de lave, chapelles bretonnes en granite, châteaux de la Loire en tuffeau. Regardez les pierres des vieilles maisons, elles racontent l'histoire géologique de la France.

Les rochers fantastiques ou les arbres fabuleux que vous découvrirez ont aussi leur part d'histoire. Ils constituent un patrimoine qui plonge dans les racines du temps. Ils véhiculent une légende, célèbrent un événement, racontent l'Histoire de France.

Georges Feterman

SOMMAIRE

NATURE *en France*

Une mine d'**idées**

À ne pas manquer !

Le coup de cœur : le platane du square du Ramponneau à Lille

Le panorama : le belvédère du terril Sabatier

La balade : la mare à Goriaux

De l'Artois à la plaine des Flandres, les reliefs se font rares. Quelques belvédères naturels comme le mont Cassel et le mont des Cats émergent du plat pays. En bord de mer, dunes de sable et falaises de craie permettent quelques escalades.

Depuis le xviiie siècle, de jeunes montagnes se sont toutefois soulevées, rehaussées sans cesse par le dur travail des hommes. Les terrils font définitivement partie du paysage, témoins d'une exploitation qui prit fin en 1990. Pour « aller au charbon », il fallait creuser des galeries et des puits. La terre et les pierres extraites alors étaient entassées avec les schistes séparés de la houille par « lavage ». La région Nord - Pas-de-Calais a compté jusqu'à trois cent cinquante-cinq terrils, il n'en subsiste que deux cents. La forme des terrils indique leur âge. Les plus plats témoignent de la période ancienne où les déblais étaient apportés par voie ferrée. Les formes coniques, sur lesquelles une rampe permettait d'accumuler de nouveaux débris, sont postérieures. Certains terrils toujours exploités fournissent de la matière première aux travaux publics. D'autres constituent un patrimoine minier important, témoins d'une aventure humaine.

À l'aide de végétaux aquatiques, la commune de Lallaing a établi sur un terril une véritable station d'épuration biologique de ses eaux domestiques, ce qui lui valut l'oscar 1990 de l'environnement. À Rieulay, on a implanté une base de loisirs avec plage en utilisant la dépression creusée par un effondrement minier. Wingles et Condé-sur-Escaut ont également créé leur parc de loisirs aquatiques. Les activités sportives fleurissent : VTT, pêche, randonnée, voile, ski nautique et même ski alpin à Nœux-les-Mines.

La curiosité nous pousse vers ces terrains biologiquement vierges qui, par la richesse de leur sous-sol, redeviennent d'exceptionnels espaces naturels.

Square du Ramponneau

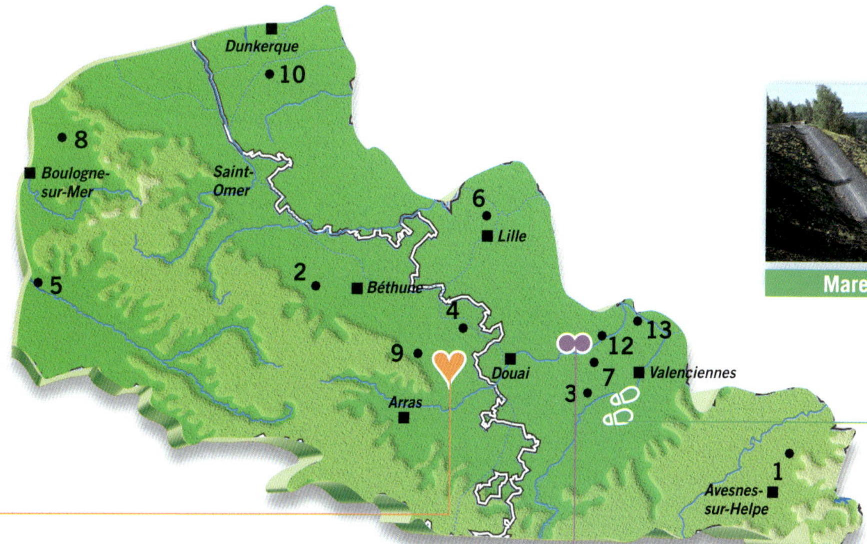

Mare à Goriaux

Site Sabatier

1. Avesnois
2. Bruay-la-Buissière
3. Haveluy
4. Leforest
5. Le Touquet
6. Lompret
7. Mare à Goriaux à Raismes
8. Marquise
9. Square du Ramponneau à Lille
10. Quaedypre
11. Scarpe-Escaut
12. Site Sabatier à Raismes

Site de la Mare à Goriaux : *les bouleaux colonisent le terril.*

Stériles, les terrils ?

Le **site Sabatier** ●● à **Raismes** (59) fait partie du parc naturel régional Scarpe-Escaut qui englobe également la belle forêt de Saint-Amand-Raismes. Un grand parking donne accès à la maison de la Forêt et à la base de loisirs. Pour se rendre au terril depuis le rond-point, empruntez à pied la drève de la fosse. Après quinze minutes de marche, prenez le premier chemin à gauche, puis tout de suite à droite en suivant le balisage. Ici commence « l'ascension », jalonnée de panneaux informatifs sur l'exploitation passée et sur la reconquête actuelle de la végétation. Ces petites plantes qui tentent de conquérir cet amas minéral peu accueillant après l'abandon de l'exploitation sont bien méritantes. Une sécheresse superficielle intense et une température parfois très élevée (la couleur noire absorbe la chaleur) ne favorisent guère leur épanouissement. En été, on a enregistré des températures de 53 °C à 15 cm de profondeur. En dépit de ces conditions difficiles, les graines portées par le vent ou les oiseaux parviennent à s'installer et à germer. Les premiers colonisateurs évoquent ceux que l'on trouve en Auvergne dans les carrières de cendres volcaniques délaissées.

Les parties en fortes pentes du terril Sabatier montrent bien la place prise par les bouleaux, les rumex, les millepertuis, les résédas, les vipérines et les linaires dans cette reconquête. Les mousses, lichens et champignons contribuent aussi à la constitution d'un humus jusqu'alors inexistant. Plus bas, au contact de la forêt, germandrées, eupatoires et ronces, plus touffues, préparent le terrain au retour progressif de la forêt. Sans replantation volontaire, la montagne noire disparaîtra naturellement sous une magnifique chênaie en moins de un siècle. Des espèces venues du bout du monde trouvent sur le terril des conditions proches de leur milieu d'origine. La plus abondante est le séneçon d'Afrique du Sud importé avec la laine des moutons. On peut également rencontrer sur un autre terril l'érigéron de Sumatra introduit durant la guerre de 1914-1918, l'onagre de Silésie ou encore le rumex à écusson apporté avec le bois nécessaire aux mineurs.

Au sommet, un belvédère offre une belle vue sur la mare « des trois mortiers » installée dans une des excavations exploitées autrefois. En suivant les panneaux marqués d'un terril, on rejoint ce plan d'eau pour découvrir les canards, les hérons cendrés ou les grèbes huppés installés dans ces lieux naturels tout neufs. Le retour s'effectue à travers la forêt par la drève de la princesse.

Reconquête spontanée du terril.

Vue d'avion

Mare à Goriaux : un lac installé dans une dépression due à un affaissement minier.

Sur la commune d'**Avion** (62), le terril de **Pinchonvalles**, qui culmine à 119 m, présente trois étages correspondant à trois talus successifs de déblais. Tous les stades de la reconquête végétale sont ici représentés. Le site est d'ailleurs protégé par un arrêté de biotope et son accès est réglementé à partir de la cité des Crêtes.

Le **parc de la Glissoire** aménagé pour la promenade commence tout près de la mairie d'Avion. Les vestiges rouges des débris donnent au paysage un faux air volcanique d'autant plus qu'un petit cône laissé en place domine le lac. Pêcheurs, promeneurs et oiseaux de passage semblent y vivre en harmonie.

On accède à l'incroyable site de la mare à Goriaux par la sortie n° 6 de l'A 23, près de **Raismes** (59). Après une petite escalade sur un terrain quasi lunaire, on découvre une maigre végétation. Un peu plus haut, les bouleaux font leur travail de colons. On parvient ensuite au sommet ! Surprise ! Un lac est perché dans une vaste dépression due à un affaissement minier. On pêche et on gambade. On pourrait presque se croire sur une autre planète. Le tour complet de 6 km permet d'observer l'avifaune qui, du héron au gravelot ou au grèbe, s'enrichit chaque année. En hiver, le balbuzard pêcheur peut venir stationner quelque temps.

Les amoureux des amphibiens apprécieront tritons et crapauds, tandis que le lézard des murailles ou le criquet à ailes bleues profitent de la chaleur méridionale du lieu. Les botanistes pourront apercevoir l'orchidée helléborine en abondance, la lysimaque ou le chanvre d'eau.

D'autres collines noires méritent une visite. Le point de vue depuis le **terril d'Haveluy** (59) est particulièrement recommandé, tout comme les belles plantations du terril de la fosse 10 à **Leforest** (62) accessibles près de la cité du Bois. Le terril 12 du bois des Dames à **Bruay-la-Buissière** (62) que l'on atteint par la rue des Dames, présente de spectaculaires ravinements dus à l'érosion.

Sur tous les sites, les morceaux de charbon oubliés portent l'empreinte du passé. Des tiges de prêles géantes et des feuilles de fougères imprimées dans la roche noire rappellent sa formation au carbonifère. À l'époque, d'immenses forêts primitives dépourvues d'arbres « modernes » se décomposaient, prises entre deux couches de sédiments. Deux cent cinquante millions d'années plus tard, l'extraction de la houille exploitait cette énergie solaire mise en réserve à l'ère primaire.

Un seul hêtre vous manque...

Quelques arbres remarquables fleurissent des Flandres à l'Artois. Le plus spectaculaire se cache dans la pépinière de **Lompret** (59). Le tronc de ce hêtre pourpre de 7 m de circonférence arbore une curieuse forme en chandelier. À **Quaedypre** (59), plusieurs hêtres au tronc en patte d'éléphant se dressent dans le parc du restaurant *L'Ermitage du Bois-Joli*. Le gros tilleul de l'église de **Marquise** (62) se prête quant à lui parfaitement aux photos de mariage. Une mention spéciale à la ville du **Touquet** (62) qui présente un exceptionnel patrimoine arboré que l'on peut admirer en suivant les sentiers de découverte proposés par l'office du tourisme.

Le parc naturel régional de **Scarpe-Escaut**, basé à **Saint-Amand-les-Eaux** (59), a répertorié plusieurs arbres fort intéressants comme le tilleul de **Rosult** (59), l'« arbre à loques » de **Hasnon** (59) dont chacun pourra tester les vertus guérisseuses, ou les gros hêtres de la forêt de Bonsecours.

Une démarche identique dans l'**Avesnois** a permis de repérer plusieurs arbres remarquables, notamment le vieux chêne de Maroilles dont l'âge est estimé entre 600 et 700 ans. L'arbre se trouve sur la route d'Avesnes-sur-Helpe, 300 m après le cimetière. Dans le parc naturel régional de l'Avesnois, mentionnons également les tilleuls des Monts à Baives. Ces deux arbres bicentenaires font face à la chapelle érigée en 1756 en l'honneur de saint Fiacre.

À **Lille** (59) même, dans le square du Ramponneau, un superbe **platane ♥** de 6,5 m de circonférence caresse la Deûle de ses branches pleureuses.

À proximité, le jardin Vauban présente parmi un ensemble de fort beaux arbres une curieuse « ronde » de marronniers qui entouraient jadis un kiosque à musique. De vieux hêtres trônent aussi sur les contreforts de la citadelle ou dans le cimetière de l'Est qui abrite trois magnifiques spécimens pleureurs.

***Lille** : le platane du Square du Ramponneau.*

Champagne – Ardenne

À ne pas manquer !

Le coup de cœur : les grues cendrées du lac du Der

Le panorama : les méandres de la Meuse à Monthermé

La balade : la forêt de Verzy

Vrais faux et grues cendrées

Monthermé

Champagne ! Un nom connu de tous. Dom Pérignon n'imaginait pas faire connaître au monde entier sa belle province en inventant sa double distillation à l'origine du précieux breuvage. La Champagne, mot dérivé de « campagne », est avant tout un pays de plaines et de plateaux calcaires. Autrefois pauvre, cette terre est désormais amendée et riche, délimitée par les côtes (*cuestas*). Disposées en crêtes concentriques autour de Paris, celles-ci traduisent le soulèvement du Bassin parisien à l'est. Bien orientées, elles furent une bénédiction pour les hommes qui y plantèrent leurs vignes.

C'est sur la montagne de Reims, pointe avancée de la côte de l'Île-de-France, que l'insolite surgit dans la forêt de Verzy. Plus à l'est, plus méconnue, voici la Champagne « humide ». Sur ces terres marneuses, forêts et bocage forment un heureux mariage. L'imperméabilité du sol a permis de réaliser les trois grands réservoirs qui protègent l'Île-de-France des inondations : le lac de la forêt d'Orient, le lac du Der et le lac du Temple. Modifiant profondément les milieux naturels, cette mise en eau commencée il y a une trentaine d'années aurait pu être catastrophique. Grues cendrées, balbuzards, pygargues et oies cendrées en ont heureusement décidé autrement, choisissant ces vastes étendues humides pour faire une halte, parfois très longue, au cours de leur migration.

Forêt de Verzy

1. Hottée du diable
2. Beuvardes
3. Forêt de Verzy
4. Lac du Der
5. Tuffière de Rolampont
6. Cascade d'Etufs
7. Cul du Cerf
8. Vireux-Molhain
9. Méandre de Monthermé
10. Chêne de Boult-au-Bois
11. Tilleul de Brieulles-sur-Bar
12. Forêt de Nouvion

Les Ardennes françaises tranchent nettement avec ces paysages. La nature des roches du sous-sol, le climat rude et la profonde entaille de la Meuse donnent au pays un caractère presque montagnard encore accentué par la flore : sorbiers, myrtilles, digitales, épilobes s'abritent sous la hêtraie-sapinière.

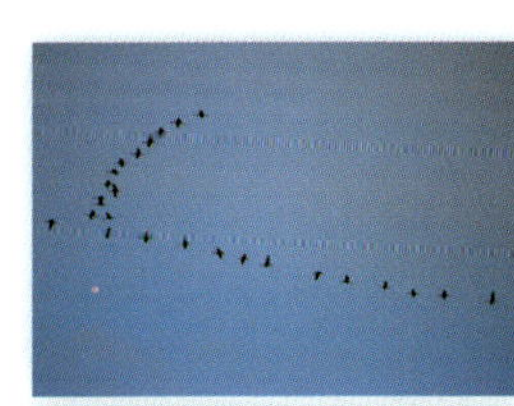
Lac du Der

La hottée du diable

Pour rencontrer Lucifer, il faut se rendre sur la D 310, entre **Coincy** et **Fère-en-Tardenois** (02). Nous sommes ici en lisière de Champagne, le Tardenois étant pour partie dans le département de l'Aisne, officiellement picard. La Picardie semble pourtant ici bien lointaine…

Du parking, il est aisé de découvrir à quelques centaines de mètres sur la gauche un imposant chaos de grès dominant chênes, bruyères et bouleaux : c'est la **hottée du diable**. On peut errer à loisir parmi les rochers curieusement sculptés par l'érosion, tout en suivant les chemins, car ce site fragile ne résisterait pas un piétinement trop intense. L'imagination se charge alors du reste. Voici le géant (le *geyn* en patois), un roc dressé au cœur de ce bestiaire minéral, puis la baleine perchée au sommet de la butte à côté de deux visages sculptés dans la pierre par quelque artiste méconnu. Paul Claudel, enfant du pays, fit de ce lieu le refuge de son héroïne Mara, la lépreuse de *L'Annonce faite à Marie*. « Les grès mystérieux aux formes fantastiques parmi les bouleaux, les bruyères et les sables blancs… » Pourquoi ne pas penser que Camille fut elle aussi inspirée par ces formes tourmentées.

Revenons au diable. Au Moyen Âge, le seigneur de Bruyères voulut faire bâtir sur son domaine l'abbaye du Val chrétien pour les Prémontrés. Il fit venir un entrepreneur célèbre qui promit de terminer les travaux rapidement. Le travail n'avançait pas, car il fallait traîner

Hottée du diable : d'étranges personnages sculptés dans le grès.

Beuvardes : le vieux chêne et... le roseau.

d'énormes blocs de grès sur de longues distances. Le seigneur et les moines s'impatientaient et l'entrepreneur était désespéré. Un soir, alors qu'il se lamentait, le diable lui apparut et lui dit : « Si tu veux me donner ton âme, je peux te construire le couvent en une nuit. Demain, tout sera fini. » Le marché fut conclu. Le diable se mit à l'œuvre, transportant les matériaux dans une hotte énorme. Les bâtiments allaient être terminés lorsqu'un coq que le tapage avait réveillé se mit à chanter. Satan voulut s'enfuir. Dans sa précipitation, les bretelles de sa hotte se cassèrent net et toutes les pierres se répandirent sur le sol, sur la route de Coincy. Le chaos était né...

Les géologues ont bien sûr une autre version. Il y a plusieurs dizaines de millions d'années, des fleuves déversaient des alluvions sableuses dans la mer qui recouvrait le Bassin parisien. On peut encore observer entre les blocs gréseux le beau sable blanc qui s'accumulait sur les plages à l'ère tertiaire. Comme en de nombreux endroits, les grains de quartz se cimentèrent peu à peu au plus profond des dunes côtières, constituant le grès disposé en « tables » imposantes. L'érosion plus récente donna à ces blocs leur aspect actuel, mais ceci est une affaire d'eau douce !

Sable, grès, quartz... l'acidité du sol est une réalité minérale. La végétation dite acidophile est spécifique de ce type de sous-sol. Ainsi, chênes rouvres, châtaigniers, pins ou bouleaux abritent de vastes tapis de callunes, fougères aigles ou germandrées.

Dans le sud de l'Aisne, non loin de Château-Thierry, on peut découvrir deux vieux chênes. Le plus extraordinaire se trouve à **Beuvardes** (02). Dorloté par ses propriétaires, le vieux chêne de la ferme d'Artois, qui pourrait avoir entre 500 et 700 ans, trône majestueux au bord d'une pièce d'eau où s'ébattent cygnes et canards. Une merveille d'équilibre et de sérénité ! À **Rozoy-Bellevalle** (02), se cache un autre chêne imposant sur un petit chemin qui débute à quelques dizaines de mètres au nord de l'ancienne église de campagne.

Les hêtres tortillards de la forêt de Verzy

En suivant le balisage depuis Verzy, puis à partir du parking forestier, on découvre sans problème les étranges contorsions des « faux ». Quelle est la meilleure saison pour visiter la **forêt de Verzy** (51) située à quelques kilomètres à l'est de Reims et perchée au-dessus du vignoble champenois ? Au printemps, lorsque les feuilles des hêtres n'ont pas encore poussé, on s'émerveille devant les troncs torsadés comme des bonzaïs naturels. L'été, chaque arbre prend l'apparence d'un curieux parasol végétal qui n'a rien à envier aux plus beaux arbres pleureurs. En hiver, la neige épouse les formes tortueuses des fayards, une appellation du hêtre issue du latin *fagus*. Finalement, une belle journée d'automne est peut-être le meilleur moment. Le feuillage plus clairsemé permet de mettre en évidence les étranges ramures. Les feuilles tiennent encore à un fil, colorant de jaune et de rouge les arbres fantomatiques.

Aujourd'hui encore, les scientifiques sont perplexes. Pourquoi ces hêtres ont-ils cet aspect particulier alors qu'ils appartiennent à la même espèce que le hêtre commun *(Fagus sylvatica)* bien droit dans les futaies ? De toute évidence la croissance naturelle de l'arbre est perturbée, les branches s'orientant brusquement à 90 degrés. Mais pourquoi ? Un virus ou une bactérie contenue dans le sol ? Une mutation génétique ? Ou les deux ? À moins qu'il ne s'agisse de la simple expression d'un potentiel non exprimé en d'autres lieux, mais dominant à Verzy. Alors, pourquoi ici ? On connaît seulement deux autres sites « naturels », l'un en Suède et l'autre en Allemagne. Des interrogations se font jour après une récente découverte en Auvergne. Les études menées en commun par l'ONF et le parc natu-

***Forêt de Verzy :** les troncs torturés des hêtres tortillards semblent danser une étrange sarabande.*

Forêt de Verzy : *la neige a recouvert les faux.*

rel régional de la montagne de Reims permettent aujourd'hui d'affirmer que cet aspect tortillard s'inscrit bien dans le patrimoine génétique des arbres, mais que le maintien de cette variation, en principe inadaptée aux conditions de vie en milieu forestier, pourrait être due à l'action de l'homme. Les moines de l'abbaye de Saint-Basle, qui mentionnaient les arbres dès le VIe siècle, ont probablement contribué à la protection, puis à l'extension des faux, en favorisant leur marcottage. Les hêtres tortillards se reproduisent avant tout par cette méthode de bouturage naturel bien qu'ils produisent naturellement des faines en petite quantité. L'avenir des faux de Verzy dépend également des hommes. Entrer sous le couvert végétal, escalader les vieux troncs noueux sont autant de tentations à la portée des promeneurs, si bien que des mesures de sauvegarde drastiques ont été prises. Il convient désormais de les admirer sans trop s'approcher. Des cheminements évitent les zones sensibles et de petites barrières matérialisent la périphérie des arbres pour éviter le piétinement. Il était temps ! En une vingtaine d'années, un quart des arbres a disparu et le bouturage naturel s'est fortement ralenti. En suivant le balisage, on peut toutefois apprécier de nombreux sujets spectaculaires, notamment les plus tourmentés qui ont plusieurs centaines d'années. Les arbres tortillards de la forêt de Verzy gardent heureusement encore un peu de leur mystère. Il existe en effet dans cette forêt un chêne tortillard (chêne faux) et même un châtaignier tortillard ! Où est la génétique dans tout cela ?

Le parc naturel régional de la montagne de Reims réserve d'autres belles découvertes comme la carrière pédagogique de Mailly-Champagne ou la maison du Parc à Pourcy.

Le merveilleux ballet des grues cendrées

Novembre, le soleil froid s'installe pour quelques jours ! Alors il faut tout arrêter ou au pire attendre le week-end pour partir au **lac du Der** ♥, entre Vitry-le-François et Saint-Dizier, en Haute-Marne. Les grues cendrées sont là, par milliers, prêtes pour un spectacle exceptionnel, digne des grands lacs africains. Les grands oiseaux à contre-jour au soleil couchant ou leur vol régulier dans le ciel rouge orangé d'un matin brumeux enchanteront les esthètes les plus exigeants.

Le lac du Der est un des trois grands lacs, avec celui de la forêt d'Orient et le lac du Temple, créés entre 1970 et 1980 au cœur de la Champagne humide pour réguler les cours de la Seine, de la Marne et de l'Aube et mettre à l'abri la région parisienne des inondations ou de la sécheresse. Par bonheur, le bouleversement apporté au paysage a donné naissance à de nouveaux espaces naturels, des zones humides d'importance internationale pour l'avifaune.

Dès les premières années, pygargues à queue blanche et balbuzards fluviatiles font une halte sur ces grands réservoirs champenois. Oies, cygnes, canards les choisissent même comme sites d'hivernage. L'événement majeur reste la halte prolongée faite par les grues cendrées, chaque année plus nombreuses. De mi-octobre à fin novembre, les belles, présentes par dizaines de milliers, se laissent admirer. Pour les observer, il est préférable de se munir de bonnes jumelles et de connaître leur emploi du temps. Au lever du soleil, elles quittent leur dortoir lacustre vers les champs où le maïs est depuis longtemps récolté. Elles y passent l'essentiel de la journée à déterrer les épis oubliés, accumulant l'énergie nécessaire au vol migratoire. On les observe facilement à quelques kilomètres du lac, depuis les petites routes qui relient les villages. Une bonne occasion pour redécouvrir les ravissantes églises à pans de bois du pays de Der, notamment celles de Lentilles, Outines ou Châtillon. Vers 16 heures, le grand spectacle de la nature commence. Installez-vous confortablement et chaudement près du lac, sur la digue de retenue par exemple, ou près du port de Chantecoq, à proximité de l'intéressante maison de l'Oiseau et du Poisson à visiter auparavant. Par petits groupes, des milliers de grues cendrées reviennent vers le lac en prévision du coucher du soleil. Les îlots émergés à cette période de l'année où le niveau du lac est bas vont leur servir de reposoirs pour la nuit. En vol, le groupe adopte la disposition aérodynamique en V, même pour de courtes distances. « Gru, gru », le cri résonne dans le ciel, assurant la cohésion de l'escadre. Les gracieuses demoiselles croisent parfois un héron. Il est facile alors de comparer les deux « styles » bien différents : cou tendu pour les grues, replié pour les hérons.

Lac du Der : comme chaque soir de novembre, les grues reviennent vers leur dortoir.

Venues de la Baltique, les grues semblent apprécier le site, à tel point que plusieurs milliers d'entre elles restent sur place tout l'hiver, tandis que la majorité de leurs congénères s'envole vers le sud de l'Espagne, parcourant la France en écharpe.

La deuxième grande période d'observation se situe au début du printemps. La halte du retour, plus courte, permet aux adultes, pressés de regagner leur lieu de nidification en Suède ou dans le nord de l'Allemagne, de reprendre quelques forces. Craignant pour leurs récents semis, les agriculteurs apprécient beaucoup moins ce passage printanier…

Tous les ans, en pleine période d'observation automnale, le festival de photos animalières de **Montier-en-Der** offre l'occasion de découvrir d'extraordinaires clichés de la nature… au risque de renoncer à la photo, au vu du travail des « pros ».

Gouffres et tufs en Haute-Marne

Le sud du département offre de surprenants exemples du travail de l'eau sur les terrains calcaires, phénomènes de dissolution entraînant la formation de gouffres ou celle de spectaculaires accumulations de calcaire, les tufs, dans le lit d'une rivière. Les mousses prélèvent en abondance du dioxyde de carbone dans l'eau chargée de calcaire dissous, contribuant à la précipitation du carbonate de calcium. Ainsi se forment les tufs, roches calcaires issues d'une étrange alchimie entre les phénomènes biologiques et les réactions physico-chimiques. Le site le plus spectaculaire se situe près de **Rolampont** (52). Bien aménagée pour la découverte, la **tuffière** mérite une visite approfondie. Des panneaux informatifs permettent une bonne compréhension du phénomène encore très actif aujourd'hui. Le calcaire s'accumule en « marches d'escaliers » grâce au travail des mousses bien épaisses. Le végétal fait naître le minéral en une fascinante cascade. Lorsque le trajet de l'eau se modifie, la tuffière, localement inactive, fournit une pierre exploitée en carrière.

Les « tuffistes » convaincus se rendront à la bien nommée **cascade d'Etufs** sur la D 20, près de Rouvres-sur-Aube. Le site est un régal à lui seul. Un grand chêne au milieu des champs, une allée de très vieux frênes aux troncs noueux et des rapaces qui tournoient au-dessus des méandres de l'Aube. L'eau dévale sur un large escalier de tufs, résultat d'un patient travail végétal. Attention ! La cascade se trouve sur une propriété privée.

En pleine forêt, sur la commune d'**Orquevaux** (52), entre Leurville et Lafauche, sur la D 148, se cache le **Cul du Cerf**. Ce tuf « à l'envers » résulte des effondrements successifs du calcaire du sous-sol. Un gigantesque entonnoir de 200 m de diamètre continue de s'agrandir comme en témoignent les racines des hêtres suspendus dans le vide au-dessus du gouffre. Un sentier permet d'y descendre pour apercevoir la résurgence de la Manoise. Cette petite rivière sert de déversoir à un réseau hydrographique complexe qui sillonne le massif calcaire par une multitude de canalisations souterraines. Une couche de marnes imperméables tapisse le fond de la dépression, empêchant l'eau de s'infiltrer davantage.

Tuffière de Rolampont *: une étrange cascade de calcaire et de mousses.*

Méandres et vieux arbres dans les Ardennes

Entre **Charleville** et **Givet** (08), la Meuse et son affluent la Semoy dessinent de spectaculaires méandres dominés par des roches imposantes. Les dames de Meuse ou les roches de Laifour, près de Revin, correspondent aux ultimes soubresauts de la vieille montagne ardennaise dans laquelle la Meuse s'est enfoncée lors du soulèvement hercynien, conservant le cours sinueux qu'elle suivait auparavant.

L'histoire géologique des Ardennes donne le tournis. Les roches qui les constituent ont plus de 400 millions d'années. La chaîne de montagne calédonienne, qui trouve son prolongement dans les îles britanniques et… l'Amérique actuelle, se désagrège peu à peu. Les rivières d'alors déversaient les sédiments qu'elles avaient arrachés dans une mer calme où vivaient les trilobites, de paisibles crustacés aujourd'hui disparus. La réserve naturelle de **Vireux-Molhain**, au nord de Fumay, initie à ce monde étrange où une fossilisation exceptionnelle a permis de préserver ces témoins d'une faune ancestrale. L'affleurement le plus intéressant, appelé « mur des douaniers », se trouve au bord de la D 47. Aucun prélèvement ne doit être effectué.

De spectaculaires belvédères dominent la petite ville de **Monthermé** ●● (08). La D 989 en direction de Hargnies conduit après 3 km au panorama de **La Longue Roche**, accessible par une petite route à partir de l'auberge. Au point le plus élevé, les schistes ardoisiers semblent perforer le sol. En contrebas, un beau méandre enserre Monthermé dans une magnifique boucle bleue.

Par la D 989, mais cette fois en direction de Charleville, le point de vue de la **roche aux Sept-Villages** s'ouvre sur le rocher des Quatre-Fils-Aymon, qui forme une crête aux pointes acérées. Depuis Charlemagne, les quatre vaillants chevaliers s'enfuient toujours sur leur fier destrier. Il faut bien reconnaître qu'ils font du surplace depuis plus de mille ans. Un mouvement tectonique affectant à nouveau les Ardennes les aiderait peut-être à progresser un peu !

Pour les mordus d'arbres remarquables, voici quelques « bonnes adresses » dans le département. Entre Monthermé et Charleville, le hêtre **Helvel** se dresse en bord de route. Le vieux chêne de la forêt de **Boult-au-Bois**, célèbre pour *La Hulotte*, sa géniale revue naturaliste, le tilleul de **Brieulles-sur-Bar** (08) dépassant 9 m de circonférence et les deux marronniers historiques de **Blagny** (08) captivent les plus exigeants. Plus à l'ouest, dans le nord de l'Aisne, la forêt de **Nouvion** (02) est connue pour son vieux chêne : François. Une occasion de découvrir les merveilleuses églises fortifiées de Thiérache.

***Monthermé :** le méandre de la Meuse dominé par le belvédère de la Longue Roche.*

À ne pas manquer !

Le coup de cœur :
le tilleul de Jeanne d'Arc à Vaucouleurs

Le panorama :
les dames de Meuse

La balade :
le sentier de découverte de Marsal

Drôles de dames

La Lorraine au féminin, c'est la plaine qui prolonge les côtes de l'Île-de-France et de Champagne en vagues successives : côte des Bars, côtes de Meuse, puis de Moselle. La Lorraine et sa montagne vosgienne que nous avons réunies avec l'Alsace, l'Histoire nous en excusera. La Lorraine marquée par ses rivières toutes féminines : la Sarre, la Meurthe, la Moselle et la Meuse. La Lorraine et ses femmes : Jeanne d'Arc à Domrémy et Vaucouleurs, les « dames » de Meuse à Saint-Mihiel, les sorcières à Saint-Avold.

Les dames de Meuse

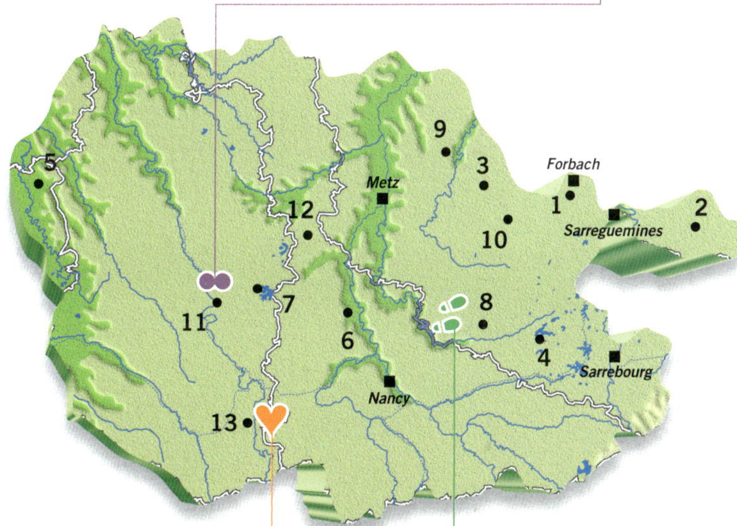

Tilleul de Jeanne d'Arc

Marsal

1. Chêne de Nelling
2. Chêne de Reyersviller
3. Chêne de Zimming
4. Étang de Lindre
5. Forêt d'Argonne
6. Jardin botanique de Nancy
7. Lac de Madine
8. Marsal
9. Orme de Bettange
10. Saint-Avold
11. Saint-Mihiel
12. Tilleul de Chambley-Bussières
13. Tilleul de Jeanne-d'Arc

Reyersviller : *le chêne des Suédois raconte à sa façon l'histoire de France.*

Les dames de Meuse

Saint-Mihiel (55) est une petite ville avant tout connue pour son exceptionnel patrimoine religieux, avec notamment le sépulcre de Ligier Richier. Un petit détour au nord de la ville, en direction de Verdun, conduit à une belle falaise calcaire divisée en sept blocs, véritable source de réflexion. Ces **dames de Meuse** ●● pourraient bien être les sept sorcières qui voulurent submerger la cité. L'archange saint Michel stoppa heureusement net leur funeste action, les figeant en falaise pour l'éternité.

L'explication géologique méprise quelque peu celles qui chevauchaient leur balai… À l'ère secondaire, le Bassin parisien est envahi à plusieurs reprises par de grandes transgressions marines dont les avancées recouvrent la Lorraine actuelle jusqu'aux confins des Vosges granitiques. À l'ère tertiaire, la poussée alpine soulève mécaniquement le bord est de cette véritable pile d'assiettes que constitue la superposition des roches sédimentaires marines. Les « côtes » se mettent peu à peu en place, se succédant comme des vagues, d'ouest en est, alternant dépôts calcaires et argileux. Les rivières déblaient peu à peu les roches tendres, laissant en relief les plus dures comme les calcaires coralliens de Saint-Mihiel. Eh oui ! C'est le corail qui témoigne de la présence, il y a 150 millions d'années, au jurassique supérieur, d'une mer chaude et limpide à l'endroit où nous nous trouvons, avec quelques dinosaures en prime qui déambulaient sur les côtes. Finalement, on n'est plus très loin de la première version ! Il est possible d'observer les empreintes de polypiers géants, étonnantes arborescences formées par le corail dans la grotte du Calvaire et un peu plus bas dans la cavité située près du banc, qui finalement aurait pu être un banc… de poissons !

Saint Mihiel : *les dames de Meuse, rochers de calcaire corallien ou sorcières figées pour toujours ?*

Univers « sel »

C'est au cœur du parc naturel régional de Lorraine qu'il faut se rendre pour découvrir de véritables milieux marins, dont la flore rappelle étrangement celle des grandes baies en bord de Manche. Il ne manque en fait que la mer! Elle fut bien présente dans la région, mais cela commence à dater! C'était au trias, période qui correspond au début de l'ère secondaire. Des lagunes bordant la mer germanique recouvraient la région, alors qu'à l'ouest frémissait le futur océan Atlantique. Le retrait de cette mer a laissé en profondeur des quantités importantes de sel qui furent l'objet d'une forte exploitation et qui conditionnent aujourd'hui la présence de ces milieux originaux. À **Marsal** (57), un parcours fléché permet de partir à la découverte de cet univers avec quelques surprises au rendez-vous, comme la présence de la salicorne, plante que l'on trouve dans les vasières de la Manche et de l'Atlantique. Le sel fut longtemps une source de richesse, ce que l'on a du mal à imaginer aujourd'hui. Le pays de Seille, du nom de la rivière qui traverse Marsal, fut de tout temps convoité par les seigneurs du voisinage, tant pour la manne que le sel représentait que pour l'impôt qu'il permettait de lever, la gabelle. Ceci explique sans doute la présence des doubles remparts qui ceinturent la ville. À gauche de la porte principale, la promenade suit les limites de la forteresse. Elle permet d'observer de nombreuses espèces végétales halophiles (« qui aiment le sel ») parmi lesquelles la salicorne appelée aussi « passe-pierre ». La petite

__Marsal :__ la présence du sel donne vie à une flore surprenante, si loin de la mer...

plante, censée dissoudre les calculs rénaux, tapisse de rouge au printemps et de vert en été les fossés bordant les remparts. Autres espèces remarquables ici, l'aster maritime, le scirpe maritime, le troscart et la spergulaire. Attention ! Le milieu est fragile, restez absolument sur les sentiers pour éviter de dégrader ce surprenant biotope et de patauger dans des zones très mouvantes. Quand la quantité de sel est plus élevée, il n'y a plus aucune végétation, en revanche, dans les zones où elle diminue, les roseaux et les joncs ont colonisé le milieu, offrant une multitude d'abris aux nombreux amphibiens et oiseaux qui bénéficient de ce site insolite. Des panneaux d'information présentent remarquablement bien cet univers « sel », signalant par exemple dans la vieille Seille la présence d'*Artemia salina*, micro-crustacés des lagunes salées bien connus des aquariophiles. Dans le village, la visite de la maison du Sel complète utilement cette visite salée qu'un coup d'œil sur la carte régionale permettra d'étendre à la région bien nommée du Saulnois dont la principale ville est… Château-Salins, forcément !

On trouve d'autres mares salées tout au long de la vallée de la Seille, entre Vic-sur-Seille et Dieuze. Le **parc naturel régional de Lorraine**, qui s'étend sur 18000 ha et plus de deux cents communes des trois départements (Moselle, Meurthe, Meurthe-et-Moselle), s'étend de part et d'autre de l'axe Metz-Nancy. Les points forts de ces milieux naturels passionnants sont la grande forêt de la Reine et le **lac de Madine**, dominé par la butte de Montsec, à l'ouest, et à l'est, les étangs mosellans, riches en oiseaux, en particulier celui de **Lindre**. Le village de Lindre-Basse accueille notamment une colonie de cigognes. Les « Hauts de Meuse » présentent eux de belles pelouses calcaires sèches qui raviront les orchidophiles.

Étang de Lindre : *avec l'aide des hommes, les cigognes s'installent à nouveau en Lorraine.*

Salicorne : *une des nombreuses espèces halophiles présentes en Lorraine.*

Arbres historiques et légendaires de Lorraine

Ce n'est pas à Domrémy qu'il faut chercher le **tilleul de Jeanne-d'Arc** ♥ , bien qu'un jeune hêtre, rappelant celui qui dut être abattu, prenne peu à peu son essor à quelques pas de l'église. C'est à **Vaucouleurs** (55) que l'on peut admirer ce monumental tilleul dont le tronc creux comblé de pierres s'appuie sur les contreforts du château. A-t-il connu Jeanne d'Arc ? On peut s'interroger. Le vieil arbre inspire le respect, symbolisant la rencontre entre Jeanne et Robert de Baudricourt, gouverneur du roi à Vaucouleurs, garnison française située en limite des terres du duc de Bourgogne, allié des Anglais. L'ensemble du site rassemble les vestiges du château, la porte de France, la chapelle et... le tilleul, et marie superbement la pierre et le végétal pour évoquer l'histoire de France.

Un autre tilleul admirable se cache dans le hameau de Bussières, sur la commune de **Chambley-Bussières** (54). Là encore la symbiose entre l'arbre et les œuvres humaines fait merveille ; une église, un petit cimetière ombragé par le vénérable ancêtre dont la circonférence de 6,60 m permet d'en faire, pour le moins, un contemporain de Sully. L'arbre était d'ailleurs déjà creux pendant la Révolution puisqu'il servit de cachette à un prêtre réfractaire, chapelain à Chambley en 1782, puis vicaire à Bussières en 1788.

Pour trouver le **chêne des Sorcières**, il faut quitter **Saint-Avold** (57) vers le nord, en direction de la cité Jeanne-d'Arc et, après être passé au-dessus de l'autoroute, parcourir encore 4 km jusqu'à un carrefour forestier. Sur la gauche, ceint de barrières protectrices se dresse l'ancêtre au tronc creux de 6,50 m de circonférence et près de 900 ans annoncés... avec des réserves !

Des ouvertures béantes en forme de bouche laissent un passage à toutes les agressions, climatiques ou biologiques, confirmant cependant un âge très avancé. Hypothèse vérifiée par les légendes qui s'y rapportent. Ne dit-on pas que l'empereur Frédéric Barberousse se restaura au pied de l'arbre au XIIe siècle. Difficile à vérifier,

Vaucouleurs : le tilleul de Jeanne-d'Arc.

mais l'arbre semble aussi avoir partie liée avec la sorcellerie. La clairière qui l'entoure aurait bien pu abriter des sabbats et autres rendez-vous avec le diable, ainsi que les scènes d'exorcisme et les procès en sorcellerie qui y sont liés.

La Moselle possède quelques autres très vieux arbres étroitement liés à l'histoire des hommes. Près de Bitche, à **Reyersviller** (57), sur la N 62, le **chêne des Suédois** porte lourdement sa croix et un âge respectable de plus de 500 ans. Il raconte à sa façon les exactions des troupes suédoises pendant la guerre de Trente Ans, sous le règne de Louis XIII, puis son triste rôle de gibet en 1633-1634. Tous les habitants du village de Kisheidt furent pendus à ses branches par des mercenaires venus du Nord. À **Zimming** (57), sur la petite route qui mène à Hallering, le vieux **chêne de Saint-Gengoulf**, près d'une source et d'une croix, porte encore les traces des scies destinées à l'abattre. Les soldats américains qui s'y essayèrent en 1945 durent renoncer à leur projet. À **Nelling** (57), au lieu-dit « Petit Rohrbach », un gros chêne dont le tronc fut restauré en 1995 par une belle initiative locale aurait plus de 700 ans. Hommage également à un survivant, l'orme de **Bettange** (57) qui fut planté en 1593. Épargné par la maladie, il résiste tant bien que mal aux assauts du temps, affichant un tronc très tourmenté. À deux pas de la Lorraine, l'**Argonne**, en lisière de Champagne, offre de belles surprises. Entre Chatrices et Villers (51), sur la D 63, le chêne Louis XIV est particulièrement imposant. Entre Belval et Laheycourt, sur la D 20, le chêne Thévenin arbore ses 250 printemps. ■

Saint-Avold *: autour du chêne des Sorcières, bien des mystères...*

Escapade tropicale à Nancy

Impossible de passer à **Nancy** (54) sans visiter la magnifique place Stanislas et le palais ducal. Il est également vivement recommandé de faire une halte dans le **jardin Dominique-Alexandre Godron**, rue Sainte-Catherine. On peut y admirer quelques beaux arbres, parmi lesquels un vieux ginkgo pleureur, un hêtre tortillard et un superbe noyer d'Amérique. Les passionnés des tropiques doivent absolument se rendre au **jardin botanique du Montet**. Depuis Nancy, suivez la direction Vandœuvre, puis dirigez-vous vers la faculté des sciences. Le parc regroupe de multiples collections : bambouseraie, conifères, pivoines, iris, dahlias, plantes de terre de bruyère ou médicinales. Il permet de faire un tour du monde des arbres et arbustes et offre une initiation écologique aux tourbières et aux prés-salés, les biotopes les plus rares de Lorraine. Sous forme de collections à thèmes, il retrace l'histoire des plantes cultivées et celle des horticulteurs lorrains. Les serres tropicales, merveilles de soin et de travail, constituent le fleuron du jardin. Attention, elles ne sont accessibles que l'après-midi. De somptueuses orchidées épiphytes côtoient d'impressionnantes plantes carnivores qui multiplient les pièges à insectes. Les bassins hébergent deux nénuphars géants : l'*Euryale ferox*, aux feuilles planes hérissées d'épines rougeâtres, originaire d'Asie et l'extraordinaire *Victoria amazonica*, vedette sans conteste venue du Brésil. Ses feuilles en « plat à tarte », au bord relevé, sont soutenues par un réseau de nervures rigides et protégées en dessous par des épines acérées comme des dents de requins. La visite se prolonge par une approche de la mangrove, caractérisée par des arbres aux « racines échasses », puis de la flore tropicale humide, domaine foisonnant d'épiphytes, enfin des plantes succulentes, cactées et euphorbes, des zones arides.

Nancy : *les feuilles extraordinaires de* Victoria amazonica *dans les serres du Jardin botanique du Montet.*

Ballons des Vosges et **vins** d'Alsace

À ne pas manquer !

- **Le coup de cœur :** les réserves naturelles du bord du Rhin
- **Le panorama :** le château de Windstein
- **La balade :** l'arche d'Erbsenfelsen

Aidées par les hommes, les cigognes font peu à peu leur retour en Alsace. Tout un symbole ! Les efforts des protecteurs de la nature ne sont pas vains. Plusieurs structures mises en place pour sauvegarder les milieux naturels exceptionnels d'Alsace et des Vosges, parcs naturels régionaux ou réserves biologiques, permettent une approche du public plus respectueuse de l'environnement.

Que de merveilles à découvrir ! Les anciennes vallées glaciaires de la région des ballons, parfois occupées par des lacs ou des tourbières, les grès rouges déchiquetés des Vosges du Nord, la ripisylve, qui par endroits permet d'imaginer ce que fut la richesse biologique des bords du Rhin, et une forte tradition autour des vieux arbres, qu'ils soient de villages ou forestiers.

Arche d'Erbsenfelsen

1. Arche d'Erbsenfelsen
2. « Camargue » alsacienne
3. Champ de roches
4. Château de Fleckenstein
5. Chêne de Metzeral
6. Chêne de Saint-Ulrich
7. Chêne de Stetten
8. Forêt d'Erstein
9. Forêt d'Offendorf
10. Forêt de Ribeauvillé
11. Forêt de Saverne
12. Freland
13. Gérardmer
14. Glacière de Straiture
15. Guebwiller
16. Lac de Longemer
17. Musée de Cornimont
18. Roville-aux-Chênes
19. Rhinau
20. Saint-Dié
21. Séquoia d'Orbey
22. Tilleul d'Avoelsheim
23. Tilleul de Bergheim
24. Tilleul de Schoenenbourg
25. Windstein

Château de Windstein

Réserves naturelles

« Forteresse » de grès rouge dans le Parc Naturel Régional des Vosges du Nord.

Est-ce que les tilleuls mentent ?

Connaît-on vraiment leur date de naissance ? Sont-ils tous des « Sully », en référence au ministre de Henri IV qui incita vivement les communes à planter des arbres ? Sont-ils plus anciens encore ? La tradition est en tout cas toujours vivace.

L'arbre de la place du village reste le lieu où l'on se retrouve. Ormes ou tilleuls abritaient la lecture des édits, jouant ainsi le rôle des médias actuels et permettant d'échanger les nouvelles ou les ragots. Ormes du Sud-Ouest de la France et tilleuls des places du Nord, de l'Est et du Centre rassemblaient aussi autour d'eux les foules venues écouter « rendre justice » ou encore participer aux fêtes. Une tradition bien établie en Allemagne ou en Suisse est parvenue jusqu'en Alsace : celle des *tanzlinden*, ou arbres à danser, dont le plus vénérable représentant se trouve à **Bergheim** (68), près des remparts. A-t-il vraiment 700 ans comme le signale un panneau près de l'arbre ? Son tronc incomplet, en partie masqué par du ciment, permet en tout cas de lui attribuer un âge très avancé. À **Avolsheim** (67), face à Saint-Pierre-Dompeter, l'une des plus vieilles églises d'Alsace, en partie reconstruite au XVIIIe siècle, prenez le temps de vous asseoir sous le vieux tilleul, dont il est difficile d'affirmer qu'il fut planté à la construction

***Bergheim :** le vieux tilleul pourrait avoir 700 ans.*

de l'église au XIe siècle. Il est incontestablement plusieurs fois centenaire. À **Schoenenbourg** (67), la tradition populaire accorde plus de 800 ans au tilleul de la place du village dont on peut admirer le tronc tourmenté, de presque 9m de circonférence. En 1693, le curé du village régla un litige sous le tilleul déjà imposant. Faut-il alors se référer à la légende? Celle-ci rapporte que l'épouse d'un chevalier de Schoenenbourg parti en croisade délivrer le tombeau de Jérusalem planta un arbre d'espérance. En attendant chaque jour le retour de son bien-aimé, elle arrosait l'arbre de ses tendres larmes. Plusieurs centaines d'années plus tard, le tilleul, qui fleurit chaque année, semble avoir bien profité de ce douloureux arrosage. La tradition se perpétue dans d'autres villages alsaciens, **Wangenbourg**, **Höfn**, **Berg** (67), **Nordheim** ou encore **Kinzheim** (68). Une belle occasion de marier la découverte des merveilleux villages alsaciens et l'amour des arbres est de parcourir les célèbres routes du vin.

Au cœur de la **forêt de Saverne** (67), le hêtre de Reinhardmunster s'est installé sur un rocher qu'il a peu à peu enveloppé de ses racines, tandis que la **forêt de Ribeauvillé** abrite un groupe de huit sapins de Douglas, atteignant 60m de haut et comptant parmi les arbres les plus hauts de France. Plusieurs chênes historiques alsaciens méritent également une visite. Le chêne aux icônes de **Stetten** (68) se dresse à l'écart du village, en haut d'un versant de colline occupé par des champs, à la lisière de la forêt. Surnommé « Tafeleiche » ou « Tafelbaum », ce chêne pédonculé de 5,7m de circonférence aurait environ 400 ans. Il fut toujours associé à la vie du village. Lorsqu'un garçon partait à l'armée, il accrochait un bouquet de fleurs sur le tronc et faisait ses adieux à sa fiancée au pied de l'arbre. Il doit son nom de « chêne aux icônes » (*tafeleiche* en alsacien) aux ex-voto que l'on y suspendait. Un petit oratoire y est actuellement fixé. Au bord de la D 7 bis, trône le chêne de **Saint-Ulrich** (68). Âgé de 150 à 200 ans, il pourrait être un arbre de la Liberté de 1792, à moins que sa plantation ne remonte à 1848! Âgé aujourd'hui d'environ 400 ans, le chêne « Millet » à **Metzeral** (68), devant le cimetière militaire, au bord de la D 10, aurait séduit le peintre Jean-François Millet lors de son séjour alsacien. Enfin, **Guebwiller** (68) présente un remarquable patrimoine arboré remontant au XIXe siècle, à cette époque les riches industriels de la ville rivalisaient de prestige par leurs maisons et la beauté de leur parc. Les cèdres du Liban et les séquoias géants y sont particulièrement magnifiques.

Les Vosges aussi ont leurs arbres vedettes. À **Gérardmer** (88), sur la place du tilleul, forcément, l'arbre traditionnel se dresse, fier de ses 6,60m de circonférence. La tradition locale le fait naître vers la fin du XVIe siècle. Quelques repères historiques permettent de le confirmer. L'arbre était déjà imposant en 1766 quand la Lorraine fut rattachée à la France. En 1797, l'abbé Grégoire observait à la

***Avolsheim:** le tilleul se dresse face à l'une des plus vieilles églises d'Alsace.*

fourche de ses branches la présence d'un « arboisier » d'au moins 6 pieds de long. En clair, si un arbuste de 2m de haut s'était développé en son sein à cette époque, c'est que l'arbre était déjà creux et volumineux. Depuis, le vieux tilleul a résisté aux multiples orages et tempêtes qui lui causèrent quelques tourments et dresse toujours fièrement sa silhouette au cœur du village. Le tilleul de **Saint-Dié** (88) pourrait être encore plus vieux. Il s'incline doucement devant la belle cathédrale de grès rose. À **Orbey** (68), le tronc d'un séquoia planté en 1854 dépasse 12m de circonférence.

De très beaux tilleuls ombragent le magnifique site de la chapelle, près du **lac de Longemer**. Tout proche de Rambervilliers, le village bien nommé de **Roville-aux-Chênes** (88) permet de découvrir, près de l'école d'horticulture, un chêne majestueux de 6,60m de circonférence, dont l'âge est estimé à 400 ou 500 ans.

Mal de Rhin

En d'autres temps, le Rhin dévalait en cascades depuis les montagnes suisses, perdant de la vitesse dans la plaine d'Alsace. C'était avant l'ère industrielle et sa canalisation. Le grand fleuve sinuait, changeant de lit à chaque crue. Les eaux dessinaient des îles, des bras multiples, les « giessen ». Sur les gravières, les saules s'agrippaient, fixant les alluvions, précédant les peupliers, aulnes ou ormes, puis les frênes et merisiers. C'était le temps de la forêt alluviale primaire, aux allures presque tropicales. Quelques courageux essaient de préserver ce paradis perdu dont il reste certains vestiges. Il s'agit d'un des rares exemples de forêt dense subsistant en milieu tempéré, caractérisé par une diversité biologique exceptionnelle et la présence de lianes, houblon, clématite, vigne sauvage aux dimensions impressionnantes. Plusieurs **réserves naturelles ♥** ont été créées du nord au sud. En route pour le paradis perdu.

Offendorf : *la forêt miraculée.*

À 30 km au nord de Strasbourg, la **forêt d'Offendorf** (67) est une miraculée. En 1976, il fut question d'y installer une immense zone portuaire. Trois mille personnes intervinrent à Strasbourg pour empêcher le massacre, soutenues par l'action valeureuse des protecteurs de la nature de l'association Alsace Nature. Dans le village d'Offendorf, rendez-vous à l'« étang de pêche » et continuez sur 3 km la route qui longe le Rhin jusqu'à une borne portant un énorme numéro 317. C'est le moment d'effectuer quelques comparaisons. À droite, au-delà de la digue, le Rhin « rectifié », domestiqué. À gauche, un ancien bras du fleuve, lorsque celui-ci divaguait au gré de ses caprices. Sans commentaire. C'est le chien et le loup, le chat de gouttière et le chat sauvage ! Un chemin longe la rive nord. Quel régal ! L'idéal est de s'y trouver au printemps, en avril ou mai, lorsque les floraisons d'ail des ours nimbent de blanc ce sous-bois. La promenade est toutefois fortement déconseillée à ceux qui n'apprécient pas l'odeur de ces gousses. On a perdu l'habitude d'une telle profusion de vie dans nos forêts exploitées, travaillées, parfois trop « léchées ». Au sol, la parisette, le muguet, le lierre terrestre complètent la féerie, le plus impressionnant reste les lianes de clématite, de lierre ou de vigne sauvage qui envahissent la sylve consentante. Saules, frênes, ormes ou érables tirent également leur épingle du jeu, en bénéficiant d'une humidité permanente. Canards, foulques, hérons occupent la pleine eau.

Plus au sud, de nombreux bras latéraux du Rhin parcourent la **forêt d'Erstein** (67). L'assèchement du milieu a permis l'épanouissement de chênes centenaires. Par endroits, on retrouve aussi la merveilleuse sensation de jungle tropicale dominée par les lianes. Le grand nombre d'arbres morts fait par ailleurs le bonheur des pics et des chauves-souris. À **Rhinau** (67), se trouve un autre site extraordinaire. Au nord du village, une étroite bande forestière de 6 km de long s'étire entre le Rhin et la D 20. L'endroit qui subit encore les crues du fleuve a conservé le caractère magique de la forêt alluviale d'antan. La faune y est exceptionnellement riche, des dizaines de milliers d'oiseaux y hivernent. L'idéal est de se promener en barque autour des îles, comme le propose l'office du tourisme, on s'immerge alors totalement dans l'atmosphère presque oubliée du Rhin sauvage d'autrefois.

Plus aménagée, la petite **Camargue alsacienne**, au sud de Mulhouse, n'est pas dépourvue de charme. Pour y accéder, il faut quitter l'A 35, à la sortie « aéroport », et rejoindre les villages de Saint-Louis, Village-Neuf ou Roseneau. La maison de la Réserve à Saint-Louis permet de s'initier à ce milieu complexe. ■

Offendorf : *les lianes de la forêt dense, dont il ne reste que quelques lambeaux.*

Petit Poucet près de Gérardmer

Vallée de la Petite Meuse : la bien nommée glacière de Straiture.

Qui a semé ces invraisemblables « champs de roches » autour de **Gérardmer** (88) ? Un « petit Poucet » local aurait-il fui quelque monstre vosgien à travers la belle forêt d'altitude ? Avant tout, il faut retrouver ses traces. Le site le plus spectaculaire n'est pas aisé à découvrir. Depuis Gérardmer, prenez la route de Saint-Dié, puis empruntez le chemin forestier de la ferme de Vologne. Après un quart d'heure chaotique, on parvient à la route de l'aire d'oiseau. Eh oui ! En se dirigeant à gauche, on atteint enfin le **« champ de roches »** où un circuit balisé fournit moult explications grâce aux bons soins de la commune de Barbey-Seroux. Perdu au milieu des sapins et des épicéas, une invraisemblable chaussée naturelle traverse la forêt. Chaque « pavé » de granite semble avoir été basculé, amplifiant l'impression chaotique de l'ensemble. Plusieurs indices permettent de penser que les glaciers sont responsables d'une telle accumulation. Les arêtes des blocs peu émoussées ne peuvent correspondre à la formation classique en « boules » de granite due à l'érosion. Les blocs empilés irrégulièrement sur plus de 7 m d'épaisseur et leurs origines géologiques diverses, granites, mais aussi gneiss et grès, évoquent une moraine poussée par un glacier. Arrachés à la montagne par un imposant glacier, les blocs furent abandonnés, il y a environ 50 000 ans lors d'une fonte rapide correspondant à une période de réchauffement. Lavés par les eaux d'infiltration, ils restent vierges de toute végétation. Aux alentours, des témoignages du passé rural montrent que la forêt n'a pas toujours été dominante sur le territoire communal. Les naturalistes en herbe peuvent s'amuser à identifier les multiples cônes de pin abandonnés par les mulots et les écureuils.

La **glacière de Straiture** constitue un autre éboulis spectaculaire, dont la visite est vivement conseillée par une chaude journée d'été. Pour y parvenir, prenez la D 23 au départ de Xonrupt, puis la D 73 qui emprunte la vallée de la petite Meuse. Le site est indiqué sur la gauche de la route. L'éboulis paraît moins impressionnant qu'au « champ de roches », mais on est vite saisi par un autre phénomène. Il fait frais, tres frais. Le contraste est saisissant lorsque la chaleur continentale pèse sur les vallées vosgiennes. En avançant vers la gauche du parking, on découvre de nombreux points d'évaporation au-dessus des roches fracturées. Plus étonnant, en glissant la main dans les anfractuosités, on a l'impression de prendre une boisson dans le réfrigérateur. De la glace peut même se former en plein été. Un courant d'air froid et humide est vraisemblablement piégé sous l'éboulis. L'étroitesse des fissures en surface empêche la pénétration de l'air chaud qui a plutôt tendance à s'élever. Un sentier à forte pente permet de s'élever parmi les sapins pour parvenir aux chaos de roches nues.

Gérardmer : le champ de roches, un impressionnant chaos d'origine glaciaire.

Les amateurs d'insolite apprécient généralement le musée des 1 001 racines de **Cornimont** (88). Michel Maurice y partage son goût pour les branches, les troncs et les racines aux formes bizarres qu'il a ramassés au cours de ces innombrables promenades. Plus étonnants encore, ces troncs qui ont enveloppé des objets : roue de charrette, fourche et même fusils. Un monde fou, fou, fou, où l'imagination prend le pouvoir. Autre façon de se régaler, le « musée-restaurant » du pays welche à **Fréland** (68) offre au visiteur et client un repas dans un cadre surprenant, imprégné des traditions locales, le pays welche constituant une enclave de langue romane en Alsace.

Forteresses de grès rouge dans les Vosges du Nord

Les paysages sont ici très différents de la région des ballons où culminent les Vosges. Le grès domine, entaillé par de profondes vallées ou sculpté par l'érosion en rochers isolés. De la Petite-Pierre à Wissembourg, le **parc naturel régional des Vosges du Nord**, qui s'étend sur l'est de la Moselle et le nord du Bas-Rhin, permet la découverte des milieux naturels et du riche patrimoine historique et humain de la région. Les grès proviennent de la cimentation naturelle de sables et d'argiles déposés il y a plus de 200 millions d'années, au trias, période qui correspond au début de l'ère secondaire. L'Atlantique n'était pas encore ouvert et l'Europe de l'Ouest était soulevée par un important bombement, allant de la péninsule Ibérique au Massif armoricain. Sur son flanc est, un réseau fluvial de grande ampleur se mettait en place, déversant dans la mer qui recouvrait le domaine vosgien des épaisseurs considérables de sédiments. Avec la régression marine, une véritable carapace rouge de grès se constitua, dépassant 300 m au nord du col de Saverne. Le soulèvement alpin, rajeunissant les vieilles Vosges hercyniennes, fit craquer cette couverture gréseuse. L'effondrement du fossé rhénan et les multiples failles qui en sont la conséquence en accentuent encore la fracture. Les grès émergent aujourd'hui au sommet des collines, constituant des murailles, des piles déchiquetées ou des forteresses naturelles. De vrais châteaux forts en couronnent parfois le sommet, renforçant leur caractère fantomatique.

Voici trois balades entre Bitche et Wissembourg parmi de nombreuses possibilités.

Perché sur son éperon de grès, le **château de Fleckenstein** est sublime. Faites-en le tour pour mesurer l'importance des sédiments gréseux. Admirez au passage les quelques magnifiques tilleuls dont certains affrontent la roche rouge en un combat incertain.

À **Windstein** ●● (67), un chemin un peu raide permet d'accéder aux ruines du château. Vous tombez alors nez à... grès avec une

Parc Naturel Régional des Vosges du Nord : *un piton de grès rouge, près des ruines du château de Windstein.*

Waldeck : *l'arche d'Erbsenfelsen défie le temps.*

imposante colonne lie de vin qui aurait pu servir de donjon à la forteresse. On n'en finit pas de s'extasier ! Formes, couleurs, sérénité des lieux. Tout ici est réuni pour créer l'émotion. Respectez le calme et redescendez vite pour ne pas déranger.

La dernière possibilité et non des moindres est l'**arche de l'Erbsenfelsen**. Depuis le village de Waldeck, tout près de l'étang de Hanau, une route goudronnée, à parcourir à pied, conduit sur les traces du GR 532. Après 1,5 km, une impressionnante muraille rouge émerge de la forêt de hêtres. Le travail combiné de l'eau et du vent y a découpé des tours, des colonnes, des pitons et surtout une extraordinaire arche surmontée d'un arbre très haut perché. Il faut continuer au-delà de l'arche pour apprécier la grande muraille. C'est un navire rouge en pleine forêt, entouré d'épaves de grès. Pour en découvrir la proue, il est conseillé de poursuivre sur le GR qui contourne le massif. L'arche éclairée par le soleil matinal peut alors être appréciée par bâbord. Les yeux avertis des géologues remarqueront les nombreuses alvéoles qui criblent la surface de la roche, témoignages d'une érosion éolienne et ne resteront pas insensibles aux stratifications entrecroisées, présentant des couches horizontales et d'autres obliques, souvenirs lointains des courants incessants qui balayaient les fonds marins. Amoureux de la nature, restez sur les chemins. N'escaladez pas. Le faucon pèlerin n'apprécierait pas !

Depuis l'**étang de Hanau**, on aperçoit également l'arche, au-delà du camping. C'est l'occasion de découvrir la tourbière grâce à un sentier aménagé qui commence derrière le court de tennis, non loin du restaurant. Le cheminement sur pilotis que l'on trouve rapidement sur la droite, après être entré dans la zone protégée, permet de s'aventurer sur les radeaux flottants. La richesse botanique y est remarquable, elle permet de découvrir la petite droséra carnivore, la canneberge ou les plumets blancs de la linaigrette. Il est vivement recommandé de rester sur le parcours fléché afin de respecter la flore et la faune, minces souvenirs des périodes glaciaires.

BOURGOGNE

À ne pas manquer !

♥ **Le coup de cœur :** les chaos granitiques du carnaval

Le panorama : la roche de Solutré

La balade : les falaises de Saint-Moré

Vingt milieux sous les mers

Si l'unité historique de la Bourgogne ne fait guère de doute, sa cohérence géographique est beaucoup moins évidente : de blancs plateaux au nord, de vastes prairies au sud, des granites à l'ouest et des buttes calcaires à l'est. Malgré la diversité du sous-sol et du climat, l'omniprésence de l'eau assure cependant la cohésion bourguignonne. La mer d'autrefois a laissé en héritage des barrières coralliennes, tandis que les sources d'aujourd'hui drainent les eaux de pluie vers la Saône et la Méditerranée, ou vers l'Atlantique grâce à l'Yonne et à la Seine. Paradoxalement, la Bourgogne, fière de ses vins de prestige, est un immense château d'eau !

Falaises de Saint-Moré

Chaos granitiques

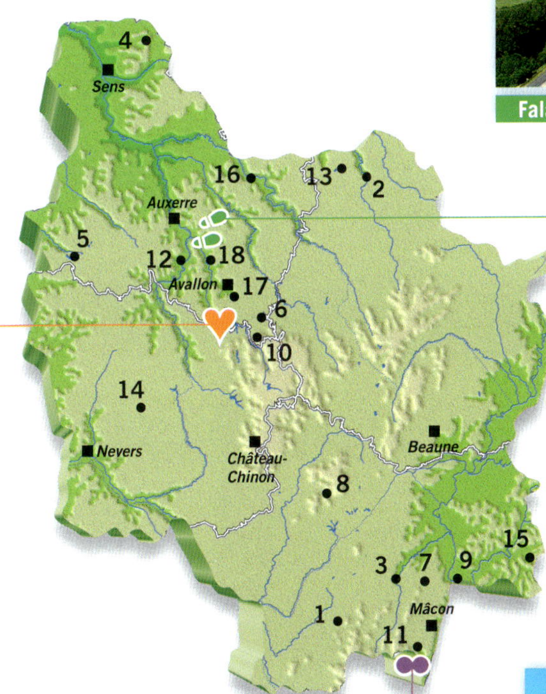

1 Butte de Suin
2 Châtillon-sur-Seine
3 Chêne du château de Cormatin
4 Chêne de Courgenay
5 Chêne de Saint-Fargeau
6 Chêne de Saint-Léger-Vauban
7 Martailly-les-Brancion
8 Massif d'Uchon
9 Platane de Prety
10 Roche aux fées
11 Roche de Solutré
12 Rochers de Saussois
13 Tilleul de Bouix
14 Tilleul de Jailly
15 Tilleul de Sagy
16 Tonnerre
17 Vallée du Cousin
18 Vallée de la Cure

Roche de Solutré

Cormatin : dans le parc du château, un chêne qui donne à réfléchir.

***Le Saussois :** les coraux du Jurassique sont bien là, mais plus la mer.*

Un récif de corail en Bourgogne

En escaladant les **rochers du Saussois** (89), les varappeurs ne s'imaginent pas forcément en combinaison de plongée, explorant un récif corallien sur les fonds d'une mer tropicale… et pourtant !

De **Mailly-le-Château** à **Chatel-Censoir** (89), les calcaires, qui affleurent souvent en imposantes falaises, correspondent à d'anciens récifs mis en place au fond d'une mer chaude qui baignait les rives de l'île du Morvan, il y a 200 millions d'années. Le climat tropical et la pureté des eaux étaient favorables à la mise en place d'une importante barrière de corail. Après le départ de la mer, celle-ci subsista dans le paysage sous forme d'un massif calcaire dans lequel l'Yonne traça son lit. La puissante silhouette des rochers blancs qui dominent la route donne une idée de la colossale accumulation de calcaire réalisée par les coraux, et des millions d'années nécessaires pour y parvenir. On embrasse bien l'ensemble du site depuis la terrasse-belvédère de Mailly-le-Château.

La réserve naturelle du **bois du Parc** permet de découvrir de spectaculaires empreintes de corail fossile. Certaines, bien visibles depuis la petite route qui sinue entre la falaise et l'Yonne, ont des formes arborescentes « en position de vie », comme si le corail dressé vers la surface de l'eau avait été figé pour toujours. Le corail est constitué d'un ensemble d'animaux microscopiques semblables à de petites anémones de mer, qui prélèvent du carbonate de calcium dans la mer afin de se construire un squelette rigide calcaire pour se protéger. Le poids considérable de cette roche sur les fonds marins provoque l'enfoncement progressif du récif constitué par l'amoncellement du corail mort. Près de la surface, il vit en symbiose avec des algues microscopiques qui exploitent l'énergie solaire pour fabriquer des matières organiques. Le corail en prélève une partie et entretient en contrepartie l'activité photosynthétique des algues en accumulant des épaisseurs supplémentaires de calcaire qui les rapprochent un peu de la lumière.

Au **Saussois**, une courte promenade permet d'accéder au sommet du récif et d'avoir en quelque sorte la tête hors de l'eau. En quittant le village vers Mailly, on laisse sur la gauche un pont sur le canal du Nivernais. Quelques dizaines de mètres plus loin, sur la droite, un chemin empierré escalade le récif jusqu'au sommet de la falaise d'où la vue est impressionnante. Il y en a ici pour tous les goûts. Les géologues apprécieront l'intense travail d'érosion effectué par les eaux d'infiltration qui dissèquent la falaise par le haut. Les botanistes s'extasieront devant la flore presque méditerranéenne des pelouses sèches et bien exposées, où orchidées et hélianthèmes abondent à côté des chênes pubescents. Quant aux ornithologues, ils repéreront rapidement, à la belle saison, le vol des choucas ou des martinets, à moins qu'ils ne préfèrent suivre l'évolution du couple de faucons pèlerins qui s'entêtait à nicher sur les voies d'escalade. Son nid a aujourd'hui été déplacé.

Une autre promenade, dans la **vallée de la Cure**, domine le méandre abandonné de **Saint-Moré** . Empruntez le GR qui grimpe sur les rochers au nord de **Nailly**, puis dirigez-vous vers les pelouses sèches en bordure de falaise. Là encore, les orchidées abondent au printemps, en particulier les ophrys bourdon dont le labelle mime certains insectes. Évitez d'aller au-delà du vieux chêne, vous risquez de déranger un couple de faucons pèlerins. Du sommet, le panorama splendide s'ouvre sur un cirque bien dessiné par les limites des pâturages correspondant à un méandre abandonné par la Cure. Sur la droite, au niveau du tunnel, la rivière, qui n'a pu se frayer un passage, doit faire une grande boucle au-delà du promontoire. Il est d'ailleurs intéressant de comparer les cours de la Cure et de l'Yonne sur une carte. Elles sinuent exagérément en traversant le récif constitué d'un calcaire très résistant.

Comme dans toutes les régions calcaires, les grottes sont nombreuses. Les amateurs peuvent visiter celles d'**Arcy-sur-Cure** (89) qui sont riches en concrétions et peintures rupestres. Les salles où se trouvent ces dernières ne sont que partiellement accessibles au public.

Saint Moré : des falaises riches en orchidées.

Labelle et la bête

Parmi les nombreuses espèces d'orchidées françaises, l'ophrys est bien représenté. Pour toutes ces fleurs, le pétale inférieur, appelé labelle, simule l'apparence d'un insecte. Mécanisme de dissuasion destiné aux prédateurs pour Darwin, on s'est longtemps interrogé sur la signification de cet étonnant mimétisme. Ce n'est qu'au début du XXe siècle que l'on découvrit les véritables partenaires de ces fleurs étonnantes. Tous les ophrys attirent les insectes pollinisateurs en imitant les signaux visuels, tactiles et olfactifs produits par les femelles de l'espèce concernée, provoquant chez les mâles des tentatives d'accouplement avec la fleur.

L'ophrys mouche dispose au milieu de son labelle d'un « miroir » bleu métallique reflétant l'ultraviolet perçu par l'œil de l'insecte comme un signal sexuel. Les deux autres pétales miment les antennes. Même les pilosités et l'odeur de la femelle sont contrefaites. Des expériences ont prouvé que la fleur émettait des substances identiques aux phéromones de la femelle. Le mâle tente de s'accoupler avec elle d'autant plus excité que le bombement du labelle évoque une femelle consentante. Sûre de son pouvoir de séduction, la fleur ne produit même pas de nectar. À l'issue de ce faux accouplement, l'insecte repart avec deux sacs de pollen collés sur la tête, ce qui lui permettra d'en féconder une autre.

***Ophrys abeille :** faux yeux, faux poils, couleurs identiques. Le pouvoir de séduction est irrésistible.*

***Ophrys araignée :** un fascinant mimétisme.*

***Ophrys bourdon :** un séduisant labelle.*

L'**ophrys bourdon** fournit un autre exemple fascinant. Il attire les mâles d'une abeille solitaire. Étant donné que l'éclosion des femelles n'a lieu que plus tard, l'instinct reproducteur les pousse à tenter de s'accoupler avec la fleur. Les analyses chimiques des labelles ont montré qu'il y aurait près de cent composants mêlés nécessaires pour reconstituer l'« image olfactive » des phéromones des hyménoptères femelles. Les mâles semblent toutefois faire leur expérience et délaissent progressivement les fleurs pour se tourner vers de vraies femelles. La séduction n'a qu'un temps !

Pour l'ophrys jaune, la copulation se fait à l'envers. L'abdomen de l'insecte récolte alors les pollinies. L'autofécondation est rare ; cependant, lorsque l'**ophrys abeille** n'a pas été fécondé, les pollinies s'inclinent progressivement jusqu'à entrer en contact avec les organes femelles, assurant ainsi l'union des gamètes. ■

Le cousin, les fées et le carnaval

Comme toute la bordure est du Massif central, le vieux massif granitique du Morvan fut rehaussé lors du soulèvement alpin, accentuant le travail d'érosion des eaux d'infiltration et des rivières. En surface, celles-ci dégagent des reliefs en « boules » ou **chaos granitiques** ♥ souvent spectaculaires. Ceux-ci ont inspiré des légendes locales qui assimilèrent souvent les formes tourmentées des blocs rocheux à quelque animal mythique, à moins que des mains divincs ou diaboliques ne les aient sculptés. Prenez le temps de sillonner les routes du Morvan du nord vers le sud. Cachés au cœur des forêts, perchés au sommet des buttes, blottis au creux des vallées, les chaos granitiques apportent une touche insolite aux traditionnels paysages de bocage et de forêt.

Entre Pontaubert et Avallon, la **vallée du Cousin** (89) prend un air de famille. La D 427 longe d'énormes blocs de granite rouge près du moulin des Ruats. Une passerelle permet de traverser la rivière et de rejoindre le sentier de randonnée qui parcourt le fond de la vallée. Une balade idyllique bien ombragée, à découvrir l'été.

Au sud de **Quarré-les-Tombes** (89), sur la D 10, une promenade forestière mène à la **roche aux Fées**, un chaos très pédagogique. Les fissures, prélude à sa formation, sont dessinées de mains de maître, tandis que les boules semblent en phase de création. La fée des géologues a sans doute utilisé sa baguette magique, semant ici et là quelques arbres désormais soudés au roc. Quelques kilomètres plus loin, le **rocher de la Pérouse**, sommet granitique, offre de superbes points de vue sur les paysages du Morvan et la vallée de la Cure.

Formation d'un chaos granitique

Sur les pentes du **mont Beuvray**, les hêtres ont des formes singulières. Pendant des siècles, les paysans en ont tressé les branches pour faire des haies bordant les chemins et les champs. La tradition abandonnée, les torsades subsistent, et quelques arbres reprennent une croissance normale. Ces étranges « hêtres plessés » comme les appellent les Bourguignons sont encore alignés le long de chemins oubliés, les pâtures qu'ils délimitaient étant aujourd'hui des forêts.

À quelques kilomètres d'Autun et du Creusot, le **massif d'Uchon** (71) est isolé du Morvan par la vallée de l'Arroux. Surnommée « la perle du Morvan », cette petite montagne ou signal mérite absolument une visite. Du sommet s'ouvre un point de vue exceptionnel sur le Morvan, le bocage et parfois sur le puy de Dôme. Les blocs granitiques justifient à eux seuls le détour. Le long du sentier balisé, on s'amuse à chercher les « rochers du carnaval », le « nez de chien » ou encore le « mammouth ». Autrefois bien dégagés, les chaos ont été peu à peu envahis par les broussailles. L'élevage a déserté les lieux, laissant place aux genêts et aux jeunes arbres. En 1999, le conservatoire des sites naturels de Bourgogne entreprenait des travaux de débroussaillement pour rétablir un équilibre entre les différents groupements végétaux : prairies sèches autour des rochers, landes à genêts aux floraisons jaune vif, bosquets et arbres servant de refuge à de nombreux animaux. Un bel exemple d'aménagement d'un site naturel, rendu nécessaire par le recul des activités humaines. Sans cette intervention, la beauté du site ne serait aujourd'hui qu'un lointain souvenir.

Massif d'Uchon : les rochers du Carnaval.

Ex-cargos de Bourgogne

La **roche de Solutré** ●● (71) ressemble à un imposant navire échoué dans les plaines bourguignonnes. L'image n'est pas absurde. Comme dans la vallée de l'Yonne, les calcaires qui le constituent correspondent à un ancien récif corallien formé à l'ère secondaire, lorsque la mer jurassique baignait les côtes de l'île du Morvan. La masse blanche et compacte du sommet, d'origine corallienne, contraste avec les calcaires roux qu'elle surmonte. Le basculement de la partie est du Massif central est ici très sensible. Les strates horizontales laissées par la mer sont nettement inclinées, conséquence de la naissance des Alpes à l'ère tertiaire. En escaladant le « sentier des roches » à partir du musée de la Préhistoire, on apprécie la richesse de la flore calcicole qui en fait un site protégé. Ombragés par les buis, hélianthèmes, gesses ou campanules concurrencent sauge et vipérines. Les œillets et les vulnéraires évoquent déjà la montagne. Le sommet offre une vue exceptionnelle sur les vignobles et la butte de Vergisson. Le chant des fauvettes à tête noire ou grisettes bercera votre retour par le « sentier des pelouses ».

Le rêve botanique se poursuit au milieu des orchis pyramidaux, des ophrys et des dompte-venins. Les papillons aussi semblent apprécier les lieux, en particulier le superbe machaon.

Au nord de Solutré, les routes du Mâconnais serpentent au milieu des vignes. En se dirigeant vers Pierreclos, on franchit le **col de la Grange du Bois** d'où s'ouvre un panorama magnifique. Attention cependant, la bête pharamone, qui dévorait les enfants près de Vergisson, rôde peut-être encore !

À l'ouest de Cluny, dans les **monts du Charolais**, on retrouve le granite, trop vite oublié. Sa couleur rose apporte une teinte pastel à l'église romane de **Suin** (71), perchée sur une butte dominée par un chaos. Le point de vue circulaire qui s'offre sur le bocage et porte par temps clair jusqu'au mont Blanc est magnifique.

Dans le sud de la Saône-et-Loire, plusieurs arbres remarquables sont nichés dans des sites d'exception. Le **château de Cormatin** (71) dont les salles sont admirables possède un parc de toute beauté. Au cœur de celui-ci, la silhouette d'un chêne monumental se reflète dans les eaux de l'étang. À proximité, une colonie de hérons a élu domicile au sommet d'un alignement de cyprès chauves. Les « chercheurs d'arbres » découvriront un imposant tilleul près de l'église de **Sagy** (71). Planté en 1551, il devint arbre de la Liberté en 1792. Sa circonférence dépasse aujourd'hui 10 m ! À **Préty** (71), un platane trône près de l'église de calcaire rose, tandis qu'un orme majestueux se dresse fièrement à proximité de l'étang de **Martailly-lès-Brançion** (71). Pour le trouver, quittez le village par la D 14 en direction d'Ozenay, puis au niveau du premier virage, prenez une petite route à droite qui descend dans un vallon, au fond duquel se cache le vieil arbre. ■

Roche de Solutré : un fascinant navire de calcaire surplombant les vignes.

Coup de Tonnerre

En pleine ville de **Tonnerre** (89) jaillit une source vauclusienne. Les eaux d'infiltration des plateaux calcaires environnants alimentent le bassin circulaire de la **fosse Dionne** aménagé en lavoir au XVIIIe siècle. La source forme une vasque au fond de laquelle commence une galerie qui bute sur un étranglement à 28 m de profondeur et se poursuit sur 360 m. Le débit variable selon les saisons ne s'interrompt jamais, alimentant ensuite l'Armançon. De multiples plongées ont été effectuées pour percer le mystère de la fosse. Les derniers siphons accessibles semblent avoir été atteints en 1979. Cette eau venue des entrailles de la Terre a fait naître bien des légendes.

***Tonnerre**: la fosse Dionne, une tumultueuse résurgence au cœur de la ville.*

Au VIe siècle, saint Jean l'Aumônier, en voulant assainir le marais de Tonnerre, dégagea la source de la fosse Dionne, libérant les eaux tumultueuses vers l'Armançon. Par ce geste, il débarrassait la ville de l'horrible basilic, un serpent qui infestait les lieux, probable symbole d'une épidémie de paludisme qui faisait des ravages.

En l'an 700, le fils d'un viticulteur vit arriver un cavalier noir qui cherchait une source pour désaltérer sa jument. Le petit Pierre lui indiqua la fosse Dionne. Repartant au galop, le cavalier laissa tomber un énorme sac de pièces d'argent que l'enfant s'empressa de ramasser. Le lendemain, jour de fête à Tonnerre, le petit Pierre, voulant dépenser sa nouvelle fortune, déclencha une série de catastrophes dans tout le village. Pierre désespéré décida de se jeter dans la source, mais l'évêque le retint. Lui accordant sa miséricorde, il recouvrit les pièces dont l'enfant s'était débarrassé de son lourd manteau noir. Depuis ce jour, l'eau de la source est de couleur bleu sombre. De rage, le cavalier noir s'élança dans les flots tourbillonnants et disparut dans un formidable bouillonnement.

À **Châtillon-sur-Seine** (21), la Douix jaillit également en résurgence, au pied d'un escarpement rocheux de 30 m de haut. Comme à Tonnerre, elle est alimentée par les eaux infiltrées dans le plateau calcaire fissuré, qui domine la ville. Le débit de la source, normalement de 600 l/min, atteint 3000 l/min en période de crue. Le site ravissant est ombragé par de grands frênes et des marronniers.

Arbres historiques en Bourgogne

Le nord de la Bourgogne affiche sa préférence pour les tilleuls et les chênes. Les places des villages de La Postolle, Pesselières, Mailly-le-Château, Druyes-les-Belles-Fontaines dans l'**Yonne** et celles de Collonges-lès-Bévy, Planay, Magny-les-Aubigny et Talant dans la Côte-d'Or sont ornées d'un magnifique tilleul, certainement planté du temps de Sully. Mention spéciale au superbe tilleul de **Bouix** (21) qui affiche 7,35 m de circonférence et déploie ses frondaisons à l'entrée du village. La ronde des tilleuls se poursuit dans la **Nièvre**, à Bona, Alligny-sur-Cosne, Sainte-Colombe-des-Bois et surtout à **Jailly** (58) où l'arbre fait corps avec l'église romane. Le chêne de **Saint-Léger-Vauban** (89), sur la route de Moulin-Colas, aurait abrité Vauban sous ses frondaisons. Dans le parc du château de **Saint-Fargeau** (89), un très vieux chêne assiste chaque année aux magnifiques spectacles historiques. À **Courgenay** (89), un chêne de la Liberté orne la place du village. ■

__Bouix :__ le tilleul de Sully se dresse à l'entrée du village.

À ne pas manquer !

- **Le coup de cœur :** le tilleul de la grange Sauvaget
- **Le panorama :** le belvédère de la Croix à Baume-les-Messieurs
- **La balade :** les cascades du Hérisson

Jeux de karst au pays des **géants**

Pour le naturaliste, la chaîne du Jura est le royaume du calcaire. Elle offre de magnifiques paysages de plateaux successifs qui s'achèvent vers l'ouest par d'imposantes falaises chevauchant la plaine de Bresse. Les eaux de ruissellement travaillent sans cesse la roche fragile. Gorges, cascades, reculées entaillent les plateaux dont les versants ensoleillés accueillent les vignobles. Plus à l'est, la poussée alpine modifie la donne. Les roches se plissent ou se cassent, affleurant en crêts élevés. Les falaises abruptes abritent les amours des faucons pèlerins, qui reconstituent peu à peu leurs effectifs. La période glaciaire laisse aussi son empreinte. Lacs, tourbières ou flore relique rappellent que des langues glaciaires rabotaient les vallées, il y a quelques milliers d'années.

Belvédère de la Croix

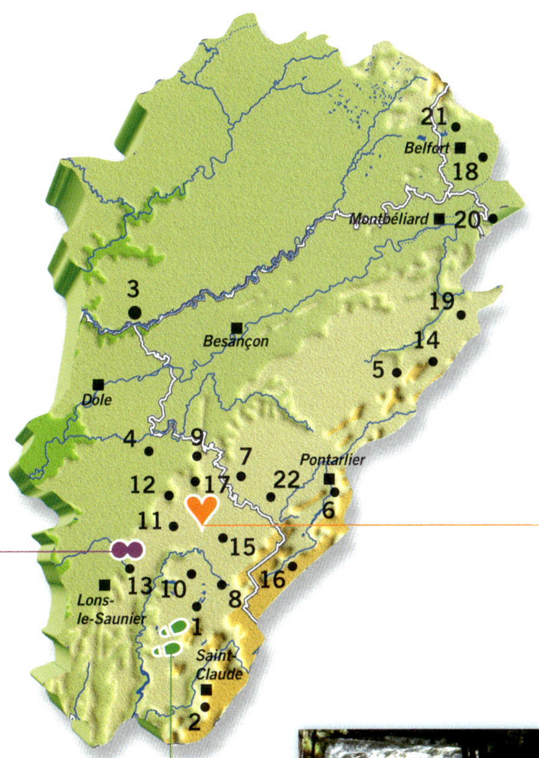

Tilleul de la grange Sauvaget

Cascades du Hérisson

1. Cascades du Hérisson
2. Chapeau de gendarme
3. Chêne de Bresilley
4. Chênes de la forêt de la Chaux
5. Cirque de la Consolation
6. Cluse de Joux
7. Épicéas de la forêt de Levier
8. Gorges de la Langouette
9. Hêtres du mont Poupet
10. Lapiaz de Loulles
11. Lapiaz des Malrochers
12. Reculée des planches
13. Reculée de Baume-les-Messieurs
14. Sapin de Le Russey
15. Sapins de la forêt de la Joux
16. Sources du Doubs
17. Tilleul de la grange Sauvaget
18. Tilleul de Fontaine
19. Tilleul de Montandon
20. Tilleul de Montbouton
21. Tilleul de Rougegoutte
22. Tourbière de Frasne

L'avancée des reculées

Tout un univers que l'on peut admirablement découvrir depuis les belvédères qui dominent ces sites exceptionnels.

Voici quelques « bonnes adresses » facilement accessibles entre Arbois et Lons-le-Saunier. Sur la D 469, près d'une auberge, le **belvédère du cirque du Fer à Cheval** surplombe la reculée des Planches. Plus au sud, sur la D 96, un panorama exceptionnel permet d'apprécier le **« cirque » de Ladoye**. L'émotion est d'autant plus vive que la cavité béante formée par les reculées est inattendue. Le spectacle le plus saisissant reste toutefois celui qu'offre le **belvédère de Crançot** sur la D 471, où le point de vue sur la **reculée de Baume-les-Messieurs** (39) est à couper le souffle. Comment d'aussi profondes indentations se forment-elles ? Lorsqu'un cours d'eau circule sur un plateau calcaire, il entaille les strates massives jusqu'à atteindre les marnes tendres, beaucoup moins résistantes à l'érosion. Les vallées s'élar-

gissent alors par effondrement des corniches selon des plans de fractures préexistants. En fond de vallée, la falaise forme un cul-de-sac qui recule par sapement de la base, au niveau de la résurgence qui donne naissance à une rivière. L'alternance des périodes glaciaires et interglaciaires accentue encore le travail des eaux d'infiltration.

La reculée de Baume-les-Messieurs présente deux digitations correspondant aux résurgences du Dard, qui émerge à la base de la falaise au niveau de la grotte, et à celle de la Seille, dont la source est plus difficile d'accès. En longeant le plateau vers la droite, le chemin quelque peu glissant des échelles de Crançot permet de gagner le fond de la vallée. Ouvrez l'œil, car les faucons pèlerins de retour dans les merveilleuses falaises du Jura retrouvent une place que seuls les pesticides et les fauconniers ont failli leur faire perdre définitivement. Ces escarpements permettent aussi l'observation de plus en plus fréquente des chamois venus par étapes des montagnes suisses, qui ne sont pas si lointaines. Plus discret, le chat forestier s'aventure dans les prairies au petit matin. Les environs de la grotte sont également accessibles par la D 4 à partir de Crançot, on aborde alors la reculée par le village de Baume. Ne manquez pas de faire une halte au **belvédère de la Croix** ●● que l'on rejoint par un chemin à travers champ qui s'éloigne à gauche de l'intersection des D 4 et D 210. Un point de vue sublime s'offre sur le village et l'abbaye de Baume. Comme dans toutes les reculées du Jura, le village n'est jamais situé au fond de la vallée, coupé des communications avec le plateau, mais à l'entrée, ouvert sur la plaine. Du belvédère, on perçoit bien le caractère « bifide » de la digitation formée par les vallées du Dard et de la Seille. En bas, la **grotte de Baume** illustre bien le travail des eaux souterraines, avant que celles-ci ne jaillissent en « queue de cheval » hors de la falaise, lors des périodes d'abondance. La rivière tombe ensuite en cascade sur un massif rocheux boursouflé et couvert de mousses épaisses. Le site est paradoxal. Alors que la falaise recule lentement, la cascade avance progressivement. Bizarre ! Ici, l'eau n'érode pas la roche, mais contribue au contraire à sa formation. L'affaire est troublante. L'eau d'infiltration qui a traversé le plateau s'est peu à peu chargée en calcaire, circulant dans le réseau karstique des grottes, galeries et diaclases. Parvenue à l'air libre, c'est la libération ! La pression chute brutalement, comme l'eau qui sort du robinet et dépose du « tartre ». La réaction chimique de dissolution s'inverse et voici le calcaire qui « précipite ». La roche se crée à nouveau. Le phénomène est accéléré par la présence des mousses qui privent l'eau de son dioxyde de carbone et contribue ainsi à la construction d'une roche calcaire toute neuve, le tuf.

Conclusion : plus il y a de mousse, plus il y a de calcaire. Dans quelques années, le promontoire de tuf aura encore progressé. Pour qui n'arrive pas à se remettre de telles émotions, le **cirque de la Consolation** est idéal. Le **belvédère de la Roche du prêtre** (25), près de Morteau, domine ce site grandiose où évolue un couple de faucons pèlerins.

Au petit matin, les chamois.

L'admirable reculée de Baume-les-Messieurs depuis le belvédère de la Croix.

Le retour du pèlerin

Fantastique **faucon pèlerin**! Dire qu'une telle merveille a failli disparaître de notre pays, voire de la surface du globe. Il s'en est vraiment fallu de peu!

De 1945 à 1970, le prélèvement d'œufs, la capture des adultes par les fauconniers et surtout l'utilisation massive de pesticides organochlorés qui se concentrent au fil des chaînes alimentaires ont entraîné une diminution catastrophique des effectifs. Les oiseaux se contaminèrent par voie digestive en stockant les produits toxiques dans leurs graisses dont l'utilisation en cas de nécessité libère ces véritables poisons qui peuvent être mortels. D'après les remarquables travaux de R. J. Monneret, de 1945 à 1964, les effectifs du Jura ont chuté, passant d'environ deux cent cinquante couples à une trentaine. L'interdiction des organochlorés, la protection totale de l'espèce et surtout le fantastique travail de surveillance des nids par les passionnés ont porté leurs fruits. Les effectifs sont presque reconstitués. Les couples se comptent par centaines sur les falaises du Jura et la population française dépasse mille couples. On peut désormais observer à nouveau au cœur des falaises du Jura, l'un des plus fantastiques spectacles de la nature, celui de la chasse d'Horus, grand spécialiste de la capture en plein vol. Plat unique : les volatiles! Au loin un groupe d'étourneaux, de pigeons ou de choucas progresse dans la vallée. À l'affût sur la falaise, le pèlerin effectue quelques cercles très larges pour se placer dans la direction opposée. Il brouille les pistes. Tel un avion qui s'oriente pour son atterrissage, il prépare le piqué final. Ailes plaquées contre le corps, le rapace fond sur sa proie à une vitesse proche de 300 km/h. Il l'aborde par le dessous, et profite ainsi de l'angle mort qui subsiste dans le champ visuel de sa victime. Les pattes tendues au maximum vers l'avant, il la « cueille » au passage avec ses longues serres. La mise à mort est inévitable. Il l'emporte et la déguste tranquillement sur un piton rocheux, haut lieu de la gastronomie fauconnière.

Le faucon pèlerin : spécialiste de la capture des proies en vol.

Gruyère minéral

Les inventeurs de l'emmental se sont-ils inspirés des lapiaz du Jura ? Rien n'est moins sûr. À quelques kilomètres de Champagnoles, le **lapiaz de Loulles** (39) évoque étrangement les fromages locaux. Les fermentations organiques ne sont toutefois pour rien dans l'aspect de ce paysage minéral. Un passage aménagé à travers champ conduit au lapiaz situé à l'entrée est du village, il est indiqué par un panneau sur la D 255.

La montagne jurassienne, décapée par l'érosion glaciaire, laisse apparaître son ossature calcaire. L'eau, toujours elle, chargée de dioxyde de carbone, continue son lent travail de dissolution, créant cette étrange surface constellée de rigoles, de vasques ou de crevasses. Chaque cavité est un paradis pour le botaniste. Mousses et fougères à la recherche de l'ombre et l'humidité s'y réfugient, composant autant de jardins miniatures. En revanche, les plantes xérophiles comme le dompte-venin, l'orchis moucheron, le genévrier ou le chêne pubescent au tronc rabougri se complaisent dans les fissures superficielles de la roche. Ce microlapiaz, assurément l'un des plus spectaculaires de notre pays, concentre sur quelques centaines de mètres carrés, d'exceptionnelles observations. Bravo au village et au Centre Permanent d'Initiation à l'Environnement pour la mise en valeur du site !

Non loin de **Molain** (39), le **lapiaz des Malrochers** se cache au cœur de la forêt des Moidons. Près de l'entrée de la grotte, un sentier balisé s'insinue à l'intérieur même de cet extraordinaire labyrinthe de calcaire, serpentant entre les gouffres et les profondes fissures. Chaque cavité a son jardin secret peuplé de fougères aux frondes épanouies, de mousses bien dodues, d'amphibiens discrets. Les troncs entremêlés des hêtres parfois soudés au rocher rendent plus troublante encore l'atmosphère ombrageuse. À proximité, la **grotte des Moidons** propose une visite guidée payante du lapiaz vu de l'intérieur.

***Lapiaz de Loulles :** le calcaire à l'épreuve de l'eau.*

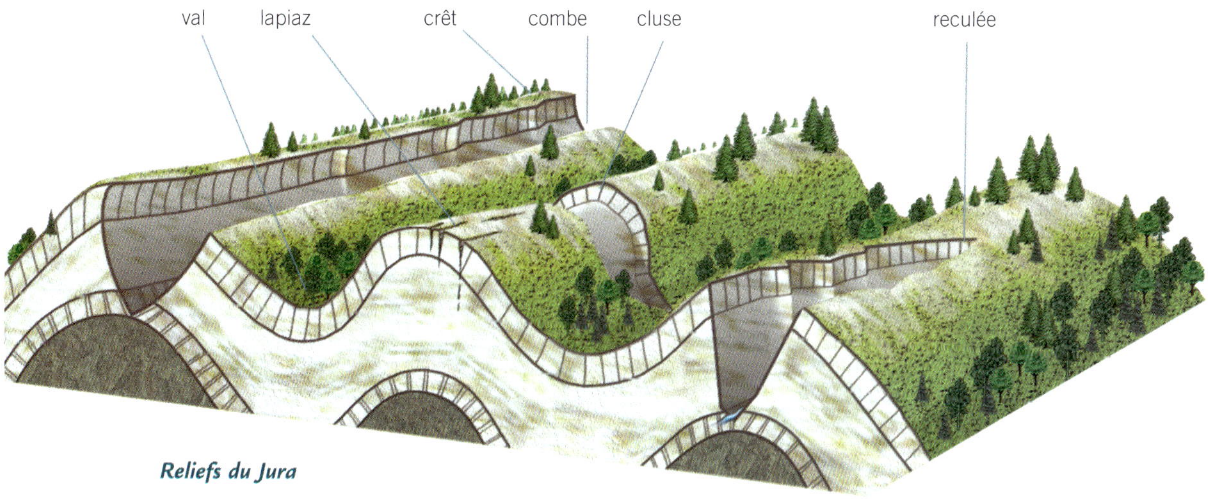

Reliefs du Jura

Coups de sabre dans le calcaire

Cascades du Hérisson.

Il y a plusieurs dizaines de millions d'années, l'affrontement des plaques tectoniques donna naissance aux Alpes. Au nord, les roches sédimentaires, lentement accumulées au fond de mers aujourd'hui disparues, se soulevèrent et se plissèrent. La chaîne du Jura résulte de ces poussées extraordinaires venues du sud. Comprimées, soulevées, les strates calcaires se plissèrent et craquèrent en surface. Les rivières préexistantes aux mouvements empruntèrent les lignes de fracture, s'enfonçant sur place.

Près du village des **Planches** (39), les **gorges de la Langouette** illustrent bien ce phénomène. Pourtant éloignée du pont Mirabeau, la rivière s'appelle la Saine. Elle descend en cascades imposantes que l'on peut admirer à proximité du parking situé à 200 m du centre du village. Un chemin balisé dévale la pente, de belvédère en belvédère, jusqu'au grand pont. Le spectacle est saisissant. La rivière semble avoir découpé la roche à grands coups de sabre. Il n'est pas imaginable que la rivière ait creusé seule un tel canyon. Deux phénomènes l'y ont aidée. Les fractures issues du soulèvement alpin ont fourni l'angle d'attaque, tandis que la surrection elle-même a contraint la Saine à s'enfoncer pour conserver sa ligne de pente.

Au sud de **Pontarlier** (25), la route de **La Cluse-et-Mijoux** emprunte une brèche ouverte dans les plis du Jura qui longent la N 57. Véritable coup de couteau dans le massif, la **cluse de Joux** constitue un impressionnant passage naturel que les hommes tentèrent de contrôler de siècle en siècle, comme en témoignent le fort Mahler d'un côté et le château de Joux de l'autre. Le monument aux morts du village du **Frambourg** constitue un excellent point d'observation pour apprécier cette entaille qui met en relief les plis redressés de la montagne de Larmont. Toutes deux creusées par une rivière, la combe et la cluse jurassienne diffèrent malgré tout par leur orientation, la première suit l'axe du plissement, tandis que la seconde lui est perpendiculaire.

La rivière se contente parfois de dévaler les strates comme un gigantesque escalier. On ne peut pas visiter le Jura sans parcourir le sentier qui longe le **Hérisson**, depuis Ilay (39) jusqu'à l'Éventail. De « marche en marche », la rivière rebondit en cascades sublimes pour terminer en apothéose au Grand Saut et à l'Éventail. Évitez de vous y rendre en été, il n'y a alors pas beaucoup d'eau !

Ambiance lapone en Franche-Comté

Droséra : une surprenante plante carnivore.

Frissons garantis ! Telle est l'ambiance des tourbières du Jura, étonnants paysages, vestiges des périodes glaciaires. Lors de la fonte des glaciers il y a 14000 ans, des lacs occupèrent les nombreuses cuvettes naturelles au fond desquelles la sédimentation fut importante. Peu à peu comblés par des dépôts marneux et calcaires, les lacs laissèrent place à des marécages riches en mousses, en particulier en sphaigne. La décomposition de celle-ci fournit la tourbe, support organique permettant l'installation d'une flore spécifique. Les tourbières actuelles témoignent des derniers soubresauts des paysages qui recouvraient autrefois toute l'Europe et que l'on ne trouve plus aujourd'hui que dans les pays nordiques ou dans les zones d'altitude.

Le site le plus spectaculaire et le plus accessible est la **tourbière de Frasne** (25). Depuis le village, suivez la route de Bonneveaux jusqu'à un parking caché dans le premier sous-bois. Au petit matin, dans un silence absolu, la brume se lève sur des tapis de callunes roses au milieu de pins à crochets. Plus tard les milans noirs ou royaux viendront à peine troubler cette sérénité. Un sentier sur caillebotis pénètre au cœur de la tourbière, balisé par des panneaux informatifs. Exploitée jusqu'en 1965, la tourbe a laissé de vastes fosses emplies d'une eau acide et sombre. Canneberges, andromèdes ou **droséras** carnivores se cachent dans les « gouilles » peu profondes (trous résultant de l'exploitation de la tourbe et désormais remplis d'eau). La petite taille de ces plantes nécessite que l'on s'incline jusqu'au sol pour les admirer à loisir.

La droséra, ou rossolis, se nourrit pour l'essentiel comme les autres végétaux. La pauvreté de son milieu de vie en substances azotées l'a conduit toutefois à trouver des solutions pour compléter les « fins de mois » difficiles. Pour compenser le déficit en azote, elle consomme des protéines animales, capturant des insectes séduits par les gouttelettes brillantes qui surmontent les feuilles spécialisées. Engluées sur celles-ci, les victimes sont lentement digérées par les enzymes redoutablement efficaces. Luxe suprême, la plante insectivore épargne les visiteurs chargés de sa propre reproduction. La fleur est en effet très haut perchée, loin des pièges funestes.

Frasne : un sentier sur caillebotis permet de pénétrer au cœur de la tourbière.

Des plis mal affranchis

L'ampleur des plissements jurassiens les rend parfois difficilement lisibles sur le terrain. L'érosion a parfois mis en relief des plis plus modestes, qui restent toutefois spectaculaires.

Le **chapeau de Gendarme** (39), sur la D 436, à quelques kilomètres de Saint-Claude, illustre bien les formidables pressions qui s'exercèrent pour tordre ces strates calcaires autrefois horizontales. La présence d'une cascade rappelle sans cesse que l'eau sous toutes ses formes joue un rôle déterminant pour dégager les roches. À proximité, les plissements qui affectent les roches dominant les gorges du Fulmen sont tout aussi démonstratifs. C'est également le cas aux **sources du Doubs**, près de Mouthe, où la rivière émerge en exurgence d'un magnifique pli anticlinal. De telles déformations ne peuvent se produire qu'à une certaine profondeur, là où la température interne de la Terre chauffe légèrement les roches sédimentaires, facilitant ainsi leur torsion. Ce que l'on observe donc aujourd'hui était probablement enfoui il y a plusieurs millions d'années, puis a été dégagé par l'action conjuguée du soulèvement et de l'érosion. Sur les berges du torrent, un **cincle plongeur**, perché sur un gros caillou, exhibe sa bavette blanche, tandis qu'une petite bergeronnette des ruisseaux aux reflets jaunes sillonne la rive en hochant la queue. Tous deux apportent une touche colorée aux eaux sombres du Doubs. Le site permet également de retrouver l'ambiance des tourbières. N'oublions pas que Mouthe est célèbre pour ses températures extrêmes. ■

Cincle plongeur.

Le chapeau de gendarme.

Au pays des géants

La Franche-Comté possède l'un des plus gros arbres de France. À **Bracon** (39), près de Salins-les-Bains, le **tilleul de la grange Sauvaget ♥** est un véritable monument historique fléché à partir d'Ivory. Il affiche 15 m de circonférence, un tronc éclaté en plusieurs parties et une incroyable vigueur qui lui a permis de résister à plusieurs incendies. Planté en 1477, il célébrait le mariage de Marie de Bourgogne, fille de Charles le Téméraire, avec Maximilien d'Autriche. Symbolisant l'autorité des Habsbourg face aux ambitions françaises sur la Franche-Comté, il a échappé ainsi plusieurs fois aux bûcherons.

Bracon : le vénérable tilleul de la grange Sauvaget est l'un des plus gros arbres de France.

À quelques kilomètres, au sommet du **mont Poupet**, un ensemble de hêtres aux formes tourmentées compose un étrange cercle, peut-être pour mieux affronter les rigueurs de la crête. Un panneau « hêtres torses » permet de les trouver à quelques centaines de mètres du superbe belvédère de la Croix. On retrouve d'ailleurs cette disposition au sommet du **mont d'Or**, près de l'auberge de la Grangette.

En **forêt de La Chaux** (39), le culte des chênes est ancestral. Les Celtes sculptaient déjà des figurines dans les troncs creux. La présence de gui dans certains de ces arbres accentue le mystère, en créant une ambiance druidique. La tradition des chênes à Vierge vient probablement de ces coutumes. Cette forêt qui a payé un lourd tribut aux industries du sel et du verre, en fournissant du charbon de bois, possède sept chênes à la Vierge. Le plus facile d'accès célèbre Notre-Dame des Potiers, près d'**Étrepigney**.

Le pays franc-comtois fait le bonheur des chercheurs d'arbres. Un autre chêne remarquable d'environ 250 ans est indiqué dans les circuits de promenades des **sources du Lison**, sous le nom sans équivoque de « gros chêne ». Les grandes forêts du Jura ont toutes leur sapin président que les forestiers respectent particulièrement. Au départ de Chapois, la route des sapins permet d'admirer les sapins de la Glacière, puis le sapin président de la **forêt de Joux**, dépassant 45 m de hauteur.

En **forêt de Levier** (25), la même route forestière conduit aux épicéas du roi de Rome, célébrant la naissance du fils de Napoléon en 1811. On ne lésinait pas pour plaire à l'Empereur, un million d'arbres fut planté à travers toute la France en l'honneur du nouveau-né. Belle réussite, les épicéas impériaux du Jura dépassent aujourd'hui 50 m de hauteur.

Mont Poupet : la ronde mystérieuse des « hêtres torses ».

Au **Russey**, sur la route des Trois-Sapins, il ne subsiste plus qu'un seul des géants qui faisaient l'admiration des forestiers. Trois cents ans, 50 m de haut et 5 m de circonférence ! Combien de temps va-t-il encore pouvoir résister aux intempéries qui ont déjà eu raison de ces congénères ?

Près de Pontarlier, il ne faut pas manquer le Sapin Président de la commune des Fourgs (25), tout près de la Suisse. À la sortie du village, une petite route, à hauteur du hameau de la Coupe, conduit au patriarche quadricentenaire, plus ou moins bien fléché dans la forêt, au-delà d'un muret en pierre. Le site orné d'immenses épicéas est magnifique. Un bout de France presque helvétique.

En grimpant vers le nord, les tilleuls font admirer leur tour de taille. À **Montandon** (25), l'un des deux tilleuls de l'église s'affirme comme le plus gros arbre du Doubs avec 8,70 m de circonférence. Dans le territoire de Belfort, le tilleul de Turenne à **Fontaine** et ceux de **Rougegoutte** et **Montbouton** (90) se distinguent également.

La **Haute-Saône** est fière du mûrier de l'abbaye de **La Roche-Morey** et du chêne de **Bresilley**, situé au bord de la D 21, en direction de Bard-les-Pesmes. Tous les cinquante ans, l'arbre « gobe » la statuette que l'on appose à sa fourche. Sept d'entre elles ont déjà été « avalées » par croissance de l'écorce, la huitième fut installée en grande pompe en 1988.

Cœur de Lyon

À ne pas manquer !

Le coup de cœur : les pins de boulange du Forez

Le panorama : le crêt de l'Œillon

La balade : le sentier des crêts du Pilat

Autour de l'axe traditionnel Rhône-Saône, la région lyonnaise s'articule en un ensemble d'unités au relief accentué, constituant les contreforts est du Massif central. Les monts du Charolais, du Beaujolais, du Lyonnais, le mont Pilat, le Vivarais furent rehaussés par la poussée alpine, dominant à l'est la plaine de Bresse et le couloir rhodanien effondrés pendant la même période. Le vieux socle granitique forge les paysages ou le bocage est encore bien présent, même si la vigne et les vergers occupent une place importante. Au sud de la Bresse, les Dombes forment un milieu original avec ses étangs riches en oiseaux.

Pins de boulange

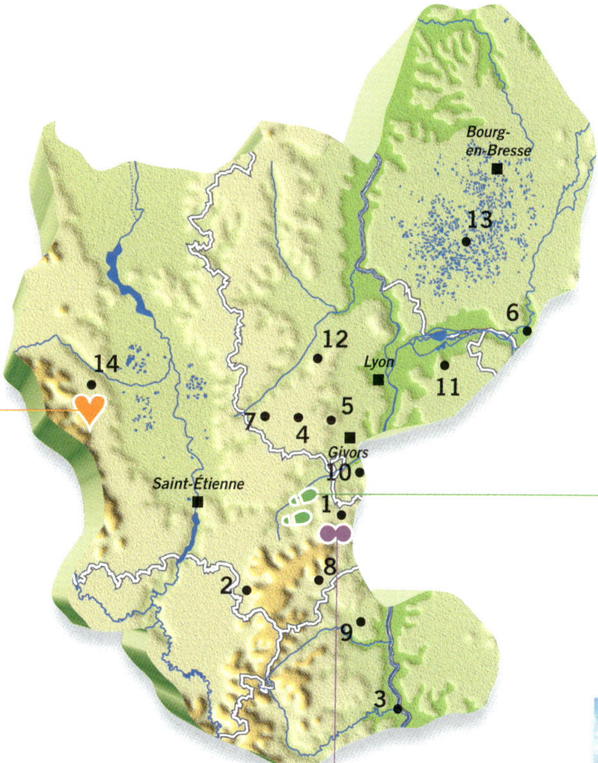

Massif du Pilat

Crêt de l'Œillon

1. Massif du Pilat
2. Tourbière de Gimel
3. Cuves de Duzon
4. Tilleul de Riverie
5. Chêne de Saint-Maurice-sur-Dargoire
6. Tilleul de Pérouges
7. Hêtre de Duerne
8. Cèdre de Bourg-Argental
9. Tilleul de Burdignes
10. Île du Beurre
11. Parc de Miribel-Jonage
12. Parc de Courzieu
13. Les Dombes
14. Pins de boulange du Forez

Chirats et tourbières du mont Pilat

Séparé des monts du Lyonnais par la vallée du Gier, le **massif du Pilat** culmine à 1434 m au crêt de la Perdrix, soit à une altitude comparable à celle du puy de Dôme. Les pentes couvertes de landes ou de prairies ont peu à peu été plantées de résineux, considérés comme plus rentables. De nombreux sentiers de randonnée permettent de découvrir cet ensemble naturel riche et diversifié, justement classé parc naturel régional. Si tout le pays est magnifique, certains sites particulièrement remarquables restent à privilégier. Les sommets sont occupés par de curieux amoncellements de roches aux arêtes aiguës : les chirats, qui doivent leur aspect fracturé à l'alternance du gel et du dégel pendant les périodes glaciaires.

À partir du parking du **col de l'Œillon** (42), un sentier contournant une petite éminence permet d'observer un de ces impressionnants chirats. Progressant parmi des hêtres et des pins, au tronc court et tourmenté, victimes de la rigueur du climat et de la pauvreté du sol, on atteint un magnifique point de vue sur les sommets des « Trois Dents », couronnés de chirats, et la vallée du Rhône. À quelques kilomètres, une petite route rapproche de l'éblouissant panorama de la **chapelle Saint-Sabin**. Un sentier pédestre, perdu au milieu des blocs de granite, grimpe jusqu'à la terrasse naturelle qui domine la vallée du Rhône. Le sentier des crêts, qui démarre du parking du crêt de l'Œillon, relie en quelques heures les différents sommets, jusqu'au crêt de la Perdrix. La promenade, qui s'effectue à une altitude de 1400 m, réserve de nombreuses surprises. Des panoramas magnifiques s'ouvrent depuis le **crêt de l'Œillon** ●● ou le **crêt de la Perdrix**. Par temps clair, la vue porte jusqu'au Sancy, au Mezenc, au mont Gerbier-de-Jonc. Avec un peu de chance, on peut même apercevoir les Alpes. À mi-chemin entre ces deux pointes, le **crêt du Rachat** présente un impressionnant chirat, tandis que l'émouvante chapelle de Saint-Sabin domine le crêt de l'Arnica.

Col de l'Œillon : *les roches sont fracturées en blocs isolés, sous l'action du gel.*

Les moutons entretiennent ces paysages de landes à callunes, genêts et myrtilles. Les services du parc naturel régional du Pilat les ont réintroduits pour limiter la reconquête de la forêt. Au cœur de celle-ci, la rencontre, même fugace, avec un pic noir est toujours un événement.

En empruntant la N 82 et la D 28 en direction de **Saint-Régis-du-Coin** (42), puis en tournant à gauche vers les Chaumasses, arrêtez-vous au parking de la croix de Caille pour découvrir la **tourbière de Gimel**. Un sentier aménagé sur caillebotis initie aux mystères de ce monde presque perdu. Monde perdu car les tourbières sont de véritables reliques des périodes glaciaires, perdu également car elles ont tendance à se combler naturellement, perdu enfin car partout en France on a tenté de faire disparaître les zones humides avant d'en protéger un certain nombre. De nombreux panneaux permettent de mieux comprendre cette tourbière de pente, dominée par les mille plumets blancs de la linaigrette et les coussins de sphaigne, une mousse fonctionnant comme une véritable éponge. La petite drosséra, plante carnivore, consommatrice d'insectes, en reste le fleuron. L'acidité et la pauvreté de ce substrat conditionnent la présence de cette flore unique, à préserver méticuleusement.

Près de Tournon, dans le nord de l'Ardèche, la **vallée du Doux** est dominée par des plateaux aux allures déjà méditerranéennes, où chênes verts, chênes pubescents, genévriers et cades donnent un air provençal à la forêt. La D 532 franchit la rivière au Grand Pont, magnifique arche de 50 m construite au XVIe siècle. Près de **Saint-Barthélemy-le-Plain** (07), la même route emprunte le pont de Duzon, à partir duquel une promenade pédestre de 2 km conduit aux **« cuves » de Duzon**, superbes « marmites de géants » formées dans le lit de la rivière par les tourbillons des eaux chargées de galets abrasifs.

Mont Pilat : la chapelle Saint-Sabin domine le crêt de l'Arnica.

Des monts du Lyonnais au mont Pilat, des arbres remarquables

À **Riverie** (69), dans les monts du Lyonnais, le gros tilleul est toujours là, depuis que le baron Camus le fit planter, à l'incitation de Sully, pour symboliser la renaissance du village et l'édification du nouveau château. L'arbre a surmonté les vicissitudes de l'histoire de France, les assauts de la foudre et les orages, la tempête de 1999 a eu toutefois raison d'une partie de son houppier. Bien que sa silhouette n'ait plus sa splendeur d'antan, le village est si joli que personne ne regrettera sa visite.

Non loin de Riverie, amusez-vous à chercher en contrebas de **Saint-Maurice-sur-Dargoire** (69), dans une pâture, au lieu-dit le Layer, un chêne magnifique, plusieurs fois centenaire. Ses lourdes branches retombant au sol lui confèrent une admirable silhouette.

À **Saint-Laurent-de-Mure** (69), un restaurant héberge un superbe tilleul de 7 m de circonférence. En visitant le célèbre village médiéval de **Pérouges** (01), on repère forcément sur la place centrale le tilleul de la Liberté planté en 1792. À **Vénissieux** (69), dans le parc de l'hôtel de ville, un étrange marronnier présente une branche horizontale qui marcotte à distance. Sur la place de la mairie de **Simandres** (69), un platane au tronc boursouflé a produit une excroissance, suite à une blessure occasionnée par une roue de charrette. À **Duerne** (69), sur le chemin vers Aveize, c'est un hêtre qui est sujet à d'étonnantes contorsions, son tronc effectuant une boucle avant de jaillir du sol en deux branches. Enfin, sur les flancs sud du mont Pilat, deux arbres dignes d'intérêt méritent un détour. À **Bourg-Argental** (42), dans l'arboretum, se dresse un majestueux cèdre du Liban, tandis que sur la place du village de **Burdignes** (42), un humble tilleul, ployant sous le poids des ans, s'appuie sur une béquille désormais indispensable. Comme beaucoup de ses congénères, il pourrait être un « Sully » dépassant alors les 400 ans !

Burdignes : *le vieux tilleul de Sully porte le poids des ans.*

Inventaire dans un pré vert

Eh oui! Non loin de la métropole lyonnaise, les rencontres insolites ne sont pas impossibles, vous aurez peut-être même la chance de rencontrer quelques quadrupèdes inattendus dans l'agglomération lyonnaise!

C'est vrai! Le castor est de retour sur le Rhône, grâce aux efforts des naturalistes passionnés et... des couples de castor qui s'y reproduisent. Bien malin qui peut le dénicher. Le meilleur moment pour observer cet animal nocturne est le crépuscule lorsqu'il commence à s'affairer. Ce gros rongeur de 30 kg aménage un terrier sur les rives du fleuve et se nourrit essentiellement d'écorces d'arbres, en particulier de saule. Il n'hésite pas à les abattre pour en consommer les parties supérieures ou édifier une digue. Les traces de ses activités sont plus faciles à détecter : arbres abattus taillés comme un crayon, empreintes et crottes ou parfois barrages et huttes. Sur la N 86, à l'entrée nord de Condrieu, un sentier d'observation a été aménagé dans l'**île du Beurre**. Outre le biotope du castor, le site donne une idée de ce que fut autrefois le Rhône avec ses multiples bras ou lônes, aux formes mouvantes et à sa flore luxuriante.

Aux portes de Lyon, à la sortie n° 4 de l'A 42, dans le **parc de Miribel-Jonage** (69), on observe également les traces de l'activité de ces efficaces rongeurs. Un parcours initie à la flore et la faune extrêmement riches de ce milieu entièrement réaménagé.

Dans les monts du Lyonnais, sur la N 89, entre Montrond-les-Bains et l'Arbresle, le **parc animalier de Courzieu** (69) s'ouvre au monde des loups. La découverte est saisissante, bien loin des clichés sur l'animal féroce des contes pour enfants. La démarche est d'autant plus intéressante que leurs congénères reviennent à l'état sauvage en recolonisant peu à peu l'arc alpin. Une volerie de rapaces vient compléter la connaissance de ces animaux autrefois maudits et désormais protégés. Enfin, la présence de ratons laveurs a été signalée dans la banlieue lyonnaise, par plusieurs particuliers ayant constaté des dégâts sur leurs pelouses et dans leurs jardins. Cet animal d'allure fort sympathique a peut-être été introduit en Europe par des soldats américains qui l'auraient choisi comme mascotte. Nocturne, l'animal est difficile à observer. Cet omnivore ne se contente pas des produits de la nature, écrevisses, grenouilles, poissons, baies sauvages, il vient rendre visite aux hommes dont les poubelles et les jardins sont pour lui de véritables mines. La question de son éradication se pose sérieusement, car les dégâts sur la faune et les perturbations dans les écosystèmes locaux peuvent être à terme significatifs.

***Dombes**: un héron pourpre et sa progéniture.*

Enfin, les amoureux de nature ne manqueront pas de visiter les **Dombes** (01), riches d'une avifaune exceptionnelle. Parmi les espèces les plus remarquables, citons les colonies de hérons pourpres, les guifettes moustac ou les grèbes à cou noir.

Des pins pour le pain

Loin des grands circuits touristiques, les **monts du Forez** offrent une palette fort diversifiée de milieux naturels. Forêts, tourbières, landes à bruyères, plaines de la Loire, étangs calmes alternent avec bonheur. Depuis Montbrison, on s'élève peu à peu depuis la vallée de la Loire vers les plateaux granitiques. La similitude est frappante avec l'autre Limagne où coule l'Allier. Fossé d'effondrement, failles et même volcans sont au rendez-vous, certes pas aussi spectaculaires que la chaîne des Puys, mais bien distincts dans le paysage.

Plusieurs necks, cheminées volcaniques déchaussées par l'érosion, émergent dans la plaine, tels le mont d'Uzore ou la colline de Montpeloux. À l'intersection des D 69 et D 101, près de Chatelneuf, le belvédère de la **chapelle de Fraisse**, installée sur un plateau basaltique, offre un vaste panorama, en particulier sur le mont Semiol, correspondant à une superposition de coulées de lave issues des fissures voisines. De nombreuses plantations de pins aux formes étranges bordent ici les routes. Leur tronc écourté et leurs branches ramifiées de manière inhabituelle pour l'espèce leur confèrent un port très particulier. Jusqu'en 1970, on taillait les pins sylvestres pour alimenter les fours à... pain. La technique d'élagage mise au point empiriquement a transformé un arbre au port dressé en un étrange taillis aux formes insolites. Ces **pins de boulange** ♥ fournissaient en combustible plusieurs centaines de boulangeries, de poteries et autres tuileries locales. La route qui sinue depuis le mont Semiol jusqu'à **Boën** (42) permet d'observer un grand nombre de ces « chandeliers ». Les plus spectaculaires se rencontrent près de Trelins, au départ du **château de Goutelas**, où un sentier botanique permet de les découvrir.

Monts du Forez : les pins de boulange, régulièrement taillés, fournissaient en bois les fours artisanaux.

À ne pas manquer !

Le coup de cœur : le sabot de Vénus

Le panorama : le belvédère du Mont-Revard

La balade : la grotte de Choranche

Gradins dauphinois
et fond d'U savoyard

Les Alpes de Savoie et du Dauphiné représentent la montagne dans toute sa splendeur. Climat alpin, flore alpine, ski alpin, ces mots ont fait le tour du monde, bien au-delà des mers.

Les aiguilles acérées des massifs du Mont-Blanc et de Belledonne scintillent au cœur de la chaîne. Rehaussés par l'orogenèse, les vieux granites ont pris un coup de jeune. L'érosion glaciaire a creusé de vastes vallées en U, empruntées par les hommes. Toujours présents, les grands glaciers régressent, témoins impuissants du réchauffement de la planète.

Plus au sud, les parcs nationaux de la Vanoise et des Écrins accueillent bouquetins, chamois et marmottes. Au-delà de la dépression du Grésivaudan, commencent les Préalpes surmontées d'importantes couronnes de calcaire, extraordinaires gradins dominant les vallées dauphinoises. L'observation du gypaète barbu, grand vautour casseur d'os réintroduit sur le massif, comme la découverte de sabots de Vénus sont sources d'émotion.

Belvédère du Mont-Revard

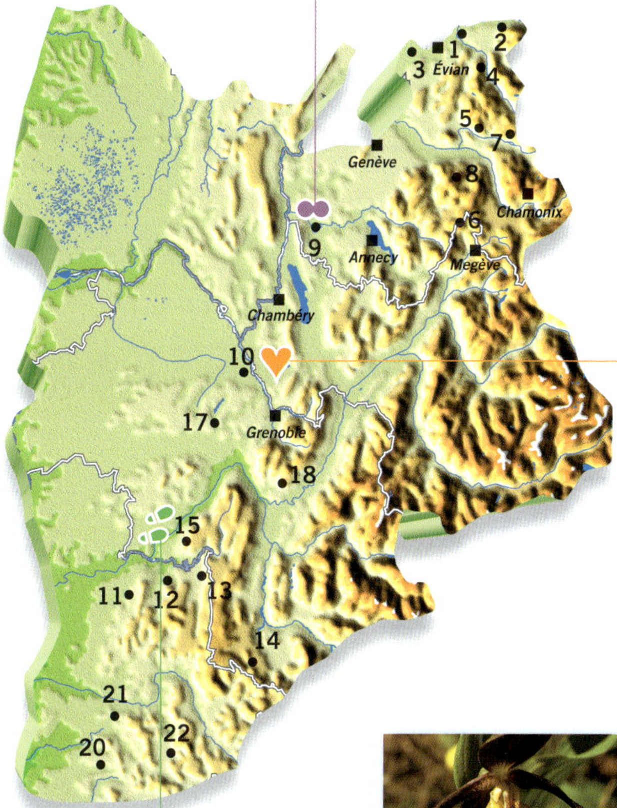

Grotte de Choranche

Sabot de Vénus

1. Châtaignier de Marins
2. Châtaignier de Lugrin
3. Tilleul de Douvaines
4. Tilleul de Feternes
5. Tilleul de Samoëns
6. Sapin de Sallanches
7. Cirque du Fer à cheval
8. Désert de Platé
9. Gorges du Fier
10. La Chartreuse
11. Col de la Bataille
12. Combe Laval
13. Grands Goulets
14. Mont Aiguille
15. Grotte de Choranche
16. Le Dévoluy
17. Tilleul de Réaumont
18. Pins de Chamrousse
19. Mûriers de Puygiron
20. Oliviers de Nyons
21. Châtaignier de Chastel-Arnaud
22. Châtaignier de Teyssières

Sur la piste des ancêtres savoyards

Samoëns : le gros tilleul célèbre la naissance de la ville, six siècles auparavant.

Difficile de faire un choix parmi les nombreux arbres remarquables de **Haute-Savoie**. Tilleuls historiques, vieux châtaigniers, hêtres et conifères se disputent la vedette en montagne. Ils marquent le paysage de leur silhouette, servent de point de repère, transmettent un patrimoine. Ils sont de plus en plus respectés, s'intègrent dans la perspective d'un avenir plus harmonieux entre la nature et ses merveilles et l'homme qui l'entretient ou l'exploite.

Dominant le lac Léman, deux **châtaigniers** remarquables se dressent à **Marins** (74), en bord de route, et à **Lugrin**, au lieu-dit Troubois. Avec ses 10 m de circonférence et ses 30 m de hauteur, ce dernier a probablement largement dépassé le demi-millénaire.

Place aux **tilleuls**, souvent dans la grande tradition des « Sully ». Trois d'entre eux retiennent particulièrement l'attention. Parmi ces mousquetaires, chacun a son caractère propre. L'insolite avec le tilleul de l'église de **Douvaine** dont le tronc se partage étrangement en deux. Quatre cents ans, un âge très respectable pour un tel monument, appelé localement tilleul de Henri IV. Un charme troublant émane du site de Château-Vieux à **Feternes**. Le tilleul est en parfaite harmonie avec la chapelle et le porche qui le côtoient. Ses dimensions n'en sont pas moins exceptionnelles puisqu'il mesure 10 m de circonférence. L'intérêt esthétique concurrence l'histoire du gros tilleul de la place du village de **Samoëns** (74). Sa plantation est sans doute liée à la décision d'Amédée VIII, duc de Savoie, de confirmer, en 1438, les habitants de Samoëns dans la propriété ancestrale des « Sept Montagnes » (en patois, *Sa- monts*), à l'origine du nom de la ville. Les habitants de Samoëns sont toujours des Septimontais. Dès 1509, un document écrit atteste de la présence du tilleul. Objet de tous les soins de la commune, il mesure aujourd'hui plus de 9,80 m de circonférence. Lieu de rassemblement du village, il a inspiré de nombreux artistes.

Sallanches honore son sapin président, haut de 43 m et âgé de 250 ans. Ses 3,60 m de tour de taille s'épanouissent au milieu de la forêt, près du hameau de Saint-Martin-sur-Arve. Pour le trouver, prenez la route de Réminge, jusqu'au parking du chalet du Grand-Arvet, puis suivez le chemin de Véran sur 800 m. Monsieur le président est indiqué sur la droite. ■

L'empreinte du sabot

À la fin du printemps, de la vallée du Giffre au Vercors, en passant par les Bornes, les Bauges et la Chartreuse, la flore s'épanouit en un fantastique jaillissement de couleurs. Les terres calcaires des Préalpes sont alors inondées de fleurs. Les prairies de fauche et les pâturages s'enivrent de bonheur, envahis par les trolles, les raiponces, les gentianes, les vulnéraires ou les ancolies. Une cohorte d'orchidées rivalise de parures, déployant tous leurs charmes. Platanthères, orchis pourpres, moucherons ou militaires, céphalanthères ou ophrys mouche, tentent de séduire leurs précieux pollinisateurs. Cachée dans le sous-bois, voici la merveille, le **sabot de Vénus** ♥, superbe orchidée de nos montagnes. Le labelle jaune vif se transforme en prison. La couleur éclatante attire les humbles visiteurs qui pénètrent dans le divin pétale en forme de sabot. L'insecte piégé se débat d'autant plus que la paroi dudit pétale est amincie en certains points, créant d'illusoires fenêtres. Pour s'évader de cette geôle dorée, il doit passer au contact des étamines.

Le sous-sol des Préalpes est avant tout calcaire. Accumulée à la fin de l'ère secondaire, au fond d'une vaste fosse marine, la roche blanche fut soulevée et plissée par les mouvements tectoniques qui

***Sabot de Vénus :** une incroyable beauté.*

Lys martagon.

Ophrys mouche.

ressuscitèrent les vieux granites des Alpes internes, faisant glisser d'importantes nappes de charriage vers l'ouest. La montagne porte l'empreinte de cette histoire tourmentée. Plissements imposants, érection de murailles blanches barrant le paysage, puis travail de l'érosion sur les matériaux particulièrement solubles se sont succédé. L'eau des glaciers et celle qui s'infiltre marquent profondément les Préalpes, depuis le lac Léman jusqu'aux confins de la Provence. Des sites spectaculaires illustrent ces phénomènes, de Samoëns au nord jusqu'au Vercors.

Près de **Sixt** (74), la **vallée du Giffre** dans le Faucigny ouvre le bal, avec l'admirable **cirque du Fer à cheval**, dont l'hémicycle calcaire est zébré d'une multitude de cascades, concurrencées en beauté à quelques kilomètres par celles du Rouget. Un éblouissant spectacle à admirer au printemps ou au début de l'été, avant que l'eau ne manque.

Belvédère du Mont-Revard ••

Il faut redescendre, loin en aval, vers Cluses et rejoindre **Flaine** (74) pour découvrir l'extraordinaire lapiaz ruiniforme du **désert de Platé**, accessible par le téléphérique des Grandes-Platières. Les strates du calcaire blanc mises à nu sont profondément entaillées par des crevasses, fissures ou diaclases qui donnent beaucoup de « tranchant » à la promenade. L'eau poursuit encore son patient labeur de dissolution, s'infiltrant dans les interstices, rongeant patiemment le carbonate de calcium. Le résultat est fascinant et grandiose, composant par endroits de véritables « cascades » de roches immaculées.

La chaîne des Aravis, les massifs des Bornes et des Bauges entourent les miroirs des lacs d'Annecy, d'Aiguebelette et du Bourget. Ce dernier, niché au cœur d'une ancienne vallée glaciaire, prend toute sa dimension depuis le **belvédère du Mont-Revard ••**, au-dessus d'Aix-les-Bains. Au sommet, un merveilleux jardin d'altitude permet d'apprécier l'extraordinaire diversité de la flore alpine. En été, les aconits napel et tue-loup, le lis martagon, la grande astrance et la campanule agglomérée se bousculent pour séduire papillons et bourdons.

À 10 km d'Annecy, sur la commune de **Lovagny** (74), les **gorges du Fier** enrichissent la galerie de portraits des paysages calcaires. Compensant les effets du soulèvement alpin, la rivière a creusé sur 70 m un canyon spectaculaire et étroit, où l'on circule sur un ensemble de passerelles suspendues au-dessus du vide. Tout au long du parcours, on découvre les marmites de géants « poncées » par le tourbillon des galets, le « détroit », passage si étriqué que l'eau peut monter de plus de 26 m en quelques heures lors des fortes pluies, puis le « dôme » abrité sous une voûte de verdure. Au-delà d'un hêtre majestueux qui borde le sentier, le belvédère domine la « mer de rochers », spectaculaire labyrinthe karstique sculpté par la rivière. ■

***Mont Revard, le jardin d'altitude :** un merveilleux belvédère dominant le lac du Bourget.*

Goulets et fistuleuses

Plus au sud, la **Chartreuse** est un véritable paradis de fleurs à la fin du printemps, hérissée de falaises à couper le souffle comme celle du pas du Frou ou du cirque de Saint-Même, près de Saint-Pierre-d'Entremont (38). Puis commence le **Vercors**, extraordinaire forteresse de calcaire dominant les vallées avoisinantes. Un navire blanc échoué sur une pyramide gigantesque. La beauté à l'état pur, que l'on approche et caresse par les cols et dans laquelle on se glisse par d'étroits goulets.

À l'ouest, depuis **Peyrus** (26), on parvient à l'exceptionnel belvédère du **col de la Bataille**. Au nord, à partir de **Pont-en-Royans** (38), on grimpe soit au col de la Machine par l'impressionnante falaise de **Combe Laval**, soit on gagne **La Chapelle-en-Vercors** (26) par l'étroit défilé des **Grands Goulets** : route vertigineuse, gorges serrées, lumière diffuse… Au sud, enfin, le col de Rousset permet de rejoindre **Chichilianne** (38) au pied du mont Aiguille, formidable iceberg de calcaire.

Que faire ? Que dire devant tant de splendeur ? Rentrer sous terre, par humilité ? C'est justement ce que l'on peut faire à **Choranche** . Affolant ! L'intérieur du calcaire est aussi fascinant que l'extérieur. Depuis des millions d'années, l'eau fait son travail et façonne des merveilles. Dissolvant la roche en traversant les massifs, elle la reconstitue au contact de l'air de la grotte, profitant d'une modification des conditions physiques. Les stalactites se mettent en place au

Grotte de Choranche : l'éblouissante salle des fistuleuses.

« compte-gouttes », laissant échapper de leur structure creuse de quoi accumuler les stalagmites au sol. La **grotte de Choranche** (38) renferme un phénomène unique en Europe, des milliers de stalactites très fines, longues de 1 à 3 m qui se reflètent dans les eaux d'un lac souterrain. La blancheur éclatante de ces fistuleuses ajoute à la féerie de la galerie dans laquelle elles se trouvent. Si l'existence de la grotte est estimée à 4,5 millions d'années, les fistuleuses n'auraient « que » 8 500 ans, gagnant 4 cm par siècle. Elles doivent leur gracilité aux fissures qui leur donnent naissance, ne laissant passer qu'une seule goutte à la fois. Si le canal se bouche, elles dévient leur trajectoire, devenant alors des excentriques. Véritable laboratoire expérimental souterrain, la grotte bénéficie du travail de plusieurs scientifiques. Géologues, archéologues ou biologistes rendent accessibles au public leurs travaux concernant par exemple ces surprenants protées, amphibiens cavernicoles, aveugles et dépigmentés qui survivent en Europe dans le karst slovène. Du temps des dinosaures, les protées à la peau colorée vivaient à l'air libre et bénéficiaient d'une bonne acuité visuelle. La catastrophe qui fit disparaître les grands reptiles les conduisit certainement à se réfugier dans des cavités souterraines où ils perdirent progressivement leur couleur et la vue. L'étude de leur cycle de vie actuel a montré qu'au cours de la phase larvaire, leurs yeux migrent dans la boîte crânienne et se voilent.

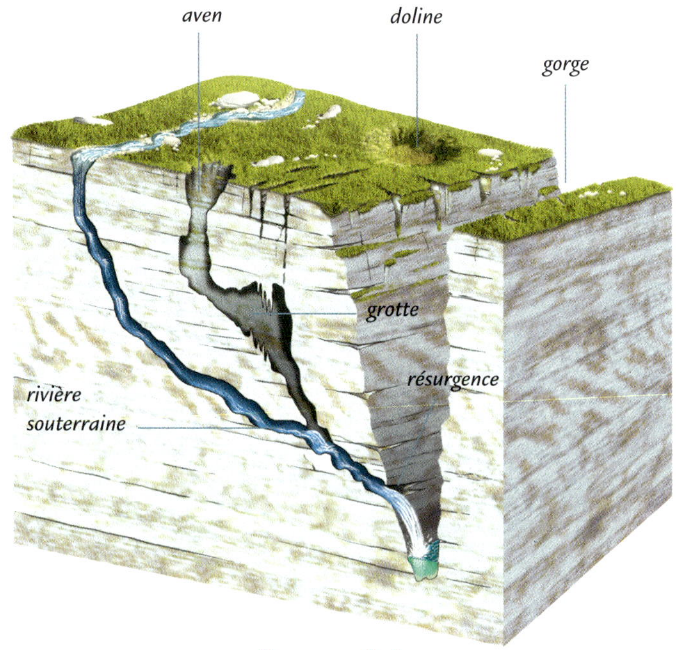

Paysages calcaires

Forteresse calcaire, protégeant une dépression centrale, le **Dévoluy** n'est accessible que par les vallées. Les routes sillonnent des paysages dénudés, couverts d'éboulis. Les cols de Rioupes et du Noyer offrent un bel aperçu du contraste entre les crêtes arides du Dévoluy et les vallées voisines plus vastes et cultivées. Absorbant rapidement l'eau de pluie dans les multitudes de diaclases et de galeries souterraines, le calcaire assèche les terrains superficiels. De nombreux gouffres perforent le massif. Baptisés « avens » dans les Causses, « scialets » dans le Vercors, on les appelle ici « chourums ». On pénètre dans le Dévoluy par des défilés, gorges étroites qui s'insinuent entre les escarpements calcaires. Les défilés de la Souloise sur la D 537 et celui des Étroits sur la D 117 sont particulièrement spectaculaires. Le second mesure 50 m de profondeur et à certains endroits 2 m de largeur.

***Vercors :** forteresse de calcaire.*

Des arolles aux cades

Le département de l'**Isère** recèle également quelques trésors bien enracinés. Comme dans toute la moitié est de la France, le tilleul honore de sa présence les places de villages et les cours de fermes. Le tilleul d'**Optevoz** (38) fut planté près de l'église il y a 400 ans. Les initiatives de Sully ne sont pas loin. À **Corbelin**, au lieu-dit le Saint-Martin, un tilleul gigantesque de plus de 8 m de circonférence a subi les outrages du temps. Il n'en reste pas moins impressionnant avec un âge estimé à 500 ans. La vedette locale reste toutefois le tilleul de **Réaumont** (38). Ce doyen qui affiche plus de 9 m de circonférence et environ 600 ans d'âge trône à proximité de l'église. Chaque année, en octobre, un festival de l'arbre organisé par la commune réunit des milliers de personnes. À **Bourgoin-Jallieu**, un platane de plus de 6 m de circonférence orne le square des Lilattes, près de l'hôtel de ville. À l'ouest de Grenoble, dans le parc du **château de Sassenage**, un exceptionnel cèdre du Liban, planté en 1854, tient la vedette. Côté est, à **Villard-Bonnot**, un chêne d'environ 400 ans trône dans le parc du château de Vors.

À **Chamrousse** (38), c'est la cembraie qui retient l'attention. Accrochée aux rochers, une population relique de pins cembros pluricentenaires se maintient au cœur de la station. Le meilleur point d'observation se situe à la roche Béranger au-dessus du départ du téléski de la Croisette, près d'une auberge. Les vieux pins tourmentés par les conditions écologiques difficiles se tordent de fatigue… ou de rire, en regardant de curieux personnages hivernaux tirés par une perche et glissant sur deux planches. Comme le pin à crochet, le pin cembro, ou arolle, constitue un prébois établi de préférence sur les versants frais. C'est le seul conifère de notre pays à présenter des aiguilles groupées par cinq. La cembraie paye un lourd tribut au ski hors piste et des mesures de protection s'avèrent désormais nécessaires.

À quelques kilomètres, la tourbière bombée de Luitel illustre à nouveau un monde végétal en perdition témoin des périodes glaciaires. La diversité de sa flore en accentue encore l'intérêt. Il n'est plus guère fréquent d'observer côte à côte le comaret palustre, le ményanthe, ou trèfle d'eau, la linaigrette ou encore les orchidées des milieux acides. Un petit bijou botanique dans un écrin de majestueux conifères.

Réaumont : *le tilleul du village, doyen du département, pourrait avoir 600 ans.*

Dans la **forêt de Lente**, en **Drôme** montagnarde, le sapin « bronzé », ainsi nommé à cause de la couleur de son écorce couverte de lichens, atteint 43 m de hauteur pour une circonférence de 4 m. À quelques kilomètres, le tilleul de **Saint-Martin-en-Vercors** affiche sa date de plantation : 1597. Henri IV et Sully ont visiblement encore laissé un héritage.

Les mûriers ont une place traditionnelle dans l'ouest de la Drôme, en descendant vers la vallée du Rhône. Les plus impressionnants se trouvent dans le hameau de Moulinas, à **Malataverne** et à **Puygiron** (26).

Dans les Baronnies, la Drôme se fait provençale. De gros oliviers, sans doute millénaires, se rencontrent sur la route de Mirabel, à Châteauneuf-de-Bordette, près de **Nyons** (26).

Près de la chapelle romane Notre-Dame-de-Cadenet, à **Piégon** (26), deux cades ou genévriers oxycèdres pourraient avoir 800 ans. Les vieux châtaigniers sont également à l'honneur à **Chastel-Arnaud**, près de Saillant (26), et à **Teyssières**, lorsque la route franchit le Lez, non loin de Dieulefit. ■

Saint-Martin-en-Vercors : le tilleul de Sully.

À ne pas manquer !

- **Le coup de cœur :** le pont du Châtelet
- **Le panorama :** la salle de bal des demoiselles coiffées de Théus
- **La balade :** les pillows-lavas du Chenaillet

En passant par la moraine

Que de merveilles ici réunies entre Durance et frontière italienne. Partout la nature hésite entre les influences continentales sur les versants nord, et les prémices du climat méditerranéen vers le sud. Plus à l'est, les sommets enneigés dominent d'éblouissantes vallées. Vallouise, Briançonnais, Queyras, Ubaye, Embrunais se succèdent ainsi, du nord au sud, offrant une multitude de promenades au visiteur. Les anciennes moraines abandonnées par les glaciers il y a des milliers d'années offrent un terrain favorable au travail d'érosion, faisant naître cheminées de fées et demoiselles coiffées près du lac de Serre-Ponçon, ou d'étranges formations en pays guillestrois. Ces bouleversements paraîtront toutefois bien modestes comparés à ceux qui « déplacèrent des montagnes » à l'ère tertiaire. L'imagination aura peine à suivre les géologues qui naviguent allègrement dans l'océan alpin, dont le fond se trouve désormais perché à plus de 2 000 m. Une ténébreuse affaire qui se termine en queue de poisson...

Pillows-lavas du Chenaillet

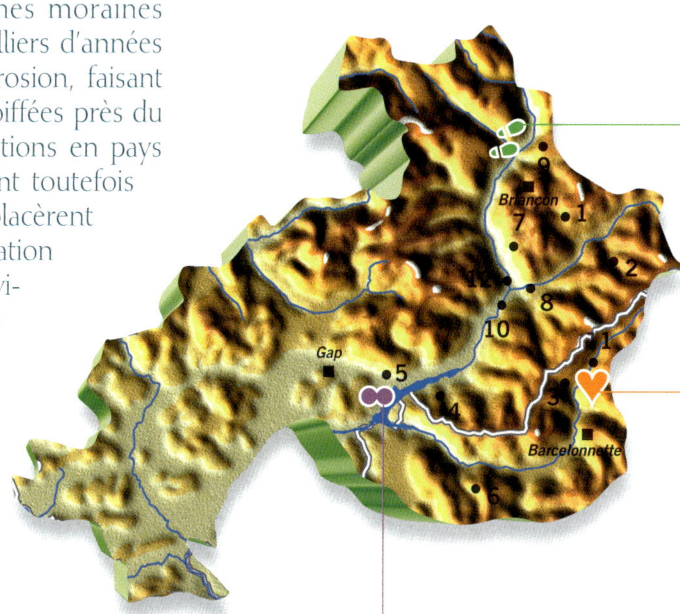

Pont du Châtelet

Demoiselles de Théus

1. Casse déserte
2. Cheminées de fées de la Rua
3. Cheminées de fées de Saint-Paul
4. Cheminées de fées de Sauze
5. Demoiselles coiffées de Théus
6. Eaux tortes
7. Genévriers de Saint-Crépin
8. Main du Titan
9. Pillows-lavas du Chenaillet
10. Pli de Saint Clément
11. Pont du Châtelet
12. Source de Réotier

La salle de bal des demoiselles coiffées

Pour ouvrir le bal, montez à 5 km au-dessus de Théus ●● (05) par une route étroite et sinueuse. Le belvédère situé près du parking offre une vue plongeante sur un remarquable ensemble de colonnades parfois coiffées d'une roche protectrice. Une centaine de mètres au-dessus, un sentier descend au cœur du royaume des « demoiselles ». Attention ! N'oubliez pas qu'il faut remonter. Sachez qu'une vingtaine de minutes de descente suffit pour apprécier les plus belles « cheminées ». Au-delà, un couvert forestier nécessaire à la préservation de ce site extrêmement fragile masque partiellement la vue. La formation des cheminées de fées et autres demoiselles coiffées est souvent le fruit de l'érosion d'anciennes moraines autrefois transportées par les glaciers. Les eaux de ruissellement dégagent assez rapidement les matériaux de ces terrains relativement tendres. De gros blocs morainiques protègent un temps les roches qu'ils recouvrent, comme le ferait un parapluie. Le départ des matériaux avoisinants isole peu à peu les colonnes, dont certaines restent surmontées de leur étrange chapeau. La remontée de l'eau par capillarité, puis son évaporation soudent les minéraux entre eux, consolidant la colonnade. Le spectacle de la nature est au rendez-vous et peut être différent à chaque « séance ». En revenant quelques années plus tard sur le site, celui-ci aura forcément changé d'aspect, quelques demoiselles se seront « évaporées », d'autres commenceront à émerger sous leur coiffe de pierre.

Vous trouverez sans peine les **cheminées de fées** sur la D 954, entre **Le Sauze-du-lac** et **Pontis** (04). Mêmes causes, mêmes effets. Les moraines glaciaires ont une fois encore servi de champ de manœuvre au patient travail d'érosion. Des blocs énormes restent en équilibre sur les colonnes consolidées par le jeu des remontées d'eau et de son évaporation. Pour admirer de près ces magnifiques sculptures naturelles, empruntez le petit chemin qui grimpe en pente raide à partir du parking. Votre effort est récompensé par une vue plongeante sur le lac de barrage de Serre-Ponçon, qui réunit les eaux de la Durance et de l'Ubaye.

Une autre belle demoiselle coiffée, dite de la Rua, se cache sur la D 5 entre **Château-Ville-Vieille** et **Molines-en-Queyras** (05). Elle peut être observée à l'occasion d'une découverte de la merveilleuse vallée du Queyras accessible par la vallée du Guil, à partir de Guillestre. ■

***Théus** : les « demoiselles » ne sont pas toutes coiffées...*

Vertiges et eaux tortes en Ubaye

Ceux que les fées ont envoûtés peuvent emprunter à partir de Guillestre la route sinueuse du col de Vars, qui rejoint au sud la vallée de l'Ubaye. Sur la gauche de la D 902, quelques kilomètres après le col, avant le village de **Saint-Paul** (04) au lieu-dit Les Muratières, on peut s'extasier devant d'autres belles colonnes d'origine morainique. En empruntant la D 95, il est alors impossible de ne pas se rendre sur le site du **pont du Châtelet** ♥. Cet incroyable ouvrage d'art construit en 1880 domine de 100 m les gorges étroites de l'Ubaye. Un invraisemblable défi à la nature. Pourvu que les mouvements des plaques tectoniques ne lui jouent pas de vilains tours.

Au-delà de Barcelonnette, le village du **Martinet** (04) et la petite route qui mène à l'abbaye de Laverq sont le point de départ d'une belle randonnée qui conduit aux **« eaux tortes »**. Le parcours de cinq heures balisé en bleu constitue un véritable sentier de découverte équipé de bornes explicatives présentant l'histoire et les traditions du vallon.

On repère ainsi tous les témoignages d'une vie pastorale disparue et le spectaculaire retour de la forêt avec ou sans l'aide des hommes. On apprécie la diversité de la flore et des milieux montagnards : saxifrage faux-aïzoon, grassette ou parnassie sur les roches humides, géranium sylvatique, adénostyle, aconit, vératre de la prolifique mégaphorbiée, linaire alpine ou saxifrage paniculé dans les éboulis que fréquente l'hermine, ou mélèze et pin cembro lorsque s'éclaircit la zone d'altitude. Certains sujets accrochés aux rochers affichent un tronc pluricentenaire vraiment impressionnant.

Parvenus dans les prairies d'altitude, le relief en vagues parallèles porte les stigmates de l'érosion glaciaire. Dans ce monde rocailleux, la marmotte ne s'éloigne guère de son terrier, scrutant le ciel dans la crainte de voir apparaître son ennemi mortel, l'aigle royal. Sur le plateau, le panorama est époustouflant. Les grès d'Annot qui supportent les eaux tortes constituent les terrains autochtones. Les roches foulées lors de votre escalade ont beaucoup voyagé. Déposées sous la mer à plusieurs centaines de kilomètres à l'est, elles vinrent chevaucher les grès d'Annot. Cette monumentale nappe de charriage a poussé devant elle d'énormes blocs arrachés sur son passage, tels les sommets en forme de chapeau de Napoléon de la Petite et de la Grande Séolane. Le marais d'altitude des eaux tortes occupe une dépression d'origine glaciaire. Dans ce milieu froid et humide, une tourbière sillonnée par de petits ruisseaux tortueux compose un étrange puzzle végétal.

***Saint-Paul :** l'incroyable pont du Châtelet surplombe les gorges de l'Ubaye.*

***Hermine :** un locataire bien présent dans les éboulis.*

La main du Titan

En quittant **Embrun** (05), on accède en **pays Guillestrois** par la vallée de la Durance. Au-delà de **Saint-Clément**, la paroi abrupte qui domine la rive gauche est connue des géologues du monde entier. La charnière d'un pli couché ouverte vers le sud-ouest illustre magnifiquement l'histoire complexe de la chaîne alpine, d'autant plus que les roches qui la composent sont plus anciennes que celles qu'elles chevauchent. Elles proviennent d'éléments plus orientaux qui ont « voyagé » vers l'ouest, recouvrant les terrains autochtones. Ces nappes de charriage progressent tels de gigantesques rouleaux compresseurs sur des supports moins mobiles. Mais attention ! Les mouvements qui les affectent ne peuvent se concevoir que sur des millions d'années !

Bienvenue dans le pays du Guil où plusieurs sites surprenants vous attendent. L'office du tourisme de **Guillestre** (05) est un bon point de départ pour découvrir les merveilles du pays guillestrois. Les ammonites figées à jamais dans les marbres roses de l'escalier sont prometteuses. À proximité, dans la carrière de Riou-Bel, sur la route de Vars, on exploite encore la belle roche rose. Les ammonites, mollusques marins aux coquilles spiralées, vivaient au temps des dinosaures, dans l'océan qui précéda les Alpes. Les voici pétrifiées pour l'éternité au pied de l'église. Étrange destinée !

Depuis Guillestre, en prenant la direction du champ de foire, on parvient rapidement au belvédère du plateau du Simoust. Pour découvrir la **Main du Titan**, deux solutions : suivre la randonnée qui emprunte la « rue des Mascs » et ses rochers difformes, ou descendre en voiture par la petite route qui se dirige vers la « Font d'Eygliers ».

***Réotier :** la fontaine pétrifiante.*

Dans les deux cas, on parvient à un pont sur le Guil. Un sentier balisé en jaune (N° 13) conduit à l'impressionnante main de pierre qui domine le paysage. L'érosion a entaillé le conglomérat de roches d'origine glaciaire qui constitue la falaise de Mont-Dauphin, donnant naissance à cette étrange sculpture.

À **Réotier** (05), la fontaine pétrifiante est exceptionnelle, évoquant en petit format les paysages de Cappadoce ou de Yellowstone. L'eau riche en sels minéraux a formé de spectaculaires concrétions creusées d'une vasque. Au début de l'hiver 1981, sa partie supérieure s'est brisée, mais le « nez » calcaire se reconstitue peu à peu, s'allongeant comme celui d'un pinocchio pétrifié. Un conseil, préférez la lumière du matin, puis grimpez vers le village de Réotier pour admirer une nouvelle fois la charnière de Saint-Clément et la confluence du Guil et de la Durance.

En venant de Guillestre, à la sortie de **Saint-Crépin** (05), la forêt de genévriers thurifères constitue un site botanique d'exception. Rares sont les lieux où un tel groupement végétal a pu être conservé. Le sentier qui y conduit traverse d'abord une pinède, puis quelques genévriers de taille modeste. Surgissent ensuite des arbres tortueux sans doute très âgés, car leur croissance est très lente. Les racines s'entremêlent, épousant la roche. Les genévriers se courbent, rampent, se redressent, s'adaptant à leur substrat difficile. Certains pourraient être millénaires.

Les périodes glaciaires ont pratiquement fait disparaître cette essence méditerranéenne de l'arc alpin, sauf en quelques endroits particulièrement chauds et bien exposés. Il faut chercher en Grèce ou en Espagne des sites équivalents, qu'il convient de respecter… strictement.

Guillestre : *la main du Titan, pointée vers le ciel, domine la vallée du Guil.*

Formation des cheminées de fée

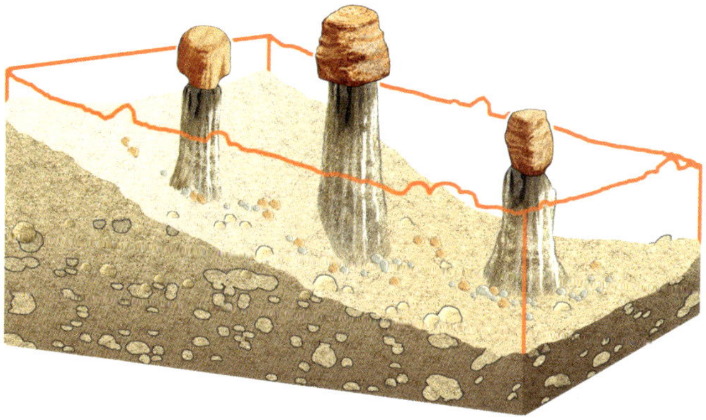

Un océan perché à 2 500 m

Quand la géologie explique l'invraisemblable, on reste sans voix, car l'affaire est incroyable.

Il faut d'abord se rendre sur le site, au prix d'une belle randonnée. Pour cela, gagnez **Montgenèvre** (05) près de Briançon et participez à une des multiples balades géologiques proposées par les spécialistes locaux. Le temps fort de la découverte se situe au cœur du **massif du Chenaillet**, dans les parois rocheuses du Collet vert. La surprise est de taille, un véritable fond d'océan « fossile » se trouve perché à 2 500 m d'altitude. Les pillow-lavas, ou coussins de lave, qui le constituent sont ici merveilleusement conservés, comme si le magma venant de sortir des fissures d'un rift océanique formait d'énormes « polochons ». Cet aspect en coussin caractérise les épanchements de lave en milieu marin, lorsque celle-ci se trouve confrontée à la température froide des grands fonds. Imaginez une pâte dentifrice brûlante entrant en contact avec de l'eau froide. Comment expliquer la présence de ces pillow-lavas au cœur des Alpes et, qui plus est, sur un « plancher » redressé à 90°, puisque la falaise du Collet vert est verticale.

Retour au jurassique, au milieu de l'ère secondaire. Les Alpes n'existent pas encore. À leur emplacement un vaste océan sépare deux plaques tectoniques. Reptiles marins, ammonites et autres invertébrés écument ces eaux paisibles. C'est un océan en pleine force de l'âge. Comme c'est aujourd'hui le cas dans l'Atlantique, un rift monumental en balafre le cœur. Des montées de lave en agrandissent sans cesse le plancher, repoussant les continents voisins vers le nord et le sud. Des dizaines de millions d'années plus tard, le mouvement s'inverse, fonctionnant comme un immense accordéon. Les plaques tectoniques désormais se rapprochent, dévorant peu à peu l'océan en perdition. La croûte océanique se trouve prisonnière du soulèvement alpin désormais irréversible. La voici chahutée, basculée, parfois soulevée vers le ciel. Des lambeaux parviennent ainsi jusqu'à nous miraculeusement conservés, mais redressés à 90°, témoins d'événements propres à enflammer les imaginations les plus folles.

Montgenèvre, massif du Chenaillet : *le plancher du vieil océan alpin, miraculeusement conservé, affleure en une falaise verticale.*

La casse déserte

Le nom du site est particulièrement imagé. La route du **col de l'Izoard** (05) traverse ces éboulis spectaculaires, hérissés de rochers déchiquetés rendus célèbres par le Tour de France. Le site le plus extraordinaire se situe à 1 km du sommet en direction du Queyras. La végétation n'a ici aucune prise, accentuant le sentiment de désolation. Seules quelques plantes spécialisées supportent les contraintes écologiques extrêmes liées à la haute altitude, au froid, à la forte pente et à l'instabilité du substrat. Ces plantes dites lithophytes présentent d'étonnantes capacités d'adaptation à se développer sur ces supports de pierre nue. Certaines d'entre elles, tels les saules nains de 2 cm de hauteur, ou certains saxifrages « naviguent » en surface des éboulis, les recouvrant de leurs rameaux prostrés. D'autres implantent de profondes racines souterraines, résistant ainsi aux glissements, c'est le cas de l'adénostyle glabre ou encore de la biscutelle. Les plus surprenantes « migrent » avec l'éboulis, comme certains thlaspis, linaires ou céraistes. À chaque nouvel éboulement, leur appareil souterrain, racine ou rhizome, se rompt, provoquant la naissance et le déplacement de vraies boutures naturelles, qui s'implantent un peu plus bas. L'aspect de la « casse », accumulation d'éboulis périglaciaires, est en grande partie due à la gélifraction des roches, sous l'effet de l'alternance du gel nocturne et du réchauffement au cours de la journée. L'apparence désertique est accentuée par le dégagement au cœur des nappes d'éboulis de pitons déchiquetés. Les roches qui composent ces derniers, ou cargneules, résultent de la soudure de fragments minéraux provenant de gypses du Trias, écrasés, broyés, lors de la progression des nappes de charriage qui vinrent chevaucher les Alpes à l'ère tertiaire. Ces véritables « montagnes voyageuses » fonctionnèrent, pour les roches qui les supportaient, comme de véritables meules ou rabots gigantesques. L'aspect des cargneules rappelle les meulières caverneuses de l'Île-de-France. Les cavités sont ici dues à la dissolution des dolomies. Océan perché, montagnes voyageuses : quelle incroyable histoire que celles des Alpes !

Depuis 60 millions d'années, la poussée de la plaque africaine a fait naître la grande chaîne. D'immenses plissements parfois hachés par des failles profondes illustrent ce processus. C'est ainsi que le plancher du vieil océan alpin se retrouve perché. Des pans entiers de montagnes viennent chevaucher vers l'ouest des roches pourtant plus récentes, comme si quelque esprit malin tirait une nappe en partie trouée. En accéléré, l'affaire prend l'allure d'une déferlante ponctuée de secousses. Des roches comme le gypse ont parfois servi de « savonnette » à la progression de ces « nappes de charriage ». Et la pression africaine n'est pas terminée. La terre a tremblé en 1998 à Annecy, illustrant les coups de boutoir qui soulèvent les montagnes.

Col de l'Izoard : la casse déserte, hérissée de pitons de cargneules.

HAUTE-PROVENCE

À ne pas manquer !

- **Le coup de cœur :** les rochers des Mourres
- **Le panorama :** la forteresse de Sisteron
- **La balade :** la réserve géologique de Haute-Provence

Mystérieux pénitents et rochers **champignons**

Les paysages de Haute-Provence sont si paisibles. Le soleil, la lavande, les premières pentes du Ventoux et la montagne de Lure recouvertes de vignes font des Alpes du Sud un aimable paradis.

Qui imaginerait la tourmente qui les a mises en place. Les roches sont là pour en témoigner. Redressés à 90°, la dalle aux ammonites près de Digne et le rocher de la Baume qui domine Sisteron subirent d'incroyables poussées venues de l'est. Les roches sont ici basculées, plissées, faillées par les coups de bélier de la plaque africaine. D'anciens fonds marins se retrouvent à la verticale, tandis que les galets charriés par la Durance constituent d'imposantes falaises. Les eaux de ruissellement rabotent, ravinent, déblaient. Les paysages se transforment, tout en conservant les empreintes du passé.

Réserve géologique

Rocher des Mourres

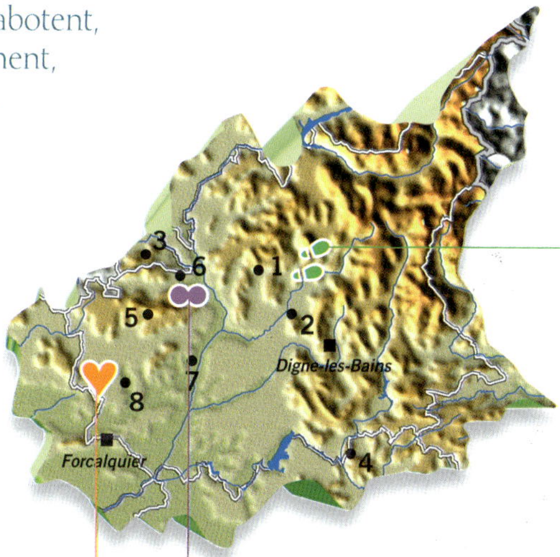

Forteresse de Sisteron

1. Clues de Barles
2. Dalle aux ammonites
3. Gorges de la Méouge
4. Gorges du Verdon
5. Montagne de Lure
6. Forteresse de Sisteron
7. Rochers des Mées
8. Rochers des Mourres

Haute-Provence aux couleurs de l'été.

Les pénitents des Mées

Non loin de Sisteron, dominant la petite ville des **Mées** (04), d'imposants rochers de grès partent en procession. Les « pénitents » doivent être « dégustés » par étapes, plutôt l'après-midi, lorsqu'ils sont bien éclairés, ou mieux encore, en soirée, quand les ombres mettent leur relief en valeur. Sur l'A 51, dans le sens nord-sud, une aire aménagée au belvédère de **Peyruis** permet de découvrir l'ensemble du site. Plus près du village, la D 4 offre d'excellents points de vue sur ces géants figés. En suivant le balisage jaune du sentier des pénitents qui démarre place de la République, on se glisse entre les sombres silhouettes.

Comment se sont formées ces monumentales falaises? Remontons le temps de... 25 millions d'années! Au milieu de l'ère tertiaire, les Alpes bousculèrent la Provence. La faille nord-sud de la Durance joua à nouveau, sans doute au prix de nombreux séismes. Sa bordure ouest se souleva et fit alors obstacle aux rivières qui apportaient des blocs, des galets provenant de l'érosion rapide des montagnes voisines. Sur plusieurs centaines de mètres d'épaisseur, tous ces matériaux s'accumulèrent dans un delta gigantesque, jusqu'à -2 millions d'années. Les sels minéraux présents dans l'eau formèrent un ciment entre les galets, constituant un poudingue, ou conglomérat, particulièrement dur. La falaise gréseuse était en place, soumise à l'action conjuguée des pluies torrentielles et de la Durance qui coule à ses pieds. Les rochers imposants se transformèrent peu à peu en pénitents, toujours soumis au poids des ans et surtout à l'érosion, à moins que les géologues ne se trompent et que ces moines aient réellement existé!

Avant l'an mil, les sarrasins occupaient une partie de la Provence. Plusieurs belles Mauresques capturées lors des combats durent quitter le village, cachées parmi les moines encapuchonnés. La tentation fut trop forte, et on peut penser que le diable n'aida point les religieux à résister. En tout cas, les moines fautifs furent pétrifiés pour l'éternité, formant une immobile procession. La légende ne précise pas s'ils eurent le temps de pécher... ■

***Les Mées**: l'immuable procession des pénitents.*

Cimetière marin

Près de **Digne** (04), la dalle aux ammonites située sur le bord de la D 900A en direction de Barles est accessible à tous. Face à ce fantastique document naturel, la fascination l'emporte. Le nombre de fossiles, leur disposition, leur concentration, tout ici est exceptionnel. La dalle calcaire redressée à 90° emprisonne plus de cinq cents coquilles d'ammonites, comme si un improbable dieu des géologues avait voulu les conserver. Nous voici au jurassique inférieur, et plus précisément au sinémurien, il y a 185 millions d'années, en fait au temps des dinosaures. Une faune particulièrement diversifiée peuplait alors l'océan alpin qui a aujourd'hui disparu. Parmi les nombreux mollusques évoluant entre deux eaux ou sur les fonds marins, les ammonites occupaient une place de choix. La croissance continue de leur coquille enroulée leur permettait d'atteindre des dimensions imposantes. Comme les pieuvres et les seiches, elles possédaient une tête pourvue de tentacules à ventouses et se déplaçaient par propulsion à réaction. Pendant quelques dizaines de milliers d'années, leurs cadavres poussés par les courants s'accumulèrent sur le fond de l'océan ou sur un rivage encaissé et se trouvèrent alors prisonniers d'une boue calcaire qui les cimenta peu à peu. La dalle aux ammonites était en place, prise entre deux couches d'autres sédiments. La surrection alpine la mit à la verticale et le travail humain la dégagea. On estime à plus de mille le nombre d'ammonites présentes sur l'ensemble de la dalle ; un gisement incroyable qu'il est indispensable de protéger.

Digne, la dalle aux ammonites : *un fantastique livre d'histoire naturelle.*

Pour découvrir les autres merveilles de la **réserve géologique de Haute-Provence**, il est vivement conseillé de grimper au **musée-promenade** accessible par plusieurs sentiers aménagés. Dans la montée, un tuf spectaculaire prouve que le végétal et le minéral peuvent faire bon ménage. Le musée lui-même fournit une remarquable initiation à l'histoire géologique des Alpes et à l'évolution des êtres vivants au fil des millions d'années. Il permet de comprendre notamment pourquoi il a été nécessaire de créer la réserve, dans laquelle aucun prélèvement n'est autorisé. Au-delà de la dalle aux ammonites, la route est balisée d'étapes passionnantes comme le sentier de l'ichtyosaure, les sites des pas d'oiseaux ou du curieux hydropithèque. Un incroyable voyage à remonter le temps dans un décor étrange. On traverse en effet les paysages noirs des robines, énormes dos d'éléphants arrondis par l'érosion, puis les couches de gypse aux teintes rouges dans lesquelles naissent des cheminées de fées. Les plus courageux grimperont, juste avant les Clues, au vieux village d'**Esclangon**, où s'ouvre un extraordinaire panorama sur le « vélodrome », un fantastique plissement qui affecte les roches du tertiaire.

La route franchit ensuite les **Clues de Barles** profondément creusées par le Bès. La rivière s'est peu à peu enfoncée dans le calcaire lors du soulèvement de la région, laissant apparaître des strates prodigieusement redressées. Après les Clues de Verdache, rejoignez la D 900 qui redescend vers Digne. Au lieu-dit **« Le Clucheret »**, la route est dominée par un plissement impressionnant.

Les arbres majestueux de Notre-Dame-de-Lure

Montagne de Lure : *un noyer imposant près du monastère de Notre-Dame-de-Lure.*

Pour accéder à ce petit paradis arboré, empruntez la D 113 à partir de **Saint-Étienne-les-Orgues** (04), n'oubliez pas votre pique-nique. À 1 200 m d'altitude, sur les flancs de la **montagne de Lure**, une petite route conduit au monastère construit en 1165 par les moines de Boscodon. Dans ce site enchanteur, devant les bâtiments religieux, quatre tilleuls pluricentenaires se dressent, véritables invitations à la méditation. Sous l'imposant noyer situé en contrebas, on atteint la sérénité, ou plus prosaïquement son lieu de pique-nique. En cherchant à l'entour, on repère un cytise de belle taille et de très vieux hêtres qui finissent leur vie en ces paisibles lieux. Pour les orchidophiles, le début de l'été est propice à l'observation des céphalanthères rouges, belles orchidées des sous-bois calcaires. Au fil de la montée au sommet de la montagne de Lure, s'échelonnent des paysages contrastés. Aux champs de lavande, à la garrigue et aux chênes verts, succèdent les cèdres qui laissent à leur tour place aux prairies d'altitude, riches en plantes aromatiques. Parvenu au sommet décharné, on reste fasciné devant « l'échine monstrueuse du taureau de Dionysos » décrite par Jean Giono. Par place, les plantes colonisatrices forment des cercles en pointillés. Le versant nord, plus froid et humide, dominé par les hêtres et les sapins permet de redescendre vers Sisteron. ■

Quand on n'a que les Mourres !

À 3 km de **Forcalquier** (04), sur la D 12 en direction de Fontienne, un parking permet de repérer le site étrange des **rochers des Mourres** ♥ . Si la première impression est un peu décevante, persévérez et empruntez le chemin qui escalade la colline sur la droite, puis laissez libre cours à votre imagination en découvrant des chaos en équilibre, des rochers aux formes de cèpes monstrueux ou d'étranges face-à-face minéraux. Les rencontres se bousculent, les pellicules défilent. Au printemps, orchidées, aphyllantes, hélianthèmes fleurissent au pied des cades. À la différence des autres calcaires rencontrés dans la région, les roches des Mourres n'ont pas plus de 25 millions d'années. Les ammonites de Digne vivaient 160 millions d'années auparavant ! Leur formation résulte d'accumulations en milieu lacustre, bien loin de la mer. L'érosion due au ruissellement et aux violents orages a dégagé peu à peu les blocs les plus résistants. Plus à l'ouest, de **Banon** à Saint-Christol, jusqu'à **Sault**, au pied du Ventoux, on accède au paradis de la lavande. Début juillet, les plateaux illuminés de bleu attirent une cohorte d'hyménoptères, rendus fous par les parfums qui emplissent l'air vibrant du Midi. À ne manquer sous aucun prétexte.

Forcalquier : *les rochers « champignons » des Mourres.*

Le naufrage du tithonique

Sisteron : *les strates calcaires du rocher de La Baume, redressées à la verticale.*

À la fin du célèbre jurassique, au milieu de l'ère secondaire, la mer recouvrait toute la Provence. Le calcaire s'accumula au fond en strates massives gris clair, constituant des falaises, typiques du paysage actuel des Alpes du Sud, et que les géologues appellent la barre tithonique. On retrouve cette barrière banche dans sa position horizontale d'origine dans les montagnes qui dominent Digne. À **Sisteron** •• (04), elle semble avoir été chahutée, basculée par les poussées alpines de l'ère tertiaire. Le formidable **rocher de La Baume**, qui surplombe la ville et fait face à la citadelle, en constitue une parfaite illustration. Pour bien l'apprécier, il faut entrer dans la forteresse qui offre des points de vue particulièrement photogéniques depuis la deuxième terrasse. Laissez-vous emporter dans la tourmente des millions d'années nécessaires à l'accumulation d'une telle épaisseur de dépôts, quand on sait que 20 cm de calcaire s'accumulent en 100 000 ans ! En observant le basculement des roches, on pense aux forces considérables qui se sont exercées alors que tout gisait à l'horizontal ! Et si l'homme ne peut déplacer les montagnes, alors les Alpes en redressant ces strates comme les pages d'un livre expriment toute leur puissance.

Que dire de la Durance qui veut rester dans son lit ! Plus les roches se soulèvent, plus la rivière creuse une brèche profonde pour se frayer un chemin. Dur combat entre l'eau et le roc.

À 15 km de Sisteron, près de Ribiers, la D 942 longe les **gorges de la Méouge**. La rivière se fraye un chemin dans le calcaire, laissant en place des rochers aux formes insolites. Les amateurs de sensations fortes se rendront à 25 km au nord, sur la commune du Caire pour trouver la via ferrata de la **Grande Fistoire**. Après une ascension de deux heures, on traverse une passerelle de 59 m de long, surplombant 120 m de vide. Cœurs mal accrochés, s'abstenir !

Le soulèvement des Alpes est également à l'origine du fantastique travail d'érosion du **Verdon** dans les calcaires jurassiques de Provence. Depuis **La Palud-sur-Verdon** (04), la **route des Crêtes** offre des plongées époustouflantes sur la phénoménale entaille dont les falaises surplombent la rivière de 700 m. Les marcheurs préféreront les multiples chemins de randonnée qui sinuent au fond des gorges, comme le sentier Martel sur la rive droite ou le sentier de l'Imbut de l'autre côté. ■

À ne pas manquer !

- **Le coup de cœur :** l'olivier de Roquebrune
- **Le panorama :** les gorges de Daluis
- **La balade :** les grès d'Annot

Coins branchés
sur la Côte

Son climat exceptionnel et sa beauté éclatante ont valu à la Côte d'Azur un tel succès qu'il est difficile de parler de milieux naturels sauvages à son propos. En quittant le littoral urbanisé, en escaladant les Baous de l'arrière-pays, on retrouve pourtant rapidement les parfums de Provence. Au-delà, se profilent les Alpes, éblouissantes de couleurs en été. Plus à l'ouest, les porphyres rouges de l'Estérel plongent dans le bleu marine, puis l'on découvre les granites des Maures et les belles îles de Porquerolles et Port-Cros, parc national marin. En dépit de l'intervention des hommes, la Côte d'Azur sait encore être belle.

Olivier de Roquebrune

Grès d'Annot

Gorges de Daluis

1. Corniche de l'Estérel
2. Domaine de Courmettes
3. Domaine du Rayol
4. Frêne de Vence
5. Gorges du Cians
6. Gorges de Daluis
7. Grès d'Annot
8. Jardin exotique de Monaco
9. Jardin d'Èze
10. Jardin de Menton
11. Olivier de Roquebrune
12. Olivier de Cagnes-sur-Mer
13. Orme de Gorbio
14. Villa Ephrussi

L'olivier millénaire de Roquebrune-Cap-Martin

Olivier de Roquebrune-Cap-Martin.

N'hésitons pas ! L'arbre mérite à lui seul un voyage sur la Côte d'Azur. Voici peut-être, mais l'affaire reste subjective, l'arbre le plus spectaculaire de notre pays. Il se cache dans le vieux village perché de Roquebrune, où des flèches permettent de le trouver sur le chemin de Menton.

La promenade commence sur la place centrale du village où trône un de ses congénères déjà fort âgé, et se poursuit avec une superbe vue sur Cap-Martin. À quelques centaines de mètres en contrebas, notre vieil **olivier ♥** regarde vers l'orient. Débordant de vigueur, il recouvre un muret, envahit une partie du coteau et s'avance sur la chaussée. Son tronc tourmenté et tentaculaire rappelle les figuiers maudits des pays tropicaux. Quel âge peut-il avoir ? Mille cinq cents ans ? Peut-être deux mille ! Il fait en tout cas partie de la poignée d'arbres de notre pays à avoir largement fêté leur millénaire. À son propos, les spécialistes restent perplexes. S'agit-il d'un seul individu à l'architecture déstructurée par le temps, ou de la fusion de plusieurs sujets qui auraient uni leurs forces pour survivre ? Les « bras » de l'arbre-pieuvre se séparent et se rejoignent pour former un impressionnant lacis dont il est bien difficile de déterminer la circonférence. Bien malin qui pourrait distinguer les troncs et les racines. L'arbre classé par les monuments historiques en 1863 risqua de disparaître, victime du développement de la Côte d'Azur. Pour sauver l'ancêtre, l'historien et homme politique Gabriel Hanotaux acheta la parcelle, aujourd'hui propriété de la ville, qui considère à juste titre le vieil arbre comme un précieux patrimoine.

Il suffit ensuite de quelques petits kilomètres pour s'émerveiller devant d'autres sujets magnifiques. En plein cœur de la ville basse de **Roquebrune-Cap-Martin** (06), dans le jardin public subsistent plusieurs arbres pluricentenaires, vestiges d'oliveraies désormais gagnées par l'urbanisation. L'une d'entre elles a été aménagée en lieu de promenade à **Menton**, dans le jardin des Colombières, tout près de l'Italie. À **Cagnes-sur-Mer** (06), le domaine des Colettes qui abrite le musée Renoir reste le site le plus émouvant. Tout près de la maison de l'artiste, les troncs biscornus de vieux oliviers donnent envie de s'asseoir sur un banc pour mieux les contempler. Les peintres ne s'y trompent pas. On en voit toujours un, palette à la main, qui essaie de retrouver l'univers de l'artiste et fixe sur la toile les entrelacs des vieux troncs. Dans ce cadre merveilleux, Renoir passa les douze dernières années de sa vie, inspiré par les fleurs et les arbres du jardin.

Dans l'arrière-pays, tout près de Roquebrune, le vieil orme de **Gorbio**, debout depuis 300 ans sur la place du village, défit le temps et la maladie. C'est un des rares rescapés de l'épidémie qui a détruit la plupart des ormes de notre pays. Le frêne de **Vence** (06) lui fait concurrence avec cent ans de plus. Les collines voisines accueillent d'autres ancêtres comme le vieux chêne du **Baou de la Gaude**, vraiment très haut perché. ■

Rouges gorges sous un ciel d'Azur

Dans l'Estérel comme dans l'arrière-pays niçois, les roches prennent une couleur de feu, mais pour des raisons bien différentes.

Entre Cannes et Saint-Raphaël, la corniche de l'Estérel (83) est un éblouissement. Les falaises de porphyre rouge qui plongent dans le bleu profond de la Méditerranée paraissent endormies. L'affaire n'est pourtant pas si simple. À la fin de l'ère primaire, au permien, la chaîne hercynienne provençale, étirée d'est en ouest, s'effondra partiellement, comme ce fut le cas un peu plus tard de la plaine d'Alsace et de la Limagne auvergnate. Mêmes causes, mêmes effets. La distension de la croûte continentale en bordure d'un fossé d'effondrement permit la montée de magma jusqu'à la surface. Il y a 270 millions d'années, entre les Maures et le Tanneron, les volcans de l'Estérel se déchaînèrent. Un volcanisme acide généra des manifestations très violentes, de type explosif, caractérisées par des laves rhyolitiques très visqueuses, des projections de cendres et de blocs, ainsi que des nuées ardentes ; puis tout s'endormit, les roches se consolidèrent, conservant leurs couleurs de feu. On retrouve ces volcans permiens, en Corse, dans la presqu'île de Scandola, où ce rouge intense domine largement.

Dans l'arrière-pays niçois, entre Touët-sur-Var et **Beuil** (06), les **gorges du Cians** et les **gorges de Daluis ●●**, près de Guillaumes, sont d'une tout autre nature. Au cœur du massif de calcaire blanc du Barrot, des roches rouges surgissent des profondeurs. Elles n'ont cependant rien de volcanique. Il s'agit de schistes provenant de dépôts argileux, teintés de rouge par les oxydes de fer. Formés pourtant à la même période que les volcans permiens de l'Estérel, ils résultent de dépôts sédimentaires compactés résultant de l'érosion de la chaîne hercynienne. Longtemps enfouis sous une épaisse carapace de calcaire, la surrection alpine les souleva pour offrir ce fantastique spectacle écarlate. ■

Gorges de Daluis : *schistes rouges déchiquetés par l'érosion.*

Les grès tourmentés d'Annot

Voici déjà les Alpes-de-Haute-Provence, mais les Alpes maritimes sont encore toutes proches. Installée sur une ancienne voie romaine, la petite ville d'**Annot** (04) offre une belle transition entre les influences provençales et alpines. En remontant vers les collines, les chaos de grès, étranges et massifs, semblent écraser les maisons auxquelles ils ont servi d'abri. Les eaux d'infiltration se faufilent dans ces blocs disjoints et les érodent, donnant naissance à des formes insolites qui alimentent les imaginations fertiles. La légende de saint Pierre en est une illustration. Après avoir essayé, sans grand succès, de convertir les pêcheurs de la côte, saint Pierre parvint à Annot où personne ne lui prêta attention. Agacé par l'attitude des villageois, il repartit en secouant le sable de ses chaussures qui couvrit le pays de grains gigantesques. C'est ainsi que naquirent les **grès d'Annot**, à moins que…

Remontons le temps à l'origine de ces formations. À l'ère tertiaire, la surrection alpine entraîna avec elle le vieux socle granitique, faisant craquer la couverture sédimentaire que la mer avait déposée. Celle-ci abandonna le terrain, repoussée en marge de la jeune chaîne de montagne. « Léchant » une dernière fois les rivages méridionaux alpins, une ultime incursion marine déposa sur la Provence orientale des sédiments calcaires. Les eaux de ruissellement provoquèrent d'importants glissements de terrain sur les fortes pentes. Ces débris s'accumulèrent en mer comme de véritables avalanches sous-marines. Compactés sous leur propre poids, ils se soudèrent pour former des grès abandonnés plus tard par la mer.

__Annot :__ d'imposants chaos de grès dominent le village.

La peur du loup

Bonne nouvelle pour les uns, catastrophe pour les autres, le retour du loup dans les Alpes françaises défraie la chronique. En Italie ou en Espagne, où l'espèce n'a jamais complètement disparu, la présence de ce grand prédateur cause moins de tourments. Le mythe du grand méchant loup n'a pas fini d'alimenter les fantasmes.

Depuis 1992, date d'annonce officielle de son arrivée dans le massif du Mercantour, la bête, comme celle du Gévaudan, a déjà réveillé plus d'une légende. Pourtant, contrairement à ce qui fut fait pour le lynx ou l'ours, dont les faibles populations furent renforcées avec l'aide de l'homme, le retour du loup est naturel et spontané. La génétique a tranché sans équivoque. Il s'agit bien d'individus venus de la population italienne qui progressent dans tout l'arc alpin, désormais au-delà du Queyras et des Hautes-Alpes. Lorsque la pression humaine se relâche, les individus surnuméraires d'une meute se séparent spontanément de celle-ci pour coloniser de nouveaux territoires. Les spécialistes estiment que les neuf meutes présentes dans les Alpes françaises correspondent à moins de trente individus. On ne peut cependant pas nier la pression qu'elles exercent sur les troupeaux en tuant des brebis à la suite d'attaques répétées. Espérons qu'un compromis sera trouvé entre les activités pastorales traditionnelles, facteurs d'équilibres naturels ancestraux, et la présence contrôlée d'un des rares grands prédateurs de notre pays, avec l'ours et le lynx.

Mercantour : *le retour des loups.*

Jardins extraordinaires

Grâce à un climat exceptionnel, plusieurs jardins de rêve ont été créés sur la Côte d'Azur et le littoral varois, résultats d'un travail scientifique approfondi et de l'enthousiasme de propriétaires passionnés.

Au pied de la corniche des Maures, le **domaine du Rayol** (83) propose un voyage au cœur des ambiances végétales propres au climat méditerranéen que l'on trouve à travers le monde. On voyage du nord du Mexique au Chili, de l'Afrique australe à la Nouvelle-Zélande, dans un jardin planté d'eucalyptus, de bougainvilliers et de mimosas. La promenade se poursuit à l'ombre des pins d'Alep sur la plage de l'anse du Figuier. Une pure merveille, désormais propriété du conservatoire du littoral.

Cap Ferrat : l'éblouissant jardin de cactées de la villa Ephrussi.

Fruit de la passion de Béatrice de Rothschild pour le cap Ferrat, la **villa Ephrussi** (06) s'ouvre sur une cascade de jardins qui descend vers la mer. Jardins à la française, espagnol, florentin, japonais rivalisent de beauté. On passe d'un rêve à l'autre dans un déluge de fleurs, d'arbres et de cactées.

Accroché au sommet du rocher, le **jardin d'Èze** (06) entoure les ruines du château. Paradis des cactées, il possède des espèces fabuleuses, cierges, aloès, échinocactus en forme de coussin, agaves que l'on retrouve dans le jardin exotique de **Monaco**.

Menton (06) compte aussi des merveilles. La **serre de la Madone** avec ses podocarpus géants et ses cascades de plantes exotiques rivalise avec le **jardin Val Rahmeh**, propriété du museum d'Histoire naturelle. Là, on déambule sous les tonnelles de kiwis, pour découvrir les chorisia du Brésil, aux fruits en forme de boule laineuse, le *Sophora toromiro*, arbre sacré venu de l'île de Pâques où il a disparu, et le grand bassin où flottent les feuilles de lotus nelumbo, symbole de l'hindouisme. ■

À ne pas manquer !

Le coup de cœur : le chêne d'Olmi Capella

Le panorama : le capo Pertusato

La balade : les *calanche* de Piana

Oléastres et *taffoni*

Merveilleuse Corse ! À découvrir si l'on peut à la fin du printemps lorsque les floraisons du maquis illuminent le paysage. L'île reste bien sûr belle en toute saison, avant tout montagnarde et souvent difficile d'accès. Les randonnées qui pénètrent au cœur de l'île éblouiront les plus exigeants.

Plus près du bord de la mer, les roches rythment les paysages, calcaire blanc de Bonifacio ou Saint-Florent, granites rouges de Piana ou Roccapina. Un extraordinaire régal pour les yeux, d'autant plus que des arbres majestueux tiennent le choc face aux incendies, grands pins du massif de l'Ospédale ou oliviers millénaires de Balagne, chênes verts ou chênes lièges selon la nature du sous-sol.

Chêne d'Olmi Capella

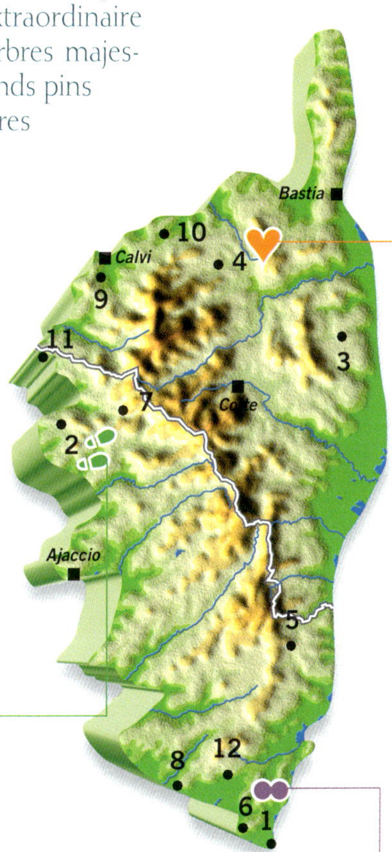

Calanche de Piana

Capo Pertusato

1. Bonifacio
2. *Calanche* de Piana
3. Castagniccia
4. Chêne d'Olmi Capella
5. Col de Bavela
6. Ermitage de la Trinité
7. Forêt d'Attone
8. Lion de Roccapina
9. Notre-Dame de la Serra
10. Oliviers de Monticello
11. Presqu'île de Scandola
12. Uomo di Cagna

Mariage blanc

Capo Pertusato : les falaises de calcaire blanc plongent dans les « bouches » de Bonifacio.

Bonifacio (20) ! Quel que soit le chemin choisi pour l'approcher : par la route, à pied ou en bateau, l'extrémité sublime de la Corse éclate de toute sa splendeur. Le blanc du calcaire illumine le paysage qui célèbre les noces passionnées de la pierre, de la flore et des hommes. L'idéal est de faire une promenade en mer pour prendre un peu de recul et apprécier le site depuis les « bouches » de Bonifacio. Le fragile équilibre entre l'à-pic des falaises blanches et la ville perchée renforce le sentiment de « bout du monde ». Le bateau pénètre dans la grotte du Sdragonato dont la voûte en partie effondrée semble reproduire la silhouette de la Corse. En longeant les falaises immaculées, un instant de répit permet d'imaginer les millions d'années nécessaires au dépôt de plus de 80 m d'épaisseur de calcaire régulièrement empilé. L'œil du géologue discernera alors les stratifications tantôt horizontales, tantôt obliques, reflétant les changements de direction des courants marins pendant le dépôt du calcaire. Un peu plus loin, le « grain de sable », bloc basculé dans les eaux bleues du détroit, illustre le recul progressif de la falaise minée par les effondrements successifs. Si les coups de boutoir des vagues jouent un incontestable rôle de sape, l'essentiel du travail d'érosion vient d'en haut. L'eau douce s'infiltre dans le véritable causse que constitue le plateau de Bonifacio. Les fissures peu à peu agrandies découpent inexorablement l'imposante masse blanche comme les parts d'un gigantesque gâteau. Cette hypothèse est largement confirmée par l'existence d'une nappe d'eau douce souterraine qui sort en résurgence au puits de Saint-Barthélemy, près de l'escalier du roi d'Aragon. De nombreuses randonnées pédestres permettent de mieux apprécier l'originalité du site de Bonifacio.

En se dirigeant vers l'est par la D 58, puis en empruntant la D 260 vers Spérone et la belle **plage de Piantarella** (20), on franchit la limite géologique qui sépare le calcaire blanc visible dans les rochers affleurant et les murets de pierres sèches et le granite rose plus conforme à l'image traditionnelle de la Corse. En suivant la même route, on peut rejoindre le **capo Pertusato** ●● d'où la vue est magnifique sur les « bouches » de Bonifacio, les îles voisines et les blocs de calcaire effondrés. Le causse calcaire est propice au développement printanier d'une flore calcicole riche en orchidées, notamment en ophrys et sérapias. La garrigue buissonnante composée de lentisques, cistes, genévriers, romarins s'ouvre sur de maigres pelouses à cinéraires, astragales ou immortelles d'Italie. Avec un peu de chance, et de bonnes jumelles, on peut observer les nombreuses fauvettes méditerranéennes qui se nourrissent dans ce milieu. Les falaises et les îlots hébergent le puffin cendré, le cormoran huppé, le faucon crécerelle et même un couple de faucons pèlerins. ■

Boules de granite en Corse-du-Sud

Assurément de quoi faire une gigantesque partie de pétanque. Le vieux socle granitique entraîné dans le soulèvement de la montagne corse et fissuré par les mouvements tectoniques fournit un terrain privilégié au travail d'érosion. Les eaux de pluie s'insinuent entre les blocs peu à peu dégagés, formant d'impressionnants chaos.

En quittant Bonifacio vers l'ouest par la N 196, remarquez l'**ermitage de la Trinité** perdu au milieu d'énormes boules de granite. Par les sentiers de promenade, de beaux points de vue sur le site de Bonifacio s'ouvrent rapidement. En continuant en direction de Sartène, deux sites sont à découvrir. La montagne de Cagna est accessible par la D 50 jusqu'au hameau de **Granuccio** (20). Là, une longue randonnée permet d'approcher d'impressionnants chaos et de parvenir en trois heures de marche au pied d'un surprenant bloc en équilibre, l'**Uomo de Cagna**, figurant la tête d'un personnage de pierre. Faites de préférence cette promenade lorsque les floraisons illuminent le maquis et surtout emportez une bonne réserve d'eau, ainsi qu'une carte locale précise, car le balisage ponctué par des cairns est aléatoire. Au sud de Sartène, le site de **Roccapina** est également splendide. La dune colonisée par de vieux genévriers de Phénicie aux troncs torsadés par une longue exposition au vent protège une superbe plage et une zone humide désormais préservée pour son avifaune. Ce biotope remarquable est dominé par un promontoire de granite qui a mieux résisté aux assauts de la mer que les roches voisines. Le rocher du Lion à la forme évocatrice correspond à un énorme chaos de granite travaillé par l'eau et le vent. Une grande cavité résultant de l'érosion éolienne donne l'impression de voir le fond de la gorge du lion. On l'utilisait autrefois pour entreposer le blé. Pendant la préhistoire, les mêmes granites servirent à la réalisation des mégalithes de Cauria et des menhirs de Palaggiau à quelques kilomètres. Sur le site archéologique de **Filitosa**, un olivier monumental côtoie de surprenantes statues-menhirs.

Corse du Sud : la côte de granites rouges.

L'incroyable balancier corse

Éblouissant ! Et le mot est encore faible pour décrire la beauté des paysages corses aux environs de Porto. Sur la D 81, au sud-ouest de Porto, un parking donne accès aux nombreuses randonnées qui sillonnent les ***calanche* de Piana** (20) qu'il est conseillé de découvrir le matin avant l'arrivée de la foule, ou en soirée lorsque le soleil couchant caresse les pointes rouges hérissées.

Une des plus belles promenades mène en direction de la mer, au « château fort », un imposant bloc de granite profondément fissuré et offrant un point de vue sublime sur le golfe de Porto. L'érosion des granites rouges a fait naître des formes propres à stimuler les imaginations fertiles. Ici une tête de chien, plus loin un lion accroupi, là un aigle ou même un évêque. Chacun reconnaîtra les siens. Plus passionnant encore est de comprendre comment ces granites ont été sculptés et « ravivés » par les mouvements tectoniques. Dans un premier temps, la pluie « a dégrossi » le travail en s'infiltrant dans les diaclases ou fissures naturelles. Étant au cœur de la Méditerranée, la saison sèche est longue et finit d'influer sur l'usure de la roche. La Corse est le royaume des *taffoni*, extraordinaires cavités sphériques qui donnent aux rochers de l'île de Beauté toute leur identité. Ceux-ci peuvent prendre naissance à partir d'une microfis-

Calanche de Piana : *rochers étranges et* taffoni.

sure de la roche ou simplement à cause de la disparition d'un seul cristal. Elle s'agrandit progressivement par le départ d'écailles concentriques successives. L'alternance de deux saisons bien marquées, l'action de l'eau, des embruns salés et surtout du vent tourbillonnant contribuent à faire naître ces formes étonnantes, sources de bien des mythes et des légendes.

Impossible de quitter la région sans effectuer un circuit en bateau au départ de Porto pour découvrir la **presqu'île de Scandola**. Devenue réserve naturelle, elle est heureusement difficilement accessible par les terres. La merveilleuse beauté du site et sa richesse biologique ont conduit l'UNESCO à le classer patrimoine mondial de l'humanité depuis 1983. Les vedettes des lieux sont sans conteste les **balbuzards pêcheurs**. Ces aigles au ventre blanc ont peu à peu reconstitué une solide population qu'il n'est pas impossible d'observer. Le formidable rapace s'élance depuis un perchoir rocheux, toutes serres en avant, pour capturer un poisson qu'il emportera ensuite d'un vol lourd. Un spectacle inoubliable. Le tour en bateau permet d'identifier la roche rouge de Scandola. Des falaises d'orgues bien régulières évoquent à coup sûr les terrains volcaniques. Basaltes, ignimbrites et surtout rhyolites rouges arment le paysage.

***Scandola :** falaises d'orgues volcaniques.*

De Scandola au monte Cinto, s'élève une impressionnante muraille de ces rochers volcaniques acides datés du permien, soit d'il y a 270 millions d'années. Ainsi trouve-t-on côte à côte en Corse, d'ouest en est, la succession de granites rouges, de rhyolites écarlates, puis de schistes du cap Corse.

Les Maures cristallines ressemblent aux *calanche*. L'Estérel présente les mêmes roches volcaniques que Scandola, et les Alpes maritimes peuvent être comparées au cap Corse. Il faut désormais recoller les morceaux pour comprendre. Il y a 30 millions d'années, l'ensemble Corse-Sardaigne était soudé au continent. La Sardaigne « s'encastrant » dans l'espace aujourd'hui occupé par le golfe du Lion. Les Maures et les granites de Piana ne formaient qu'un seul massif, tout comme la presqu'île de Scandola et l'Estérel. La nature des roches du cap Corse permet de penser que le nord-est de l'île, ce doigt pointé vers le continent, est en fait un élément détaché de l'ensemble alpin. Au cœur de cet ensemble Provence-Corse-Sardaigne, un rift a commencé à fonctionner comme celui qui donna naissance à la mer Rouge.

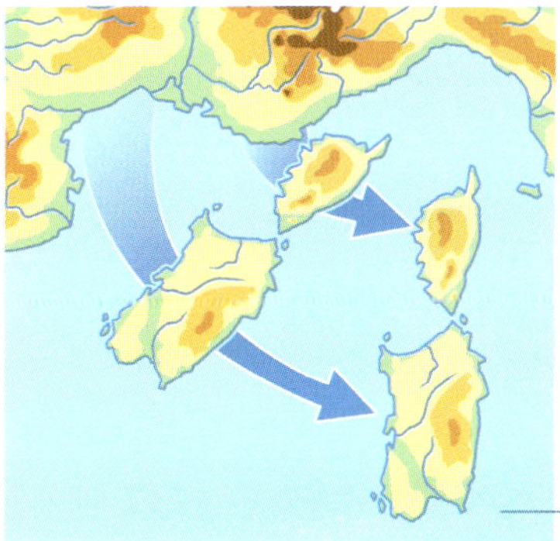

La « dérive » de la plaque Corse-Sardaigne.

La fissuration du bloc en deux parties inégales a laissé place à la mer qui les sépare désormais. Le volcanisme sous-marin produit au niveau du rift les a peu à peu écartés. Comme un gigantesque radeau porté par les fonds océaniques naissants, la plaque « Corse-Sardaigne » a effectué ainsi un lent mouvement de balancier qui la fit passer d'une position est-ouest à un axe nord-sud. Continentale la Corse ! De quoi faire grincer quelques dents. Mais rappelons-le, c'était il y a 30 millions d'années, avant qu'un jeune « océan » en formation ne la rende insulaire.

Oléastres et *leccia* de Balagne

Les granites à gros cristaux de Balagne se prêtent particulièrement à la formation des *taffoni* largement présents dans ces paysages. Quelques cristaux se détachent et le processus est en route, rongeant la roche comme une énorme carie aggravée par l'humidité, le vent et le sel marin. Certains *taffoni* n'évoluent plus, n'offrant pas de prise au travail d'érosion. D'autres continuent à se creuser, s'agrandissant par écailles successives.

Les roches qui supportent la forteresse de **Calvi** (20) fournissent de beaux exemples de *taffoni*, véritables gueules ouvertes vers la mer. La petite route qui monte à **Notre-Dame-de-la-Serra**, puis les sentiers qui mènent à la chapelle se fraient un chemin à travers un curieux bestiaire de granite, monstres à la gueule ouverte, lézards avachis, profils canins. Une incroyable ménagerie, plus spectaculaire encore le matin ou en fin d'après-midi. À quelques kilomètres de Calvi, le site mérite vraiment une visite, d'autant plus que le point de vue sur la citadelle y est exceptionnel. En grimpant au-dessus de l'île Rousse, vers **Monticello** (20), la Balagne se révèle être aussi le pays des vieux oliviers. Leurs troncs tourmentés agrémentent le bord des routes et des chemins. Certains d'entre eux sont millénaires, mais les « monuments » les plus anciens ne sont pas faciles à dénicher. N'hésitez pas à demander. Il s'agit parfois d'oléastres, ancêtres « naturels » de l'olivier cultivé, que l'on greffait autrefois pour améliorer la production. Sur les pentes, on entourait chaque arbre d'une terrasse soutenue par un muret en pierres sèches pour limiter les effets du ruissellement. L'abandon de nombreuses cultures et la répétition des incendies ont cependant eu raison de quelques arbres extraordinaires comme cet olivier de 15 m de circonférence qui s'est envolé en fumée dans un hameau des Agriates.

Rejoindre la **vallée de la Tartagine** à partir de **Belgodère** (20) permet d'approcher les sommets de la montagne corse, comme le monte Padro (2 393 m) ou le monte Corona (2 143 m). Les arbres profitent ici de l'atmosphère humide et fraîche. Tout au long de la route, vieux oliviers, châtaigniers ou chênes semblent surdimensionnés. Il faut se rendre à **Olmi Capella** ♥ pour découvrir un énorme chêne vert, *leccia* en corse. Au village, tout le monde le connaît, car on se réunit chaque année sous ses extraordinaires frondaisons. L'arbre semble s'avancer sur une pâture telle une gigantesque pieuvre s'appuyant sur un muret. Son tronc de 7 m de circonférence permet de lui attribuer plusieurs centaines d'années.

Les **forêts de la montagne corse** réjouiront les « chercheurs d'arbres ». Faciles d'accès, les pins *laricio* tourmentés du col de **Bavella** présentent de magnifiques anémomorphoses. En forêt d'Aïtone, une randonnée au départ de la maison du parc naturel régional permet d'apprécier un immense pin d'environ 800 ans, perché au col de **Cuccavera**. Quant à la **Castagniccia**, elle est bien sûr la terre d'élection des vieux châtaigniers. Des sujets pluricentenaires peuvent être observés sur le GR 1, au balisage orange, entre Piedicroce et Pastoreccia. Une merveilleuse promenade au pied du San Petrone, avec en prime chapelle romaine, ponts de pierre et surtout *cavone*, vieil arbre creux en langue corse. ■

***Balagne :** le chêne d'Olmi Capella semble s'incliner pour offrir de l'ombre aux villageois.*

PROVENCE LUBÉRON

À ne pas manquer !

- **Le coup de cœur :** les calanques
- **Le panorama :** le cap Canaille
- **La balade :** le Colorado provençal

Blanc Cassis et **roux** sillons

La Provence, est-ce la région marseillaise marquée par sa position littorale ou bien les marais camarguais ? À moins qu'il ne s'agisse des premières hauteurs des Alpilles ou des rondeurs du Luberon ?

Les couleurs ont ici force de loi, le blanc du calcaire éclatant dans les calanques, le rouge et le jaune des ocres du pays d'Apt, le bleu merveilleux des lavandes de l'abbaye de Sénanque. Toute la Provence est couleur.

Comment imaginer qu'à l'ère secondaire, la mer recouvrait toute la région, accumulant des épaisseurs considérables de boues calcaires dont les roches arment encore aujourd'hui le paysage. À l'ère quaternaire, les eaux de ruissellement venues des grands glaciers sud-alpins les découpent profondément en gorges encaissées ou cluses et élaborent de vastes réseaux souterrains. La montagne de Lure et le Ventoux se trouvent alors isolés dominant la région exposée aux intempéries. L'influence climatique méditerranéenne, les eaux de pluie et surtout l'homme vont désormais façonner le paysage. Le déboisement intensif, puis les incendies vont décharner l'arrière-pays, tandis que l'urbanisation va parfois défigurer le littoral. Cette histoire va aussi générer des sites exceptionnels dont la beauté est rehaussée par le bleu des lavandes ou celui de la mer.

Calanques

Colorado provençal

Cap Canaille

1. Les Alpilles
2. Calanques de Cassis
3. Calanques de Marseille
4. Cap Canaille
5. Cèdres d'Oppède
6. Chêne de Murs
7. Colorado de Rustrel
8. Dentelles de Montmirail
9. Forêt de la Sainte-Baume
10. Gorges d'Oppedette
11. Grès de Sainte-Anne d'Evenos
12. Hêtres du Ventoux
13. Île du Grand-Gaou
14. Ocres de Roussillon
15. Parc Borely à Marseille
16. Pin de Miramas-le-Vieux
17. Platane de Lamanon
18. Platanes de Seguret
19. Sénanque

Cap Canaille et Grand Gaou

De Toulon à Marseille par le chemin des écoliers, on va de surprise en surprise. D'abord, les grès de **Saint-Anne-d'Evenos** (83). Au sud du village, un grand parking devant une boulangerie permet d'accéder au site en empruntant un chemin qui part vers la droite au-delà du grillage. Il s'agit d'une propriété privée, mais la visite est tolérée. Dominant les vignes, une extraordinaire peau d'éléphant frappe l'imagination. Un peu plus loin, le sentier sur la droite passe au pied de grands pins parasols et s'approche de cette carapace de grès rongée par l'érosion. Comme en Corse, les roches sculptées en *taffoni* donnent naissance à de curieux monstres de pierres, gueules ouvertes sur la vallée. Il est difficile d'imaginer que ces grès bien compacts proviennent des sables accumulés en bord de mer, lorsque les dinosaures fréquentaient encore notre planète. Après un détour par le joli village d'**Evenos**, perché sur une coulée de lave, retournez vers la côte par les belles gorges d'Ollioules. Près de Sanary, la commune de Six-Fours a eu l'excellente initiative de faire une place de choix à la nature dans l'île du **Grand-Gaou**, accessible par une passerelle au sud de Brusc. Formidable réussite! Le respect des sentiers balisés va permettre le retour d'un tapis végétal ruiné par le piétinement. Le tour de l'île est un régal, sauf pour ceux qui aiment les forêts aux arbres hauts et dressés. Ici, les pins présentent d'extraordinaires formes couchées et tortueuses, étranges anémomorphoses dues à l'alternance du mistral et des vents marins.

À partir de **La Ciotat** (13), la D 141 retrouve le chemin du calcaire. Plus blanc que blanc! Éblouissant! En grimpant au sommet de la « grande tête », de curieuses arches de pierre s'élèvent dans le paysage. Et voici **cap Canaille ●●**, invraisemblable promontoire de calcaire corallien dominant la Méditerranée de plus de 360 m. Frissons garantis! Du haut de cette falaise, 80 millions d'années nous contemplent. Cassis est à nos pieds, porte des calanques. ■

Cap Canaille : *le vertigineux promontoire domine Cassis de plus de 360 m. Cœurs fragiles, s'abstenir !*

Parfums de calanques

Les **calanques** ♥ sont à découvrir en randonnée depuis Port-Miou, ou mieux encore en bateau, à partir du port de Cassis. Elles constituent un des joyaux du littoral français. Les calcaires urgoniens d'une blancheur éblouissante finissent ici leur course dans la Méditerranée. Il y a quelques milliers d'années, durant la période glaciaire, le niveau de la mer était plus bas. La région ressemblait à un paysage karstique avec les traditionnels gouffres, grottes, falaises et gorges. Un faux air de causse. La remontée du niveau marin devait conduire à l'ennoyage des gorges, les transformant en calanques marines. En 1991, la découverte de la **grotte Cosquer** a confirmé le caractère continental des calanques. En plongeant, Henri Cosquer trouva dans cette cavité sous-marine des peintures rupestres contemporaines de celles de Lascaux. L'entrée de la grotte était donc alors bien au-dessus du niveau de la mer!

Calanque de Port-Miou: aux portes de Cassis.

À une heure de marche de Port-Miou, les calanques de **Port-Pin** et d'**En-Vau** sont merveilleuses. Les blanches arêtes du calcaire toisent fièrement les fonds marins turquoise. Le sentier de randonnée qui y conduit met en valeur les floraisons printanières. Cistes de Montpellier ou ophrys se cachent au milieu des lentisques envahis de salsepareilles. La garrigue héberge les discrètes fauvettes pitchou et mélanocéphales. Deux rapaces d'exception, l'aigle de Bonelli et le circaète Jean-le-Blanc, spécialiste de la chasse aux serpents, profitent des bouffées d'air chaud pour s'élever dans le ciel. La balade est à éviter en plein été. La chaleur écrasante, la foule et la végétation terrassée par la sécheresse risquent de décevoir les plus convaincus. L'arrière-saison, ou mieux encore les mois de mai et juin, lorsque les corolles explosent pour séduire les insectes pollinisateurs, sont en revanche parfaits pour profiter des effluves des labiées ou des chèvrefeuilles.

Dix heures du matin, les senteurs du printemps commencent à monter. Penchons-nous un instant sur ces miracles olfactifs. Produites par des structures appelées osmophores, les odeurs ont un champ d'action relativement réduit, mais très efficace vis-à-vis du butineur pourvu d'antennes particulièrement sensibles. Nombre de plantes méditerranéennes, comme la lavande ou le romarin, dégagent des fragrances délicates à l'origine de leur exploitation pour la composition de parfum. La taille de la fleur semble parfois inversement proportionnelle à la production des arômes. Des fleurs de grande taille tels la tulipe ou le liseron peuvent être totalement inodores, tandis que celles de la vigne, petites et discrètes, exhalent de fortes émanations. Lorsqu'une abeille butineuse a repéré une source de nourriture abondante, des danses significatives de sa localisation et de sa distance marquent son retour à la ruche. Les senteurs imprégnées sur son abdomen velu fournissent aussi certainement de précieux renseignements à ses congénères.

La composition des parfums commence à être bien connue. Il s'agit souvent de mélanges d'acides organiques et d'esters méthyliques, dont la production peut varier au cours de la journée. Ainsi, le chèvrefeuille produit un maximum d'effluves en fin d'après-midi.

En continuant vers l'ouest par le GR 98, on parvient aux **calanques**

Calanques de Marseille.

de Marseille (13), auxquelles on peut également accéder depuis les plages du Prado, en suivant l'avenue de Bonneveine jusqu'au parking de la Cayotte. En saison, il ne reste que 4 km à faire à pied pour atteindre Sormiou, le reste de l'année la voiture est autorisée. Sachez qu'une croisière de quatre heures au départ du **Vieux-Port** procure tout autant d'émerveillement.

Passés les forts Saint-Jean et Saint-Nicolas, cap à l'Est, en frôlant l'archipel du Frioul et le château d'If, tout s'illumine. Le blanc des falaises ciselées trempe dans le bleu. Les criques se succèdent. Callelongue et ses maisons de pêcheurs, l'anse de Sormiou, repère de Fabio Montale, puis Morgiou et ses cabanons. Les à-pics jalonnent le parcours : aiguille de Surgiton, Grande Candelle, falaises de Devenson et de Castel-Vieil découpées en dentelles de pierre par des ciseaux venus du ciel. Vient ensuite **En-Vau**, sublime encoche aux eaux couleur de lagon, **Port-Pin**, minuscule et sauvage, et enfin **Port-Miou**, précédant **Cassis** et blotti au pied du **cap Canaille**, occupé par plus de six cents bateaux. ■

Orchis papillon : *le labelle constitue une piste d'atterrissage idéale pour les insectes.*

Le Colorado en Provence

Pour qui apprécie les couleurs vives et le dépaysement, pas d'hésitation, voici sa prochaine destination. La nature et les hommes ont ici créé un univers fantastique, qui transporte en quelques minutes dans les plus grands sites de l'Ouest américain, un véritable **Colorado provençal**. Nous sommes pourtant au cœur de la Provence, dans le pays d'Apt. Cette vaste plaine alluviale formée par le Calavon s'étend entre les monts du Vaucluse au nord et le massif du Luberon au sud.

Le Luberon, énorme dos d'éléphant coupé par la combe de Lourmarin, domine la région. À l'ouest, le petit Luberon, ses admirables villages, à l'est, le grand Luberon qui s'élève à plus de 1 000 m. Plus au nord, dans les monts du Vaucluse, le Calavon a creusé les impressionnantes **gorges d'Oppedette** (04), que l'on peut admirer depuis le belvédère situé au-dessus du village. En cas de vertige, s'abstenir!

À **Rustrel** (84), les amateurs d'insolite trouveront leur bonheur. Les anciennes carrières d'ocre, aménagées pour la promenade, proposent différents circuits dont le tracé est disponible à la buvette. Que l'on suive le sentier du belvédère qui domine le cirque de Bouvènes et permet d'observer les cheminées de fées ou que l'on préfère vagabonder dans le désert aux mille reflets ocre, on ressent autant d'émotion devant les teintes exceptionnelles de la roche. Le début de matinée ou la soirée sont les meilleurs moments pour apprécier les chaudes couleurs jaunes, rouges, orangées ou vertes de la roche, éviter le flot des visiteurs et réussir ses photos. Après le retrait de la mer provençale qui recouvrait la région à l'ère secondaire, accumulant le calcaire blanc que l'on peut observer partout ailleurs, fleuves et rivières ont charrié sur le rivage d'importantes quantités de sables argileux. Les alternances climatiques ont alors profondément altéré ces dépôts, favorisant les formations minérales de fer et de manganèse. La palette de couleurs générée par les oxydations s'est ainsi mise en place. Les eaux de ruissellement, puis l'homme exploitant les ocres, colorants recherchés, vont donner au site son aspect actuel. Un petit « plus » : une vue exceptionnelle s'ouvre sur la carrière d'ocres depuis la D 30, à quelques kilomètres de Rustrel en direction de Saint-Christol. Étonnant! Une partie du relief semble avoir été sculptée par quelque artiste local qui l'aurait ensuite parée de couleurs chaudes.

***Rustrel**: le cirque de Bouvènes, au cœur du Colorado provençal.*

Les ocres de Roussillon

Accéder au village, c'est déjà se mettre dans l'ambiance. Les différents tons de verts, présents en toutes saisons, les yeuses, ou chênes verts, et les pins ayant des feuilles persistantes, contrastent fortement avec les nuances de rouges des roches du sous-sol et des habitations. L'opposition des couleurs et la sensibilité de nos cônes rétiniens donnent aux verts d'étranges dégradés. Vient ensuite l'éblouissant village de **Roussillon** (84), perché sur une falaise. Merveilleuse hérésie, erreur divine que ce coquelicot égaré au milieu de l'univers blanc du calcaire. Blanc des falaises, blanc des murs à Ménerbes, Lacoste, Oppède ou Bonnieux. Au-delà du village, il faut bien sûr visiter les carrières d'ocres où la diversité des teintes est aussi riche qu'à Rustrel. Plusieurs sentiers bien aménagés permettent de découvrir le site fortement modifié par le travail de l'homme. Une fois séparée du sable stérile par décantation, l'ocre est utilisée comme colorant naturel pour le plâtre, la peinture, le carrelage, le carton d'emballage, l'encaustique, le caoutchouc, mais aussi pour fabriquer des briques dont la teinte varie en fonction de la cuisson. Extraite des carrières de Roussillon dès la fin du XVIIIe siècle, l'ocre a été l'une des richesses de la région. L'acidité du sous-sol due à la présence de sable a permis l'installation d'une flore silicicole qui est elle aussi isolée dans l'univers végétal calcicole des environs. Voici la bruyère, le pin maritime, le ciste à feuilles de sauge, plantes traditionnelles des maquis, alors que quelques kilomètres plus loin, on rencontre le chêne pubescent, le genévrier, l'érable de Montpellier, propres à la garrigue.

***Roussillon :** les éblouissantes carrières d'ocre.*

La dentelle des Alpilles

Deux chaînons est-ouest de calcaire blanc séparés par une longue dépression constituent les Alpilles. Entre Saint-Rémy, les Baux-de-Provence et **Aureille** (13), ils ont perdu une bonne partie de leur manteau de chênes verts, laissant la place à une garrigue sèche où dominent le chêne kermès et le romarin. Les eaux de ruissellement s'en sont donné à cœur joie, sculptant des reliefs blancs ruiniformes, où fissures et cavités peuvent être spectaculaires. C'est sur la D 5 entre Saint-Rémy et les Baux et sur la D 24 entre Mouriès et Eygalières que l'on peut le mieux observer ce travail.

En période de migration, de nombreux rapaces s'associent au spectacle. Ici les vedettes s'appellent vautour percnoptère, aigle de Bonelli, faucon pèlerin ou milan royal. Parmi les autres acteurs, on peut citer le merle bleu, habitué des chaos rocheux.

Les Baux-de-Provence : *au cœur des Alpilles.*

Le village des **Baux** (13) est une petite merveille… à éviter en plein été lorsque la fréquentation touristique bat son plein. Admirablement intégrés au site rocheux naturel, la ville haute et le château montrent les liens étroits tissés entre l'homme et la roche. Le calcaire blanc du crétacé est creusé de galeries, d'habitations troglodytiques, ou de cavités naturelles ou correspondant à d'anciennes carrières. Sur la D 27, le **val d'Enfer** illustre cet univers de légendes nées du relief tourmenté créé par la nature et par l'homme. Plus au nord, à l'ouest du Ventoux, les **dentelles de Montmirail** (84) exposent leurs froufrous minéraux au mistral venu du nord.

Ancêtres provençaux

Au fil des découvertes, il ne faut pas manquer quelques monuments végétaux, bien cachés au cœur de la Provence. Le **platane de Lamanon** (13) est le plus impressionnant. Facilement observable dans une propriété privée, depuis la route qui longe le stade, l'arbre vieux de 250 ans possède des dimensions exceptionnelles, en particulier un tronc de plus de 8 m de circonférence. Ses branches qui retombent au sol couvrent une surface considérable. C'est sans doute un des arbres les plus monumentaux de notre pays.

En venant de Miramas, on remarque tout de suite en arrivant à **Miramas-le-Vieux** (13) la silhouette surprenante du pin d'Alep qui dépasse des remparts. Bien que son port tourmenté incite plus d'un enfant à l'escalade, il faut ménager son grand âge. Le village mérite assurément une petite visite avec ses vieilles ruelles ombragées, son enceinte, les ruines d'un château du XIIIe siècle, son église du XVe siècle et ses terrasses avec vue sur l'étang de Berre. Amis géologues, sortez vos loupes, le calcaire jaune qui a servi de pierre à bâtir est truffé de fossiles.

Et Marseille dans tout cela ? Si les calanques voisines constituent le « must » régional, la ville n'est pas dépourvue de surprises naturelles. Dans le quartier Sud, le parc **Borely** présente des arbres magnifiques. Les plus remarquables sont sans doute les cyprès chauves qui jouxtent la pièce d'eau et produisent ainsi de remarquables racines aériennes, ou pneumatophores, extrêmement spectaculaires.

Sur les premiers contreforts du plateau du Vaucluse, l'accès au village de **Murs** (84) est balisé par un énorme chêne plusieurs fois centenaire. Une halte sous sa ramure est souvent la bienvenue. De l'autre côté du Luberon, le **parc du château de Villelaure** s'agrémente d'un cèdre majestueux de 9 m de circonférence. À **Séguret** (84), les platanes de la terrasse composent une magnifique tonnelle se prêtant sans broncher aux torsions qui leur furent imposées.

Le flanc nord du **Ventoux** porte encore une hêtraie-sapinière originelle particulièrement remarquable près du col des Tempêtes. Le GR 9 permet d'observer des sapins pluricentenaires et de curieux hêtres difformes. Près de **Fontaine-de-Vaucluse** (84), une belle promenade sur le GR 6 accessible depuis la route de Lagnes conduit au gros chêne vert de la Font de l'Oule. Près d'**Oppède-le-Vieux** (84), deux cèdres monumentaux se cachent dans le vallon de Combrès que l'on rejoint par le GR 97. Il est alors conseillé de grimper vers la crête pour redescendre par la barre de Gautier. C'est une des plus belles promenades du Lubéron. Enfin, sur la commune du **Thor** (84), au lieu-dit la Grande Taillade, c'est un platane monumental qui retient l'attention. ■

***Miramas-le-Vieux :** un pin d'Alep perché sur les remparts.*

Les reliques de la Sainte-Baume

La **forêt de la Sainte-Baume** ramène la Provence au temps des glaciations. Les icebergs et les mammouths ne sont certes pas au rendez-vous… Si les aurochs, ours des cavernes et autres rhinocéros laineux ne sont plus de ce monde, la flore, elle, est restée, protégée des influences méditerranéennes par le chaînon calcaire. Exposée aux vents du nord, froids en hiver et porteurs d'humidité au printemps, ombragée par le massif de la Sainte-Baume, la forêt est une véritable relique, au même titre que la forêt de la Massane dans le Roussillon. Au départ de l'*Hostellerie*, un sentier emprunte le GR balisé en rouge et blanc, traverse les champs en direction de la falaise, puis sinue à droite vers le « canapé », et enfin à gauche vers la grotte. La randonnée jusqu'au prieuré permet de pénétrer dans la forêt ancestrale. Au printemps, les chants des troglodytes, pinsons, mésanges et autres sittelles animent la grimpette. Tiens ! Pas de fauvettes méditerranéennes ! Ce n'est guère une surprise dans ce microclimat trop rigoureux pour elles. Au sol, mercuriales et hépatiques égayent modestement ce tapis végétal. Bientôt les fantômes apparaissent. Les branches supérieures des vieux arbres couinent au gré des vents. Un pic noir tambourine, abusant des ressources providentielles des sylvestres vieillards. Voici d'abord les hêtres, au tronc lisse et dressé. Leur taille imposante laisse imaginer plusieurs centaines d'années d'existence. De gros chênes blancs s'en mêlent, campés au milieu du sentier. Puis se dressent les ifs, massifs, cherchant la lumière. Aucune forêt en France ne possède de tels spécimens qui doivent être préservés pour ce qu'ils sont, des témoins d'une époque désormais révolue. Le plus vieux d'entre eux dépasse probablement les 800 ans. Soudé à un rocher, il se cache sur la droite du sentier, tout près d'un panneau du club alpin. Les plus courageux pourront se hisser vers la crête où disparaît la forêt. Les fissures du calcaire hébergent quelques végétaux prostrés et rabougris, mais seuls capables de supporter les rudes conditions climatiques des sommets. Filaires, genévriers rouges ou genêts de Lobel rampent et « coussinent » à même la roche.

Sur le même massif, en suivant le « sentier merveilleux », on parvient à un hêtre monumental. Pour le trouver, suivez les panneaux indiquant « le paradis ».

Sainte Baume : la falaise calcaire isole la forêt ancestrale des influences méditerranéennes.

La route du col de l'Espigoulier permet de franchir la Sainte Baume vers le sud en direction de Gemenos. Elle est éblouissante au printemps lorsque les arbres de Judée fleurissent. Une halte dans le **parc de Saint-Pons**, véritable havre de paix, est vivement recommandée : l'ancien moulin, l'abbaye, la cascade sont nichés au cœur d'une végétation luxuriante.

À ne pas manquer !

- Le coup de cœur : Le pont naturel de Minerve
- Le panorama : le lac du Salagou
- La balade : le cirque de Mourèze

Cols **blancs** et... **sombre** Hérault

Dans l'Hérault, le blanc domine le paysage. Les coteaux calcaires affleurent partout, imprimant leur marque de fabrique constituée de dépôts marins ancestraux. Au cœur de ce royaume de lumière, la vigne est reine, étroitement liée au substrat. La géologie réserve toutefois quelques surprises. Que ce soit autour du lac du Salagou ou sur le mont Saint-Loup près d'Agde, le rouge et le noir prennent l'avantage, mais pour des raisons bien différentes.

Plus au nord, les coulées noires des volcans de l'Escandorgue complètent cet étonnant patchwork. Sur ce terreau, le soleil intense, les vents marins ou la tramontane, les pluies d'orage ont forgé de merveilleux paysages étonnamment contrastés.

Cirque de Mourèze

Pont naturel de Minerve

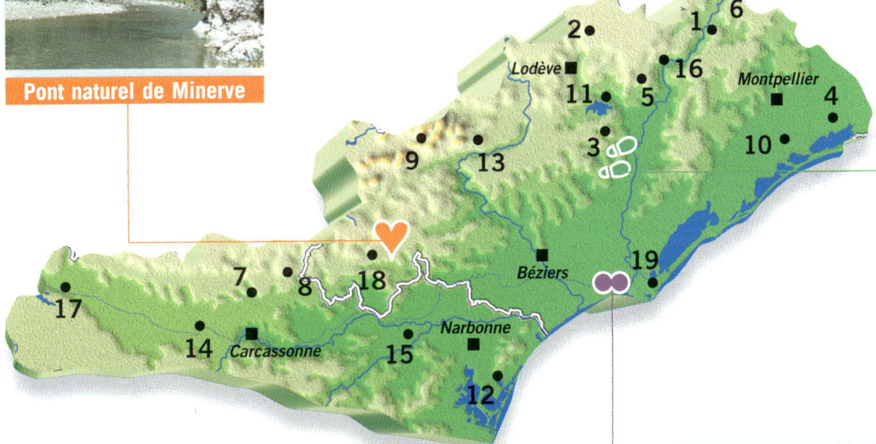

Lac du Salagou

1. Arches du Lamalou
2. Chaos de Camp Rouch
3. Cirque de Mourèze
4. Jumeaux de Saint-Aunès
5. Grottes de Clamouse
6. Grottes des Demoiselles
7. Grottes de Limousis
8. Gouffre de Cabrespine
9. Hêtre de Fraïsse/Agout
10. Jardin botanique de Montpellier
11. Lac du Salagou
12. Montagne de la Clape
13. Mouflons du Caroux
14. Orme de Villesequelande
15. Peuplier de Canet d'Aude
16. Platane de Saint-Guilhem
17. Platanes du Seuil de Naurouze
18. Ponts naturels de Minerve
19. Volcans du cap-d'Agde

Les jumeaux de Saint-Aunès.

Le rouge et le noir

Les plages du **Cap-d'Agde** (34) déconcertent parfois le visiteur habitué aux longs cordons de sable clair de la côte languedocienne. Ici, le sable est noir et l'on pourrait se croire sur une plage martiniquaise ou réunionnaise. Il y a plus de un million d'années, un ensemble volcanique analogue à la chaîne des Puys auvergnate fonctionna en Languedoc. Cette comparaison s'impose lorsque l'on sait que sur 75 km un alignement nord-sud d'édifices stromboliens produisait ici des coulées de laves fluides.

Du Larzac au Cap-d'Agde, le long de gigantesques failles consécutives aux distensions pyrénéo-provençales, des volcans actifs ont modelé la rive droite de l'Hérault. Dans un premier temps, les éruptions d'Agde ont vraisemblablement surgi des flots, constituant une île dont le Cap-d'Agde est le témoignage. Une seconde phase éruptive conduisit à la mise en place de trois cônes stromboliens résultant de l'accumulation des projections peut-être issues de lacs de lave. Ces éminences subsistent dans le paysage : le puy Saint-Martin, le Petit Pioch et surtout le **mont Saint-Loup** où il est facile d'observer les scories rouges, typiques des éruptions effusives. Par endroits, d'impressionnantes bombes volcaniques associées à des langues basaltiques noires illustrent la violence du phénomène. Incroyable ! Des volcans actifs au bord de notre paisible Méditerranée. Il est probable que le réseau a fonctionné pendant plusieurs centaines de milliers d'années, jusqu'à 30 km en pleine mer. Le mont Saint-Loup constitue un autre indice de l'existence d'un réseau de failles nord-sud qui parcourt la France en « bandoulière », passant par la plaine d'Alsace, la Limagne, l'Auvergne, le Velay et l'Ardèche. Il n'est finalement que le prolongement de cette zone de fragilité de l'écorce terrestre qui aurait pu faire naître un océan en travers de la France. Affaire à suivre !

Attention, la plupart des roches rouges qui entourent le **lac du Salagou ●●** (34) près de Clermont-l'Hérault ne sont pas volcaniques. Elles correspondent à une importante sédimentation permienne (fin de l'ère primaire) de pélites appelées dans la région le « rougier ». Le lac est né à la suite de l'édification d'un barrage sur le Salagou, ses teintes bleues contrastent admirablement avec les roches rouges environnantes. À apprécier le matin ou au soleil couchant : moins de monde, plus de couleurs !

Lac du Salagou : les roches rouges plongent dans les eaux bleues.

Arches, cirques et concrétions

Voici à nouveau le délicieux cocktail de l'eau et du calcaire. Les calcaires languedociens accumulés à l'ère secondaire constituent un matériau de choix pour le travail des eaux d'infiltration, d'autant plus que le régime des pluies est particulier en climat méditerranéen. Les périodes de grandes sécheresses alternent avec de violents orages qui favorisent la constitution de torrents impressionnants, mais temporaires. Lorsque les eaux infiltrées purent traverser les épaisses couches sédimentaires, les modifications de température et de pression dans les galeries souterraines participèrent alors à l'élaboration de merveilleuses cathédrales obscures. Près de Ganges, la **grotte des Demoiselles** (34) émerveille par la beauté de ses concrétions en « buffet d'orgues ». Dans la salle principale, véritable « cathédrale des abîmes », une stalagmite éblouissante d'une blancheur immaculée est baptisée « la Vierge à l'enfant ». Quant aux demoiselles, ce sont les fées que crut apercevoir le jeune berger parti à la recherche d'une de ses brebis et qui tomba dans la salle principale, au cœur d'un imposant ensemble de concrétions.

***Pont naturel de Minerve :** incursion sous le causse.*

À découvrir également le **gouffre de Cabrespine**, les grottes de **Limousis** dans l'Aude et celles de **Clamouse** dans l'Hérault, tout près de Saint-Guilhem-le-Désert. Plusieurs types de concrétions donnent un caractère exceptionnel à ces grottes. Les excentriques, particulièrement spectaculaires à Clamouse, se jouent de la pesanteur. Ces concrétions aberrantes doivent probablement leur formation à des phénomènes de capillarité. Les stalactites de calcite recouvertes de bouquets d'aragonite aciculaire forment de merveilleuses fleurs de pierre. Un léger courant d'air permanent et voici une incroyable brosse à dent finement cristallisée. L'abondance et la beauté de ces délicates aiguilles calcaires font de Clamouse une grotte unique en France. À Clamouse, fut également confirmée la part prise par les bactéries dans le piégeage du calcaire formant les concrétions. Cette élaboration ne se résume donc pas à de simples phénomènes physico-chimiques, la biologie se forge également peu à peu une place dans le monde minéral des grottes. Les bactéries n'en sont d'ailleurs pas les seuls hôtes, crustacés et amphibiens cavernicoles peuvent être observés dans des aquariums.

***Cirque de Mourèze**: fantastique illustration du travail de l'eau sur la dolomie.*

L'action naturelle corrosive des eaux de pluie chargées de dioxyde de carbone est implacable. Ce lent travail d'érosion donne naissance à des sites de toute beauté. La plus grande résistance de certaines couches sédimentaires, la fragilité d'autres strates offrent mille opportunités pour des sculptures grandeur nature.

Plusieurs sites de l'Hérault constituent de véritables « salons d'exposition » pour le plus grand bonheur des visiteurs. **Minerve** ♥ d'abord, au sud du département, un paysage de rêve. Le village perché sur un éperon calcaire domine les vallées de la Cesse et du Briant. Il y a 100000 ans, la Cesse décrivait de vastes méandres bien présents encore aujourd'hui dans le paysage. Miné par un réseau de galeries souterraines issues de la circulation des eaux infiltrées, le causse du Minervois a laissé passage par des effondrements successifs à la rivière renforcée par les eaux du Briant. Abandonnant ses deux boucles, la Cesse s'est frayé un chemin plus direct représenté aujourd'hui par les deux « **ponts naturels** », véritables courts-circuits hydrographiques que l'on peut découvrir au sud-ouest du village, à partir de la D 145, au pied de la cité. Le « Grand Pont », une ancienne grotte agrandie par des effondrements successifs, mesure 250 m de long, tandis qu'en amont, la rivière parcourt le « Petit Pont » sur 110 m. En été, les basses eaux permettent de suivre le lit de la rivière à pied. Équipez-vous de bonnes chaussures, car le parcours est assez chaotique.

Tout au nord du département, près de **Saint-Martin-de-Londres**, dominé par le pic Saint-Loup, le Lamalou a façonné une belle succession d'**arches naturelles** dans un étroit canyon. Le plus spectaculaire est appelé le Grand Arc. Pour y accéder, quittez Saint-Martin vers le nord par la D 986 jusqu'au pont sur le Lamalou. Un sentier conduit en une heure environ au ravin des Arcs (balisage rouge et blanc du GR). Le travail d'érosion est tout aussi surprenant sur la **montagne de la Clape**, près de Gruissan. Cette ancienne île perchée au-dessus de la plaine languedocienne offre tous les attraits du calcaire : gorges, falaises, chaos ou **gouffres** comme celui de l'**Œil doux**. Situé dans le domaine naturel de l'Oustalet, à 6 km au sud-est de Fleury-d'Aude, ce cirque impressionnant est toujours rempli d'une eau limpide couleur émeraude. Les entrailles du gouffre et l'origine de l'eau douce qui le rend si spectaculaire sont méconnues, ce qui entretient le mystère. Ne dit-on pas que les barques qui tentèrent d'y naviguer furent irrémédiablement englouties.

À quelques kilomètres de Clermont-l'Hérault, le **cirque de Mourèze** , surplombé par le Liausson, porte finalement bien son nom. De multiples personnages aux silhouettes étranges émerveillent le spectateur. Il ne manque que le chapiteau ! Le sphinx, les demoiselles, la tête de mort, le chameau, le lion, la grenouille sont parmi les vedettes de cette représentation permanente. La dolomie, matériau de base de ces curieuses sculptures, se prête particulièrement au délicat travail de l'érosion, elle se désagrège peu à peu en un sable fin ou « grésou ». Plus au nord, sur la commune de Pégairolles-de-l'Escalette, le **chaos de Camp-Rouch** annonce les sites ruiniformes de Nîmes-le-Vieux et Montpellier-le-Vieux. ■

Pèlerinage arboré entre l'Hérault et l'Aude

Pour les « branchés », de beaux sujets en perspective. On peut même apercevoir des arbres remarquables depuis le TGV ! Quelques kilomètres avant Montpellier, à hauteur d'une grande surface, les jumeaux se dressent sur une butte. Dominant le paysage, ces deux arbres situés sur la commune de **Saint-Aunès** (34) sont faciles à repérer.

À **Montpellier** (34), le jardin des Plantes issu de la faculté de médecine constitue le plus vieux jardin botanique de France. Fondé en 1593, il présente quelques sujets d'exception, notamment l'oranger des Osages au tronc incliné, le phyllyrea dont les cavités naturelles lui ont valu le doux nom de « boîte aux lettres des amoureux » et un ginkgo biloba mâle portant une branche femelle greffée. À **Béziers** (34), c'est le jardin des Poètes qui ravira les « chercheurs d'arbres ». Les vieux oliviers pourront quant à eux être dénichés près de **Saint-Bauzille-la-Sylve** et **Aniane** (34). À **Lugnan-sur-Orb**, un pin parasol majestueux trône en plein cœur du village, tandis qu'à **Usclas-d'Hérault**, c'est un platane magnifique qui se dresse au milieu d'un champ. L'arbre le plus imposant du département reste le platane de **Saint-Guilhem-le-Désert** (34). En plein cœur de ce charmant village, son tronc de 7 m de circonférence et ses impressionnantes charpentières en imposent. Il fut planté en 1855 à côté d'un peuplier, arbre de la Liberté de 1789, qui disparut vers 1930. La commune entoure de tous ses soins ce monument qui n'a finalement que 150 ans. L'air du Languedoc lui a visiblement très bien réussi. Dans le nord du département, à **Fraïsse-sur-Agout** (34), un hêtre au tronc impressionnant fait la fierté du village.

Saint-Bauzille-la-Sylve : *vieil olivier oublié au milieu du vignoble.*

Dans le département de l'Aude, les amoureux des arbres apprécieront un énorme peuplier noir qui trône en plein centre du village de **Canet-d'Aude** (11), tout comme l'orme de Sully de **Villesequelande** (11) fier de ses 400 ans.

Le long du canal du Midi, les alignements de platanes sont également admirables. Un petit tour près du **seuil de Naurouze** finira de convaincre les plus sceptiques.

Saint-Guilhem-le-Désert : *l'impressionnant platane planté en 1855 au cœur du village.*

À ne pas manquer !

- Le coup de cœur : les orgues d'Ille-sur-Têt
- Le panorama : le belvédère de Serralongue
- La balade : les gorges de la Fou

Hérésies en pays cathare

Le Roussillon, c'est avant tout un ensoleillement exceptionnel qui joue délicatement avec les couleurs d'automne ou les floraisons du printemps. Les vallées de la Têt et du Tech entourent le Canigou, sublime point de repère pour toute une région. Elles permettent de rejoindre les bassins perchés de la Cerdagne et du Capcir, encerclés par les sommets pyrénéens aux granites érodés. Pour se frayer un passage, les affluents de ces rivières ont dû creuser de profondes gorges particulièrement vertigineuses, dégageant des collines escarpées sur lesquelles sont perchées les célèbres châteaux cathares.

Gorges de la Fou

Orgues d'Ille-sur-Têt

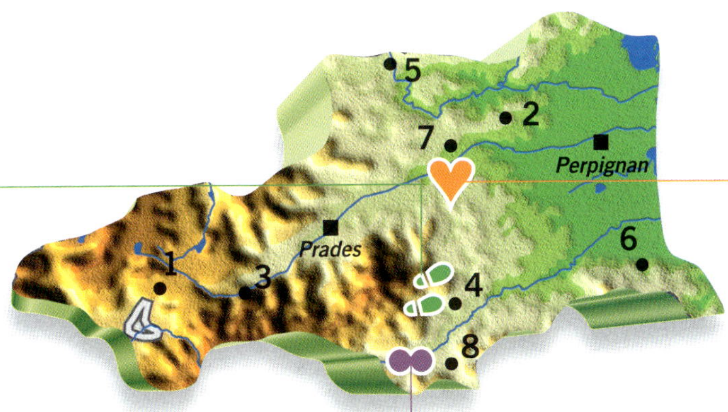

Belvédère du Conjurador

1. Chaos de Targassonne
2. Força Réal
3. Gorges de Caranca
4. Gorges de la Fou
5. Gorges de Galamus
6. Gorges de la Massane
7. Orgues d'Ille-sur-Têt
8. Serralongue

Le vignoble, entre Tautavel et Vingrau.

Gorges serrées

Le soulèvement des Pyrénées contraignit les rivières à s'enfoncer profondément dans les roches encaissantes. Parallèles à l'axe du massif, les larges vallées de la Têt, de l'Agly et du Tech facilitent l'accès à la chaîne pyrénéenne. Leurs affluents, orientés nord-sud, ont parfois généré de profondes et spectaculaires entailles. Sur la D 115, à 2 km d'**Arles-sur-Tech** (66), les **gorges de la Fou** en sont une parfaite illustration. Sont-elles les plus étroites du monde comme l'assurent les panneaux qui les signalent? Difficile à affirmer. Elles sont indéniablement spectaculaires. La Fou (« précipice » en vieux catalan) est un modeste torrent (surtout en été!), qui s'est frayé un chemin dans l'énorme massif calcaire qui le domine de plus de 200 m. Par endroits, les gorges ne dépassent pas 1 m de largeur! Une passerelle métallique permet de découvrir cet incroyable canyon sur 1 500 m. Pour des raisons de sécurité, les promeneurs doivent porter un casque; des filets protègent par ailleurs la promenade des risques d'éboulis. À voir leur contenu, cette mesure est loin d'être superflue! Les légendes courent aussi vite que le torrent en période de crue. Sorcières et mauvais génies auraient peuplé les lieux avant que les hommes n'osent s'y aventurer. Le père Besti se rendit célèbre en escaladant les falaises pour dénicher des aigles. La protection de la nature a heureusement fait des progrès depuis, et la sauvegarde de la flore et de la faune est devenue une priorité. La partie la plus étroite est particulièrement riche en fougères (scolopendres, aspléniums, capillaires) et en mousses, tandis que les parties mieux éclairées font la part belle aux espèces calcicoles : hépatiques trilobées et plusieurs espèces d'érables. On raconte également que les trabucayres, bandits de grands chemins, utilisaient les gorges comme cachette. C'est en fait en 1928 que la première véritable exploration, sans passerelle, fut entreprise par de courageux Arlésiens.

À quelques kilomètres, la bourgade perchée de **Serralongue** (66) offre depuis le **belvédère du Conjurador** un panorama de toute beauté sur les sommets pyrénéens. Près de l'église, un vieux micocoulier participe depuis des siècles à la sérénité des lieux.

Serralongue : *le belvédère du Conjurador.*

Si vous partez à la découverte des **châteaux cathares**, prolongez un peu votre journée. Empruntez la D 19 qui depuis Maury se dirige vers Cucugnan, cette route offre de superbes points de vue sur le château de Quéribus. Par une belle journée d'automne, lorsque les vignobles sont jaunes et rouges, c'est sublime! Elle passe ensuite au pied de la fantastique forteresse de Peyrepertuse jusqu'aux villages de Soulatgé et Cubières. Les **gorges de Galamus** s'ouvrent alors à vous. Géant! Des strates de calcaire redressées, victimes de la poussée pyrénéenne sur les Corbières, des marmites de géant, une route à couper le souffle qui sinue entre les rochers. Cinq kilomètres de grand spectacle jusqu'au belvédère où les marcheurs pourront enfin quitter leur véhicule pour gagner à pied le petit bijou que constitue l'ermitage de Saint-Antoine-de-Galamus.

Les **gorges de la Massane** (66) sont accessibles par une petite route entre Sorède et Argelès, en direction de Lavall. La forêt, qui couvre la partie la plus orientale du massif des Albères, peut être considérée comme une relique. Le chemin de randonnée sinue d'abord parmi de vieux chênes verts et chênes lièges, puis, prenant de l'altitude au niveau de la tour de la Massane, parmi les hêtres, témoins ancestraux des périodes glaciaires. Toute la région méditerranéenne était alors couverte de hêtraies dont il ne subsiste que quelques lambeaux miraculeusement parvenus jusqu'à nous. C'est le cas des forêts reliques de la Sainte-Baume, du Caroux et de la Massane. Cette dernière attire de nombreux spécialistes, tant par la richesse des espèces endémiques que par la volonté de laisser vivre et mourir les arbres sans intervention humaine. Une forêt livrée à elle-même, avec ses vieux arbres, ses troncs déchiquetés et son exceptionnelle biodiversité. La richesse zoologique du site est remarquable : 1956 espèces de coléoptères ont été recensées ici sur une surface de 15 km^2. Citons *Hoplia coerula*, un admirable scarabée à la livrée bleu turquoise ou *Chrysoscarabus rutilans*, un carabe aux reflets rouges et or sur fond vert. Faune et flore sont à respecter scrupuleusement!

Pour accéder au sentier des **gorges de Caranca** (66), près de Thuès-les-Bains, sur la N 116, suivez les indications données sur un panneau près du parking payant. D'entrée de jeu, le ton est donné, puisque l'on doit emprunter une passerelle pour rejoindre une étroite corniche. La suite de la promenade passionnera les Indiana Jones en herbe : ponts suspendus, échelles, passerelles, passages étroits... les émotions ne manquent pas. Il est vivement conseillé de demander le dépliant disponible à l'office du tourisme de Thuès et d'éviter les jours de pluie. La randonnée peut durer de deux à sept heures. Dans ce cas, le dénivelé est alors important. Près du parking, on peut prendre place à bord du **train jaune** pour un parcours époustouflant, qui franchit les vallées grâce à des ponts vertigineux classés monuments historiques, comme ceux de Séjourné et de Gisclard. Reliant Villefranche-de-Conflent à Latour-de-Carol, la ligne perchée sur une voie unique de 60 km traverse un décor inimaginable de gorges, villages et châteaux.

Arles-sur-Tech : *les gorges de la Fou.*

Boules de granite au four

Près de **Font-Romeu** (66), on peut découvrir un incroyable chaos granitique, avec en prime les fours solaires d'Odeillo et de Thémis, qui dominent le paysage sur la D 618 au-delà de **Targassonne**. La route serpente à plus de 1600 m d'altitude. Les vieux massifs granitiques pyrénéens ont ici pris un « coup de jeune », pincés entre les plaques ibérique et européenne. Poussés vers le haut, les sommets dépassent les 2000 m. Les granites qui ont subi une intense érosion dégagent un relief en boules bien caractéristique, que l'on peut observer au-delà du camping et même à l'intérieur de celui-ci. Plusieurs aires de stationnement aménagées dans les nombreux lacets de la route permettent au gré des inspirations de divaguer parmi les blocs imposants. Élevage et géologie font ici bon ménage. Dans les zones les moins pâturées, l'envahissement des rochers par la végétation broussailleuse et épineuse est bien engagé, masquant progressivement ces remarquables sculptures naturelles. En juin, les floraisons aux couleurs admirables ne peuvent être concurrencées que par les merveilleuses lumières douces de l'automne.

***Targassonne :** chaos granitique sous un ciel d'azur.*

Des orgues dressées sur la Têt

Bien que l'on ait un premier aperçu des « orgues » depuis la N 116, à l'est et à l'ouest d'**Ille-sur-Têt** ♥ (66), il ne faut pas manquer la visite du site. L'émotion est en effet au rendez-vous. D'étranges colonnades aux teintes de feu forment un impressionnant labyrinthe. Oranges, rouges, jaunes, ocres, la comparaison avec le Colorado de Rustrel est tentante et, n'hésitons pas, avec la Cappadoce ou encore Bryce Canyon aux États-Unis. Pour bien apprécier les lieux, privilégiez la matinée ou la fin d'après-midi, les couleurs sont alors plus intenses, les ombres plus marquées et… les visiteurs moins nombreux. Le panorama des cheminées de fées s'ouvre comme un amphithéâtre aux parois sculptées de gigantesques colonnes, fragiles et éphémères. L'érosion modifie sans cesse les formes. Le paysage change au gré des orages et des vents violents. Il y a 5 millions d'années, le plateau granitique de Montalba subissait en climat tropical une intense altération. Les cours d'eau qui en étaient issus emportaient des sables déposés dans la vallée, formant le matériau de base de ce que l'on peut aujourd'hui observer. Au quaternaire, un ciment d'argile enchâssé de galets recouvrit la couche sableuse et la protégea avec l'aide de la végétation. Dans les zones les plus fragiles, les ravines s'approfondirent, tandis que des colonnes coiffées de « chapeaux » plus résistants se maintenaient. Les cheminées de fées étaient en place. Éphémères, elles sont relayées par d'autres colonnes dégagées par les intempéries. Un livret de visite remis au début de la promenade permet d'appréhender l'ensemble de ces phénomènes, de découvrir la faune et la flore des lieux et d'apprécier le travail de l'homme dans la transformation des paysages.

Au début du parcours, un chêne aux racines entièrement dégagées donne une idée de l'action abrasive du cours d'eau. Un belvédère permet également de dominer le site sur la D 21 en direction de Belesta. Il est ensuite vivement conseillé de rejoindre ce village par une superbe route sinuant parmi les blocs rocheux granitiques.

À partir de Belesta, la D 38 conduit au belvédère de **Forca Réal**, qui offre des points de vue admirables sur le Roussillon, jusqu'aux étangs et à la mer. À quelques kilomètres, la route reliant Tautavel à Vingrau ouvre entre les rochers calcaires de magnifiques perspectives sur la plaine. Nos ancêtres *Homo erectus* avaient bien choisi leur domaine. Au sud d'Ille-sur-Têt, une route étroite et sinueuse grimpe au prieuré de **Serrabone**, un doux refuge pour contempler les merveilles romanes dans un paysage de rêve.

Ille-sur-Têt : *concert d'orgues et cheminées de fées en terre catalane.*

À ne pas manquer !

♥ **Le coup de cœur :** le vol des vautours

●● **Le panorama :** les gorges d'Holçarte

La balade : les lacs d'Ayous

Pyrénées, **halte** antique !

Du Pays basque au Béarn, les Pyrénées nous aident à remonter le temps, à la recherche de mondes disparus. La géologie a tracé une frontière naturelle entre la France et l'Espagne : 420km hérissés de pics entre l'Atlantique et la Méditerranée. À l'ouest, les Pyrénées s'abaissent doucement, s'achevant en falaises dans l'océan. Dans le Béarn, les belles vallées d'Aspe et d'Ossau se terminent en apothéose en plein cœur de la chaîne. La nature sauvage y trouve un de ses derniers refuges européens, tentant d'oublier l'omniprésence de l'homme. C'est ici le domaine de l'ours, de l'isard et du vautour. Au début de l'été, la flore explose de couleurs. Près des torrents, les cincles plongeurs et les bergeronnettes des ruisseaux s'activent. La vie se précipite, prête à se renouveler.

Vautours

Gorges d'Holçarte

Lacs d'Ayous

1. Cirque de Lescun
2. Chemin de la Mature
3. Domaine d'Abbadia à Hendaye
4. Falaise d'Aste-Béon
5. Forêt des Arbailles
6. Forêt d'Iraty
7. Gorges d'Holçarte et Kakouetta
8. Grottes d'Isturitz
9. Lapiaz de la Pierre Saint-Martin
10. Pic du Midi d'Ossau
11. Pointe Sainte-Barbe à Saint-Jean-de-Luz
12. Rocher de la Vierge à Biarritz

__Isards :__ le Parc Naturel Régional des Pyrénées.

Jurassique basque

De Bayonne à Hendaye, les falaises basques racontent de vieilles histoires. À **Saint-Jean-de-Luz** (64), en direction de Guétary, le site protégé de la **pointe Sainte-Barbe** offre de superbes points de vue sur la côte. À marée basse, les rochers affleurent de manière spectaculaire. Constitué de bancs alternés de calcaire et de marne grise, le flysch se trouve redressé tel un monumental millefeuille incliné. Ce sédiment a été déposé en grande quantité sur les fonds sous-marins qui ont précédé la surrection des Pyrénées. Restées en relief, les dalles calcaires plus dures dessinent des cannelures bien marquées. Si la digue est accessible, ce qui n'est pas toujours le cas à cause des éboulements, on découvre un extraordinaire pli « en genou », témoin des formidables pressions exercées lors de la genèse des Pyrénées. Notre millefeuille a été comprimé dans les puissantes mâchoires formées par les plaques ibérique et européenne. Une belle mise en plis pour Sainte-Barbe !

Le site de **Biarritz** (64) est limité par la pointe Saint-Martin au nord et le **rocher de la Vierge**, grandiose lorsque la mer se déchaîne. La prudence exige toutefois de s'en approcher un jour plus calme. Constitué par un calcaire du tertiaire riche en débris de coquilles et en nummulites, le rocher sert également de refuge à une flore saxicole, finalement mieux préservée en pleine ville que sur les falaises piétinées de la côte. La frankenie, la cinéraire, le gazon maritime, l'inule et même *Asplenium* marin, une fougère rare, doivent être respectés scrupuleusement !

À **Bidart** et **Hendaye** (64), on peut remonter le temps et imaginer la catastrophe qui entraîna la disparition des dinosaures. Disons-le tout de suite, les découvertes sont purement intellectuelles et les satisfactions morales. On ne voit pas ici mourir les derniers grands reptiles dans le fracas assourdissant produit par la chute d'un astéroïde. Mais quand même ! La falaise de Bidart représente, avec celle de Loya près d'Hendaye, le seul endroit où l'on peut admirer, en géologue averti ou non, le passage du crétacé au tertiaire en milieu marin. Il y a 65 millions d'années, le crétacé se termine, et avec lui l'ère secondaire. Une météorite géante heurta la Terre et s'engloutit dans le golfe du Mexique. Un immense nuage de poussière envahit alors l'atmosphère terrestre, obscurcissant longuement la planète. Les végétaux n'y résistèrent pas. Privés de lumière, le plancton végétal, les fougères géantes

Pli en « genou ».

ou de nombreux conifères disparurent. Le monde animal en subit les conséquences, 80 % des espèces vivantes périrent dans la catastrophe, notamment les célèbres dinosaures. Voici en tout cas l'un des scénarios envisagés pour ce que les géologues appellent désormais la limite CT (crétacé-tertiaire). D'autres hypothèses liées au volcanisme sont également avancées, mais les falaises basques semblent confirmer la première. Dans la fine couche d'argile vert sombre qui caractérise cette frontière, on détecte de l'iridium, un métal très rare sur Terre, mais bien présent dans les météorites. Pour les amateurs d'émotions fortes, mais cependant très intérieures, voici comment repérer cette limite. Trois kilomètres avant Hendaye, dans le **domaine d'Abbadia**, superbe espace naturel acquis par le conservatoire du littoral, un sentier mène à la baie de Loya, véritable joyau botanique et géologique, qu'il est préférable de parcourir à marée basse. On y retrouve des flyschs de l'ère secondaire comparables à ceux de Saint-Jean-de-Luz, faisant face à l'îlot de Loya et relié à la côte par un tombolo, flèche de galets visible à marée basse. En se dirigeant vers la pointe Sainte-Anne, partie occidentale de la baie, une arche naturelle permet d'observer le fameux contact CT, repérable à la différence de couleur, rose pour les bancs épais du tertiaire, brun-vert pour le dernier étage du secondaire. Même si cette frontière ne saute pas aux yeux, le site est si beau que l'on ne regrette pas la visite.

***Saint-Jean-de-Luz :** le mille-feuille géologique de la pointe Sainte-Barbe.*

Canyons vertigineux

À la limite du Pays basque et du Béarn, près de Saint-Engrâce, l'aventure est au rendez-vous. Par une belle journée d'été, on ne se sent pas seul, les randonneurs en quête d'émotions fortes étant nombreux !

Tout près de Larrau s'ouvrent les **gorges d'Holçarte** ●● (64). Une montée assez raide bordée de hêtres pluricentenaires conduit au vertigineux ravin, que l'on peut franchir par un extraordinaire pont suspendu. À 170 m au-dessus de l'eau, la passerelle tangue sensiblement et l'arrivée au contact du calcaire rassure même les plus téméraires. Les eaux d'infiltration et les rivières ont donné toute leur mesure dans cet univers karstique fait de gouffres, de crevasses ou de gorges profondes. Ces calcaires se déposèrent au crétacé dans des fosses marines, voisines des Pyrénées. Le soulèvement de celles-ci fractura le massif, offrant à l'érosion un matériau de choix pour exercer son talent de sculpteur.

À quelques kilomètres de Saint-Engrâce, le site payant des **gorges de Kakouetta** est tout aussi spectaculaire et... visité. Trois kilomètres d'aventure, équipé d'un casque pour découvrir un extraordinaire canyon de 300 m de profondeur, au gré des passerelles, tunnels et cascades, au royaume des fougères, des mousses et des lichens. Le passage du Grand Étroit constitue l'un des moments forts de cette équipée.

Le royaume du calcaire ne serait pas complet sans l'existence de grottes, anciennes galeries de rivières souterraines abandonnées par les eaux. Au Pays basque, la visite des grottes de **Sare** (64) et surtout celles d'**Isturitz** et d'**Oxocelhaya** passionnent autant pour leurs superbes colonnes et draperies de calcite que pour les remarquables gisements préhistoriques qu'elles abritent. Le mégalapiaz de la **Pierre-Saint-Martin** (64) illustre magnifiquement le travail de sape des eaux d'infiltration dans le calcaire. La route qui monte à la station de ski traverse cet étrange paysage enseveli sous la neige en hiver. En juin et juillet, ce fantastique labyrinthe est illuminé par les floraisons estivales.

Gorges d'Holçarte :
frissons en plein karst.

En **vallée d'Aspe**, du pic d'Anie au pic de Burcq, un extraordinaire cirque de murailles calcaires domine le village de **Lescun** (64). À quelques kilomètres, le **chemin de la Mâture** est un défi à la falaise, une incroyable encoche que l'on peut parcourir à partir du pont de Sebers, juste avant le fort de Portalet. Le vertigineux sentier de randonnée incrusté dans la roche emprunte le tracé créé en 1772 par l'ingénieur Leroy. Aux XVIIe et XVIIIe siècles, les besoins en bois augmentèrent considérablement, et les forêts du Centre et de Normandie ne suffirent plus à l'approvisionnement de la Marine royale. Les forêts béarnaises commencèrent alors à être exploitées, notamment celles d'Issaux et du Pacq ; mais pour y accéder, il fallait franchir le ravin de Sescoué barré par une falaise abrupte. Le creusement du chemin de la Mâture permit d'enjamber cet obstacle. Des voitures tirées par des bœufs acheminaient les troncs jusqu'au port d'Arthas où on les assemblait en radeaux. Le Gave, aménagé lui aussi, transportait ensuite la précieuse cargaison jusqu'à Bayonne. Il fallut attendre l'avènement du métal pour que les forêts béarnaises retrouvent une partie de leur lustre. Au Pays basque tout proche, les grands massifs d'**Iraty** et des **Arbailles** présentent encore de vieux hêtres qui créent une ambiance mystérieuse. ■

Vallée d'Aspe : *le vertigineux chemin de la Mâture.*

Lapiaz de la Pierre-Saint-Martin : *labyrinthe de calcaire.*

Un volcan en Ossau

Le Béarn ne serait pas totalement lui-même sans la silhouette échancrée du **pic du Midi d'Ossau** (64) qui domine la partie occidentale de la chaîne pyrénéenne du haut de ses 2884 m. Les milliers de randonneurs qui sillonnent chaque année les chemins de la vallée d'Ossau et du parc national des Pyrénées imaginent-ils qu'ils parcourent un gigantesque édifice volcanique? Mais attention! La forme du pic du Midi ne doit pas entraîner d'équivoques. On ne voit pas l'ancien volcan, beaucoup trop ancien, antérieur même à la formation des Pyrénées et... aux dinosaures.

Au carbonifère, il y a 285 millions d'années, la croûte continentale hercynienne fondit partiellement, engloutie dans les profondeurs de la lithosphère. Un gigantesque réservoir magmatique se mit en place. Sa fragile couverture rigide ne résista pas et s'effondra, constituant un grand cratère circulaire, ou caldeira. Dans les fissures ainsi formées, des laves à refroidissement rapide érigèrent une véritable muraille, que l'histoire tourmentée des Pyrénées découpa en lambeaux multiples. Seul le pic du Midi subsiste de cette formidable masse de dacite et d'andésite. Un œil exercé repérera dans les monticules qui dominent les lacs d'Ayous de remarquables sections de prismes caractéristiques des laves volcaniques.

Pic du Midi d'Ossau : fragment d'un gigantesque volcan oublié.

Le partage des os

En une trentaine d'années, le ciel des randonneurs pyrénéens a bien changé. Autrefois exceptionnelle, l'observation des vautours ♥ est aujourd'hui devenue presque systématique. Des efforts considérables ont permis de reconstituer les effectifs de ces grands charognards, indispensables à l'équilibre des écosystèmes montagnards. Quel régal de voir évoluer ces planeurs extraordinaires exploitant les ascenseurs thermiques sans même battre des ailes! En bons rapaces, ils profitent de l'effet de serres! On aimerait parfois être à leur place. Survoler les vallées d'Aspe ou d'Ossau, contourner le pic du Midi, puis gagner d'un coup d'ailes le cirque glaciaire de Gavarnie et sa cohorte de touristes ou l'admirable cirque de Troumouse, enfin, planer au-dessus de la réserve de Néouvielle et sa myriade de lacs entourés de pins à crochets. Chers vautours, rassurez-vous, à pied ce n'est pas mal non plus! Justement, les voici à terre, après avoir enfin repéré un cadavre de mouton. Les vautours fauves, exclusivement charognards, se préparent pour la curée. Ils entaillent le cuir, introduisent leur bec tranchant dans les orifices naturels de la proie. Pas très appétissant! Sauf pour eux. À l'issue de cet étrange ballet macabre, il ne reste plus grand-chose. Les éboueurs de la nature passés, les « équipes de secours » composées de corvidés ou de milans arrivent pour finir la carcasse. Un vautour blanc tourne dans le ciel, s'approche. C'est le percnoptère, appelé Marie Blanque dans le Béarn, qui vient participer aux agapes. Vient enfin le « saigneur » solitaire. Son corps orangé et sa queue en losange ne laissent aucun doute sur son identité, il s'agit bien du gypaète barbu. Ce casseur d'os, *quebrantahuesos* en espagnol, peut ingérer un humérus ou un radius de mouton en une seule fois. Il emporte les os les plus volumineux et les lâche au-dessus de terrains rocailleux pour les briser. Traqués et pourchassés pendant des siècles, les gypaètes ont vu leur espèce au bord de l'extinction. Le maintien de la population repose sur sa longévité qui peut dépasser trente ans, un couple n'élevant qu'un petit en moyenne tous les trois ans.

À **Aste-Béon** (64), en vallée d'Ossau, *La Falaise aux vautours* est un musée original. Grâce à des caméras placées à proximité des nids, il permet au public de suivre en direct sur grand écran la vie quotidienne de ces grands charognards. ■

Vautour fauve : *paisible charognard, désormais solidement implanté dans les Pyrénées.*

PAYS DE LA GARONNE

À ne pas manquer !

- ♥ **Le coup de cœur :** le cèdre de l'abbaye de Moissac
- **Le panorama :** le méandre d'Ambialet
- **La balade :** les chaos du Sidobre

Heurts d'**affluences**

Partagés entre les influences méditerranéennes, atlantiques et pyrénéennes, les pays de Garonne sont avant tout tributaires du grand fleuve et de ses multiples affluents.

L'agriculture laisse peu de place aux grands espaces naturels, réfugiés aux confins du Massif central ou dans les Pyrénées, riches en espèces rares ou endémiques. Ours, vautours, desmans ou euproctes y constituent un patrimoine sauvé d'extrême justesse, mais toujours menacé par des aménagements multiples.

Méandre d'Ambialet

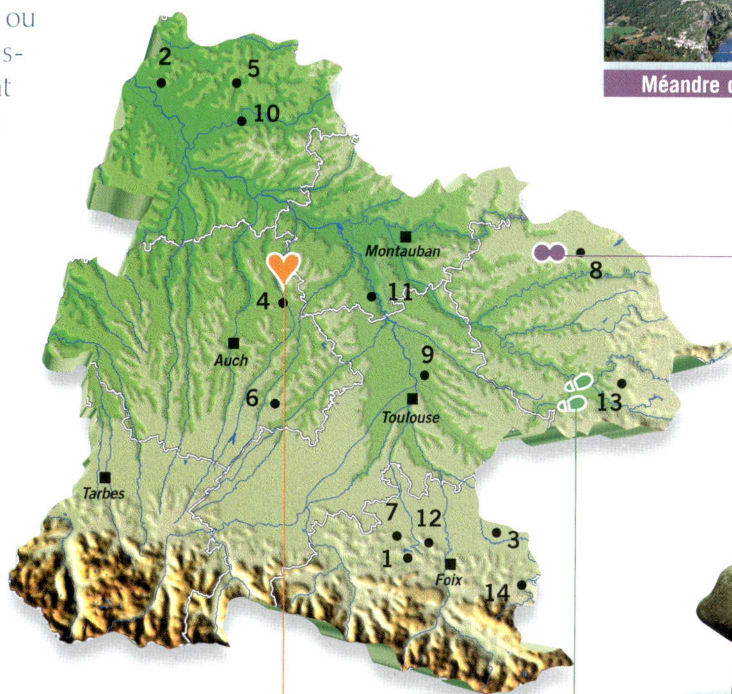

1. Chêne de la Bastide de Serou
2. Chêne de la Madone
3. Chêne de Mirepoix
4. Chêne de Montfort
5. Chêne de Moulinet
6. Chêne de Saint-Élix-Theux
7. Grotte du mas d'Azil
8. Méandre d'Ambialet
9. Olivier de l'Union
10. Platane de Sainte-Livrade
11. Platanes de Verdun-sur-Garonne
12. Rivière souterraine de Labouiche
13. Rochers du Sidobre
14. Source de Fontestorbes

Chaos du Sidobre

Abbaye de Moissac

***Pyrénées :** rencontre au sommet.*

Une oie et Trois Fromages

Il ne s'agit pas d'une recette de cuisine, ni même d'une fable de La Fontaine, mais du nom attribué aux plus remarquables rochers du massif du Sidobre dans le Tarn, à l'est de Castres. Cette amande granitique de 1 230 km^2 est coupée par les gorges de l'Agout encaissées de plus de 250 m. Ici encore, l'érosion intense de la roche a fait naître des paysages insolites, en particulier lorsque la région fut rehaussée par la poussée alpine. Les grains les plus fragiles, entamés par les eaux de ruissellement, constituent une arène granitique, un sable grossier entraîné par les ruisseaux vers l'Agout. On est loin de la côte et pourtant… c'est vers la Garonne, puis sur les plages de l'Atlantique que ce sable se dépose. Peu à peu dégagés et mis en relief, les blocs les plus « sains » semblent en équilibre fragile. Des formes propres à inspirer les imaginations les plus fertiles se dessinent alors, rochers insolites, chaos ou compayres, véritables rivières de roches masquant un cours d'eau. Le Sidobre n'est-il pas, comme le veut la légende, le lieu où Jupiter fit pleuvoir les pierres du ciel en faveur d'Hercule ?

De nombreux sentiers balisés permettent de découvrir quelques sites vedettes à parcourir plutôt hors saison ou le matin avant la foule des promeneurs. Près de **Lacrouzette** (81), gagnez par la D 30 Peyro Clabado, probablement le bloc le plus impressionnant du **Sidobre** : 780 t perchées en équilibre sur un socle étroit. Un peu plus au sud, les eaux tumultueuses du Lignon disparaissent sous la rivière de rochers de **La Resse**. Sur la même route, le **lac de Merle** entretient un charme troublant avec ses blocs de granite à demi émergés. À quelques kilomètres, le **rocher tremblant des Sept-Faux** est un « classique » du genre. Ses 900 t peuvent être, dit-on, mises en mouvement grâce à un jeu de levier. Au nord-est du massif, près du village de **Ricard**, une promenade conduit aux **Trois Fromages**. L'ensemble résulte probablement de la fissuration d'un seul bloc miné par les eaux de ruissellement. Curieux pays où l'on arrose les fromages avec de l'eau. Encore qu'avec le nom du village voisin… tout est possible. Plus loin, sur le même sentier, le bien nommé **roc**

Sidobre : *le chaos granitique des « Trois fromages » : longue conservation assurée.*

de l'Oie est à l'origine d'une légende locale. Le propriétaire de l'oie ne l'autorisait à sortir que la nuit pour couver son œuf. Un matin, l'animal profondément assoupi oublia de rentrer avant le lever du soleil. Pour le punir, son maître le pétrifia sur son œuf. Un conseil : en revenant de votre promenade, arrêtez-vous au *Petit Géologue* au début du sentier. Une mine d'informations et... de roches vous y attend!

Le Sidobre illustre bien la complexité des relations entre l'homme et la nature. Depuis des siècles, les éleveurs utilisent les clairières au sol parsemé de blocs, ainsi que les prairies marécageuses pour faire paître leurs troupeaux. Les amas rocheux étaient de ce fait bien dégagés, connus des bergers et sources de légendes. À partir de 1945, l'exploitation intensive du granite fit subir de profonds bouleversements au Sidobre. La multiplication des carrières transforma le paysage. Dans les années soixante-dix et quatre-vingt, le recul des activités agro-pastorales permit aux ronces et aux ajoncs d'envahir les chaos, préfigurant le retour de la forêt. Les Trois Fromages dressés au cœur d'une prairie il y a vingt-cinq ans se trouvent désormais au milieu des bois! Comme ce rocher qui a su trouver sa position de stabilité, l'homme cherche un juste équilibre entre l'activité touristique, le travail des carriers et celui des éleveurs. En attendant, laissez-vous bercer par la légende de la Balme de la Fée. Un colosse séduit mais éconduit par la doulce Autanette, fille des Vents, voulut la faire enlever par des géants. Mais Autan, le fils d'Éole, veillait sur sa sœur et transforma les ravisseurs en pierre. Il prit la doulce Autanette, lui fit traverser l'Agout et la pétrifia à son tour. Les colosses de granite restent dispersés dans la région, tandis que la doulce Autanette se dresse près du moulin du Roy à Cazalié. Comme elle fut pure et douce, on dit que ceux qui passent dans son ombre vivront des jours heureux.

À quelques kilomètres d'Albi, le Tarn décrit un méandre spectaculaire, enserrant le promontoire d'**Ambialet** (81), rattaché à la rive par un maigre pédoncule. On découvre l'ensemble côté nord depuis le belvédère situé sur la route de Valence-d'Albigeois, ou côté sud en empruntant la D 74 jusqu'au carrefour de la route d'Oubièges repérable par une grande croix. Là un sentier grimpe vers la colline portant une antenne-relais. Le point de vue est magnifique sur la succession de méandres du Tarn.

On peut enfin grimper dans le village d'Ambialet à partir du café de la presqu'île jusqu'à la chapelle romane Notre-Dame-de-l'Auder près de laquelle se dresse un très vieux phylliréa (*auder* en occitan), qui aurait été rapporté de Terre sainte par un croisé.

***Ambialet** : les méandres du Tarn tendrement en lacets.*

Rivières souterraines en Ariège

Les calcaires ariégeois réservent quelques belles surprises, à commencer par l'étonnante **grotte du mas d'Azil** (09). La D 119 emprunte un tunnel long de 420 m, creusé par l'Arize. Son impressionnante arche d'accès mesure 65 m de hauteur. Des effondrements successifs provoqués par les coups de boutoir de la rivière ont rendu accessible cette merveille naturelle. Avant de se forer un passage dans la montagne du Pantaurel, l'Arize décrivait un vaste méandre de contournement dont on trouve témoignage près du village de Rieubach. L'exploration de la grotte a permis la découverte d'une civilisation méconnue, baptisée azilïen (9 500 ans avant J.-C.), transition entre le magdalénien et le néolithique, à laquelle on peut s'initier lors de la visite. Les passionnés pourront contempler d'admirables dessins rupestres un peu plus anciens (12 000 ans avant J.-C.) dans la **grotte de Niaux** (09).

La rivière souterraine de **Labouiche** (09) fournit quelques petites émotions aux spéléos en herbe, puisque l'exploration de cette galerie s'effectue en partie en barque. Mille cinq cents mètres pour s'émerveiller devant la version calcaire du temple d'Angkor ou de la pagode chinoise et admirer les cascades souterraines qui terminent la visite.

Près de Belesta, on accède à la fontaine intermittente de **Fontestorbes** (09). Ô mystère de la nature! De juillet à octobre, le débit de la rivière, qui sort en résurgence du calcaire, passe par à-coups de 50 l/s à 1 800 l/s. Le niveau des eaux monte alors pendant vingt minutes, puis redescend pendant trente minutes. C'est à ce moment, en surveillant sa montre, que l'on peut emprunter une passerelle pour pénétrer dans la grotte. Le phénomène qui a longtemps interpellé les scientifiques est aujourd'hui expliqué. À l'entrée du circuit souterrain, un réservoir naturel fonctionne comme une chasse d'eau. Il se remplit peu à peu et se vide brutalement en empruntant un siphon qui précède la résurgence. En hiver, l'ensemble du système saturé d'eau laisse place à un écoulement régulier.

Grotte du mas d'Azil : *l'Arize a creusé un tunnel aujourd'hui emprunté par la route.*

Racines gasconnes

Dans l'Ariège, plusieurs arbres méritent une visite. À l'entrée nord de **Mirepoix** (09), un chêne vert situé dans une propriété privée se laisse admirer depuis le petit pont sur l'Hers. Ses trois modestes mètres de circonférence sont trompeurs. La croissance lente de cette essence permet d'envisager un âge supérieur à 500 ans. Dans le hameau d'Antuzan, à la **bastide de Serou** (09), les racines d'un chêne pluricentenaire enlacent les rochers. À la **Bense** (09), un alignement de vieux châtaigniers compose un ensemble remarquable.

Dans les autres départements aquitains, citons le vieil olivier transplanté devant la mairie de l'**Union** (31) en Haute-Garonne, ou encore les beaux chênes du Gers, à **Saint-Elix-Theux**, **Monfort** (32) et **Blaziert** (32). Le cèdre ♥ qui trône au cœur de l'abbaye de **Moissac** (82), dans le Tarn-et-Garonne, rivalise de beauté avec l'admirable cloître roman.

Que ce soit le long du canal du Midi, en particulier près du **seuil de Naurouze** (11), en bordure de route ou en mail planté comme à **Verdun-sur-Garonne** (82), les alignements de platanes font désormais partie du patrimoine aquitain. L'association pour la protection des arbres en bord de route du Gers tente courageusement de préserver ces éléments incontournables de nos paysages contre les maniaques de la scie et autres aménageurs « dendrophobes ».

Dans le Lot-et-Garonne (47), c'est le chêne de la Madone, à **Pinel-Hauterive**, qui retient l'attention. Il est concurrencé par le beau chêne du **Moulinet** perdu au milieu des vergers de noisetiers, au lieu-dit Gringalet, ou par le chêne de **Tombebœuf**, qui étale ses ramures au milieu des champs. Le platane de **Sainte-Livrade**, fier de ses 9 m de tour, se cache à proximité du Lot, au lieu-dit La Bourdette, juste après... la maison de retraite.

Attention, tous les arbres cités dans ce département se trouvent sur des propriétés privées.

Moissac *: le grand cèdre, un peu à l'étroit dans le cloître de l'abbaye.*

Des ours en plus

Combien sont-ils nos ours pyrénéens? Probablement entre dix et douze, répartis entre l'Ariège et le Béarn. Jusqu'en 1947, on versait encore des primes pour leur destruction, cette chasse ne s'arrêta définitivement qu'en 1962. En Ariège, on a introduit des ours venus de Slovénie pour consolider une population fort réduite. Deux femelles, Ziva et Mellba, et un mâle, Pyros, ont été lâchés en 1996, avec plusieurs naissances à la clef. Malheureusement, l'année suivante, un chasseur a abattu Mellba. Ainsi va la vie des ours en France, suspendue à un coup de fusil. Le suivi des plus jeunes, qui sont équipés d'émetteurs, montre une grande capacité de déplacement sur un domaine s'étendant de 50 à 150 km^2. L'ourson Néré s'est ainsi rapproché du noyau béarnais. La population béarnaise se compose de quatre mâles et d'une femelle rescapés du massacre. Ils sont les survivants d'une espèce autrefois florissante, qui ne se cantonnait pas forcément dans les montagnes. Les Pyrénées ont simplement constitué un refuge longtemps inaccessible aux hommes. Une note d'espoir, le couple formé par Cannelle et Papillon pourrait permettre de renforcer les maigres effectifs. S'il est pratiquement exclu d'observer l'ours, on peut malgré tout repérer les coups de griffes sur les arbres ou mottes de terre retournées, traces de son passage. Aux trois quarts végétarien, ce plantigrade se régale de fruits sauvages, de glands, d'herbe ou de racines. Son menu s'enrichit parfois d'insectes, de mulots, de charognes, d'escargots ou encore d'une brebis, animal à l'origine de tous ses malheurs. Pour l'essentiel, l'avenir de l'ours passe par la place que les hommes lui laisseront, car il a avant tout besoin d'espace...

***Euprocte:** amphibien endémique des Pyrénées.*

Le massif pyrénéen cache encore quelques vertébrés méconnus, de bien plus petite taille, comme l'**euprocte**, un curieux amphibien endémique qui fréquente torrents et lacs de montagne. Plus difficile encore à observer, le **desman**. Un mythe? Une légende? Sûrement pas! Une rencontre avec lui et on craque pour cet adorable insectivore. Gros derrière, pattes en parties palmées, l'animal commence par un nez pointu en forme de trompe et finit par une longue queue ressemblant à un lombric. Ce cousin aquatique de la taupe est quasiment endémique et révélateur de la qualité écologique du milieu. Il lui faut une eau très oxygénée, riche en larves d'insectes et des courants rapides. Les aménagements excessifs, la pollution et même les activités touristiques comme le canyoning font des dégâts. À défaut de l'observer, les spécialistes recherchent leurs empreintes ou leurs crottes très odorantes. ■

***Ours brun:** un espoir?*

LANDES DE GASCOGNE

À ne pas manquer !

- **Le coup de cœur :** les bords de l'Eyre au Vieux Lugo
- **Le panorama :** la dune du Pilat
- **La balade :** le courant d'Huchet

La **multiplication** des pins

À la première impression, nous sommes dans le royaume forestier du pin maritime. Une découverte plus approfondie va moduler cette appréciation. Le pin n'est d'ailleurs pas la seule essence présente, plusieurs espèces de chênes tentent de se faire une place au soleil.

Comme leur nom l'indique, les Landes n'ont pas toujours été forestières. Au XVIIIe siècle, marécages et landes à genêts, ajoncs et bruyères alternaient, pâturés par des troupeaux de moutons surveillés par les bergers parfois perchés sur des échasses. Les seuls véritables îlots salubres étaient les airials, espaces boisés et aménagés autour de la ferme et du puits. La faible pente de la plaine landaise et une épaisse couche d'alios, ce sable induré en profondeur et parfaitement imperméable, expliquent l'existence de ces nombreux marais. À partir de 1788, Nicolas Brémontier, ingénieur des Ponts et Chaussées, proposa de stabiliser les dunes en plantant une forêt de pins dont la croissance fut rapide. Sous le Second Empire, Chambrelent, un autre ingénieur, entreprit l'assainissement des Landes en creusant des fossés, défonçant la couche d'alios pour permettre l'écoulement des eaux. Les activités sylvicoles, gemmage, récolte de résine et exploitation du bois supplantèrent alors le pastoralisme. Cette histoire forgée par les hommes pour vaincre les contraintes de la nature donna naissance à une belle diversité de milieux qui tranche avec la première impression de monotonie. Les immenses dunes, le maigre réseau hydrographique, les rivières aux allures tropicales, les étangs côtiers rappelant le passé marécageux contribuent à cette diversité.

Dune du Pilat

Eyre au Vieux Lugo

Courant d'Huchet

1. Chataigniers de Ces
2. Chêne d'Herm
3. Chêne de Saint-Vincent-de-Paul
4. Courant d'Huchet
5. Dune du Pilat
6. Étang noir
7. La Leyre
8. Orme de Biscarosse
9. Parc ornithologique du Teich
10. Le Vieux Lugo

Eaux claires de la dune

Lac de Léon, le courant d'Huchet:
escapade tropicale.

À l'arrière des dunes, des étangs occupent de vastes dépressions lagunaires. Certains communiquent entre eux, d'autres correspondent à d'anciens estuaires comme le lac d'Hossegor. Seul le bassin d'Arcachon débouche encore directement sur l'Atlantique. De courtes rivières relient parfois l'étang à la mer. Ces « courants » serpentent entre les dunes, servant alors de déversoir naturel. Le plus pittoresque, celui d'**Huchet**, évacue l'eau du lac de Léon. Une promenade silencieuse dans une barque à fond plat dirigée au pâlot (perche) garantit le dépaysement.

Dès que l'on quitte le **lac de Léon** (40) et ses roselières riches en oiseaux (hérons, canards, milans, martins-pêcheurs), l'ambiance devient tropicale. Aulnes, saules, tamaris géants, osmondes royales forment une étrange voûte de verdure aux allures de forêt vierge. Des cyprès chauves venus des bayous américains dressent leurs racines aériennes, ou pneumatophores, aux silhouettes fantomatiques. Les mimosas et les hibiscus sauvages bien plus méditerranéens renforcent encore cette impression troublante. Il n'est dès lors pas surprenant que la loutre trouve ici un de ses derniers refuges nationaux. Attention ! En été, il faut contacter les bateliers plusieurs jours à l'avance. En cas d'échec, on peut découvrir une partie du circuit à pied, à partir du pont de Pichelèbe.

Ambiance tropicale

Osmonde royale.

Accessible à partir de **Seignosse-Bourg** (40), l'**étang noir** doit son nom à l'épaisse couche de vase sombre qui en tapisse le fond. Un aménagement sur pilotis permet une remarquable découverte des marais impénétrables qui l'entourent. Curieusement, ce n'est pas la richesse botanique du site qui lui a valu son classement en réserve naturelle, mais la présence de grenouilles. En 1952, Jean Rostand découvrit l'anomalie P de la grenouille verte, se caractérisant par la présence d'orteils supplémentaires et de graves perturbations du système osseux. C'est son collaborateur, P. Darré, qui remarqua ces batraciens monstrueux dans la partie est de l'étang noir, ouvrant la voie à d'importantes recherches sur les malformations génétiques. Les rives de l'étang abritent une végétation comparable à celle du courant d'Huchet, qualifiée d'aulnaie-peupleraie par les botanistes. On y trouve la fameuse osmonde royale, superbe fougère dont la taille peut atteindre 2 à 3 m. Au fur et à mesure de sa croissance, l'osmonde érige un « touradon » qui permet de lui donner un âge approximatif. Cette fougère a conservé certains aspects primitifs en particulier une fronde fertile portant les éléments reproducteurs, isolée des feuilles classiques contrairement aux fougères « modernes » qui portent des sporanges directement sur le limbe. Dans cette jungle landaise, véritable forêt galerie, des zones plus ouvertes ont permis le développement de tourbières qu'une intervention humaine mesurée maintient en état. À terme, sans cet entretien permanent, la lande, puis la forêt envahiraient totalement le site. Dominés par les bruyères, les molinies et le piment royal, les tapis de mousses sont surtout composés de sphaignes, véritables éponges végétales. L'un des principaux intérêts du site est la présence de rossolis ou droséra, petites plantes « insectivores », « carnivores » serait un terme vraiment démesuré pour cette minuscule rosette. À respecter scrupuleusement !

***Seignosse :** la réserve naturelle de l'Étang noir.*

L'orme de Biscarosse

C'est un véritable miraculé plusieurs fois centenaire qui se dresse sur la place principale du village de **Biscarosse-Bourg** (40). Il était présent bien avant que les plages ne contribuent à la constitution de nouveaux villages côtiers, bien avant que les Landes ne soient couvertes de forêts, du temps où les troupeaux de moutons gardés par les bergers pâturaient sur les landes marécageuses. Miraculé, sans doute, car contrairement à la plupart de ses congénères, il a résisté à la maladie. Il est d'ailleurs peut-être protégé par les légendes qui l'entourent. Une jeune et innocente bergère qui cueillait des immortelles jaunes dans la lande et les rapportait au village fut victime de la chasse aux filles-mères qui sévissait dans le village. Soupçonnait-on quelque sournois manège dans son comportement ? En tout cas des « corbeaux » se firent un plaisir de désigner à la vindicte populaire cette innocente martyre. Comme l'annonçait une déclaration clouée sur le tronc de l'arbre, la présumée coupable fut attachée nue sur une estrade dressée devant l'orme. La jeune bergère se laissa mourir de honte devant tant d'injustice. Depuis, une couronne de feuilles blanches apparaît chaque année sur le tronc, là où elle fut exposée aux quolibets, comme si l'orme voulait rester en vie et témoigner de l'injustice.

D'autres patriarches se cachent dans la forêt des Landes. Près de **Belin-Beliet** (33), les châtaigniers du hameau de **Ces** se dressent au milieu de la pinède. Pour les trouver, prenez la D 111 en direction de Sainte-Magne, puis, à 200 m de la sortie du village, empruntez un chemin qui se dirige à gauche vers les palombières. L'arbre le plus volumineux dépasse 9 m de circonférence et produit encore des châtaignes après 500 à 700 ans de bons et loyaux services. Près du charmant village fleuri d'**Herm** (40), le chêne du Sergent atteint des dimensions comparables pour un âge d'environ 600 ans. Enfin, à **Saint-Vincent-de-Paul** (40), le vieux chêne sous lequel le fondateur des Filles de la Charité surveillait les moutons est toujours debout après 800 ans d'une vie bien remplie. Une partie de son tronc a disparu, remplacée par une structure artificielle propre à accueillir une Sainte Vierge. ■

***Biscarosse** : plusieurs fois centenaire, l'orme porte sur son tronc une étrange couronne de feuilles blanches...*

Un bon bol d'Eyre

Du site du Vieux-Lugo au bassin d'Arcachon, **la Leyre** change de nom, puis d'aspect.

Au cœur de la pinède, ou pignada, les rivières apportent une touche encore plus verdoyante, parfois même luxuriante. La Grande et la Petite Leyre fusionnent près de **Moustey** (40) pour devenir l'Eyre, dont le delta rejoint le bassin d'Arcachon. Comme sur les autres rivières signalées, l'usure des rives déracine en partie les arbres qui s'inclinent alors pour former des voûtes au-dessus de l'eau, donnant l'impression d'une forêt-galerie tropicale. Cachés au cœur d'une végétation luxuriante qui rappelle le courant d'Huchet, une multitude d'oiseaux peuvent être observés lors d'une promenade insolite en canoë à partir de **Biganos** (33). Hérons, martins-pêcheurs ou grèbes exploitent allégrement les richesses piscicoles de la rivière.

Sur la D 650, à partir du relais-nature de **Lamothe**, il est possible d'approcher la rivière à pied. Le site du **Vieux Lugo** ♥ , fléché à partir de la D 110, comblera tous ceux qui ont besoin d'Eyre et de calme. En pleine forêt, une église du XIe siècle bâtie en alios domine de quelques mètres la paisible rivière qui coule à son chevet. L'humidité permanente convient parfaitement aux vieux chênes à l'écorce couverte de volumineux lichens du genre *lobaria*. L'osmonde royale participe également à la fête. Plus loin dans le delta, il sera plus aisé de découvrir les oiseaux dans le **parc ornithologique du Teich** où les « vedettes » haut perchées, cigognes, spatules, aigrettes, échasses se répartissent les sources alimentaires.

L'humidité ambiante fait le bonheur des lichens.

Sables émouvants

Avant-goût du désert, s'étendant sur 2,5 km de long et 500 m de large, la **dune du Pilat ●●** (33), la plus haute d'Europe, culmine à 115 m. À apprécier le matin avant la foule, ou le soir au coucher du soleil. Parcourez cette extraordinaire montagne de sable sur toute sa longueur pour profiter du panorama sur le Cap-Ferret et le banc d'Arguin. Attention ! Le monstre bouge encore et envahit la forêt qui s'aventure à ses pieds. Il mange du pin avec appétit. L'étude des paléosols (sols anciens) permet de comprendre sa formation. Pour cela, retour au néolithique. Il y a 8000 ans, à l'emplacement actuel, seule une forêt de pins s'étendait sur plusieurs kilomètres à l'est du rivage. Entre 4000 et 2000 avant J.-C., sous la puissance des vents d'ouest, des dunes paraboliques se mirent en place, emprisonnant un étang. Au XVIIe siècle, une vaste dune transversale dite de la Grave recouvrit les plus petites, formant un massif atteignant 80 m de hauteur, elle fut stabilisée au XIXe siècle par les plantations de pins maritimes. Les vents dominants apportèrent à nouveau des quantités considérables de sable provenant en particulier du banc d'Arguin. Cette masse mouvante « escalada » l'ancienne et donna naissance à l'actuelle dune du Pilat, qui perd lentement, mais sûrement de l'altitude. Il est cependant inutile de courir, il reste encore 60 millions de m^3 de sable ! ■

***Dune du Pilat :** une montagne de sable, face au Cap-Ferret.*

À ne pas manquer !

♥ **Le coup de cœur :** le noyer de l'abbaye de Sablonceaux

Le panorama : Talmont

La balade : la pointe du Chay à Angoulins

Des fossiles sous les **Yeux**

Les anciennes provinces de l'Aunis et de la Saintonge correspondent approximativement à l'actuelle Charente-Maritime et au nord du département de la Gironde. Les limites géographiques apparaissent clairement sur la carte. À l'ouest, l'océan bordé de dunes de sable ou de falaises calcaires. Au nord, la baie de l'Aiguillon trouve son prolongement dans le Marais poitevin. Au sud, la profonde encoche de la Gironde forme une incontournable barrière naturelle, rassemblant les eaux de la Dordogne, donc du Massif central, et de la Garonne venant des Pyrénées. La mer marque ici le paysage. Il y a des millions d'années, elle recouvrait la région, ce qui permit l'accumulation du calcaire souvent très fossilifère, formant des « champagnes » au sol pauvre, mais portant les prestigieux crus de Cognac. Au Moyen Âge, la mer envahit de nouveau le littoral, puis régressa, laissant sur place les dépressions marécageuses du Marais poitevin ou de celui de la Seudre. D'abord exploité en marais salants, le second est aujourd'hui reconverti dans l'ostréiculture. Depuis, la mer recule, naturellement ou par la volonté des hommes. Le visage de la côte change sans cesse. La baie de l'Aiguillon se trouve désormais en grande partie poldérisée. Désormais reliées au continent par des ponts, les îles de Ré et d'Oléron prolongent ces axes géologiques nord-ouest-sud-est.

Pointe du Chay

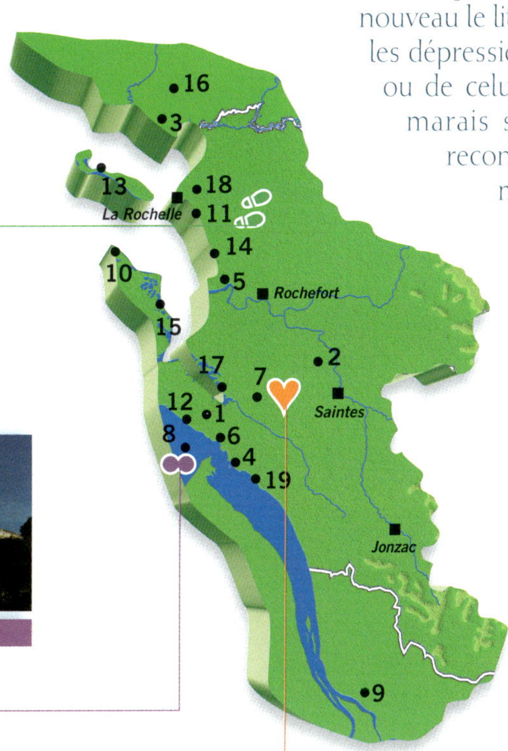

Talmont

Abbaye de Sablonceaux

1. Catalpa de Saint-Palais
2. Chêne de Plassay
3. Falaise de la Dive
4. Falaises de Meschers
5. If de Saint-Laurent-de-la-Prée
6. Jardins du monde à Royan
7. Noyer de l'abbaye de Sablonceaux
8. Phare de Cordouan
9. Platane de Saint-André-de-Cubzac
10. Pointe du Chassiron
11. Pointe du Chay
12. Pont du diable à Saint-Palais
13. Réserve ornithologique de Lilleau des Niges
14. Réserve ornithologique du marais d'Yves
15. Réserve ornithologique de Moëze
16. Réserve ornithologique de Saint-Denis-du-Payré
17. Robinier de l'Éguille
18. Saule de La Rochelle
19. Tilleul de Talmont

Truffade de coquilles sauce crétacé

À proximité de Royan, les falaises et les grottes réservent aussi quelques surprises. Cent millions d'années séparent la formation des calcaires récifaux de la pointe du Chay et celle des calcaires de **Saint-Palais** (17). Ceux-ci se sont constitués au fond d'une mer chaude, par accumulation de coquilles, il y a 45 millions d'années, à l'ère tertiaire. Beaucoup plus tendres que les calcaires récifaux, ils prennent des formes torturées sous l'action de la mer. Cavités et ponts naturels plus résistants se succèdent sur ces falaises qu'il convient d'aborder avec prudence. À l'extrémité de l'allée des Perrières, une promenade sur la plage conduit au **pont du Diable**, une arche naturelle relativement modeste à l'intérieur de laquelle les vagues s'engouffrent avec fureur.

À **Meschers** (17), il s'agit d'un calcaire du crétacé truffé de coquilles. On approche de l'estran à marée basse en descendant un petit escalier situé en face du 88, boulevard de la Falaise. Les géologues diront modestement que l'étage maastrichtien est particulièrement fossilifère. Porté par l'enthousiasme, on peut s'émerveiller d'une telle accumulation de coquilles de mollusques qui coulèrent des jours heureux sur un rivage vieux de 80 millions d'années. Huîtres, moules, hippurites, nérites, fusus amoncelés sur plusieurs mètres d'épaisseur donnent une idée de la richesse de la mer chaude qui bordait notre jeune continent peu avant la disparition des dinosaures. À proximité, le site de Matata héberge un musée, un hôtel et des grottes qui se visitent autant pour leur histoire troglodytique que pour les milliers de fossiles que l'on peut observer sur leurs parois. Beaucoup plus au nord, tout près de l'**Aiguillon** (85), la falaise n'est plus au bord de la mer ! Le site de **La Dive** correspond à une ancienne île où se dressait une falaise dans la baie. La mer s'étant déplacée à 2 km à l'ouest, c'est en voiture que l'on longe cette muraille verticale en quittant la route de la digue vers la gauche. En continuant, il est intéressant de rejoindre la D 60 et de partir vers le

***Meschers :** d'innombrables coquilles de mollusques dans la falaise. Les experts sont formels : la mort remonte à plus de 80 millions d'années !*

sud jusqu'à la digue du Maroc. Chaque mètre parcouru correspond à des terres gagnées sur la mer, contenue par une succession de barrières artificielles. À l'extrémité, deux curieux pylônes se dressent au milieu des champs. Voici l'hommage rendu par les hommes aux rapaces méritants! Après des siècles de persécutions, il fallait bien se rendre à l'évidence. Non seulement les chouettes, les faucons et autres buses ne colportent aucune malédiction, mais ils régulent les populations de rongeurs dont ils raffolent et secondent ainsi efficacement les agriculteurs en préservant leurs cultures. C'est ce qu'ont compris les cultivateurs locaux en édifiant ces curieuses maisons de pierre perchées, afin de permettre la nidification des chouettes effraies et des faucons crécerelles qui ne trouvent aucun autre perchoir à leur convenance dans ce plat pays.

Au pied des édifices, des pelotes de réjection témoignent des repas des rapaces. Par curiosité, décortiquez l'une d'elles et ayez une pensée pour les victimes, campagnols ou mulots, dont on découvre les crânes et les tibias. Les passionnés d'oiseaux seront comblés par la visite de plusieurs réserves ornithologiques : **Saint-Denis-du-Payré** (85) près de la baie de l'Aiguillon, **Lilleau-des-Niges** (17) sur l'île de Ré, le **marais d'Yves** au sud de La Rochelle et la **réserve de Moëze** à Oléron. Rendez-vous est pris avec les avocettes, les échasses, les gorges bleues et autres busards, sans parler des milliers de canards et limicoles qui hivernent sur ces zones humides d'importance internationale.

À **Royan** (17), les tout nouveaux **jardins du monde** présentent entre autres une exceptionnelle serre tropicale riche en orchidées.

Baie de l'Aiguillon : à défaut d'arbres, des rapaces trouvent refuge dans des abris conçus pour eux par les hommes.

Caviar girondin

Estuaire de la Gironde : *en attendant le retour des esturgeons.*

Le **bassin de la Gironde** est le dernier refuge de l'**esturgeon européen**. Ce migrateur ancestral en voie de disparition tente de se reproduire dans les frayères de la Garonne et de la Dordogne. Jusqu'en 1975, il fournissait le seul caviar français avec une production de 10t pour les bonnes années.

En 1982, la protection intégrale de l'espèce est décrétée face à l'amenuisement catastrophique de la population. Les rares nouveau-nés restent un an ou deux dans l'estuaire, effectuant encore des migrations saisonnières. Cherchant leur nourriture, en suivant les fonds marins du golfe de Gascogne à la mer d'Irlande, les adultes ne regagnent leur fleuve d'origine que pour s'y reproduire. Des efforts notables sont entrepris pour reconstituer des effectifs viables. Le programme repose sur la préservation de la faible population actuelle et de ses habitats, ainsi que sur le repeuplement à partir d'animaux élevés en aquaculture. Dégustera-t-on un jour à nouveau le caviar girondin, mais raisonnablement cette fois ? ■

Récifs tropicaux à la pointe du Chay

Au sud de La Rochelle, on accède à la **pointe du Chay** (17), à partir d'**Angoulins**. Pas de difficultés pour gagner les sites les plus intéressants. Une route fait le tour de ce promontoire qui résiste tant bien que mal aux assauts marins. Arrivé à l'extrémité de la pointe, un grand parking donne accès à la plage. Attention! La promenade uniquement praticable à marée basse requiert une certaine prudence rappelée par des panneaux dissuasifs. Pour les mordus de paléontologie, les découvertes sont au rendez-vous. Il suffit de longer la falaise depuis la pointe du Chay jusqu'à celle de La Belette, puis de regagner la route, effectuant ainsi une boucle.

Le bruit de la mer et la sérénité du site assurent à bon compte un voyage dans le temps. Cent quarante millions d'années à parcourir et voici un lagon tropical. Partout, les dinosaures dominaient le monde. Les géologues nomment cette période du jurassique supérieur, donc de l'ère secondaire, le kimmeridgien. Les roches que l'on observe sur la falaise ou sur les blocs éboulés du platier correspondent aux calcaires édifiés par le corail de ce récif fossile. Les nombreux polypiers ramifiés se mêlent aux coquilles de mollusques ou de brachiopodes, d'oursins ou de crinoïdes. La dureté de ces calcaires récifaux est responsable de la géographie locale. Ils offrent une meilleure résistance à l'érosion marine que les roches voisines et forment désormais une pointe bien caractéristique.

La pointe du Chay est également remarquable, car elle constitue un des rares exemples de double tombolo. Autrefois, c'était une île. Les courants côtiers s'appuyant sur elle construisirent peu à peu deux cordons sableux qui relient aujourd'hui l'ancienne île du Chay au continent. Comme sur la presqu'île de Giens, dans le Var, les deux cordons emprisonnent une zone marécageuse autrefois exploitée en marais salants. Sur la falaise de Port-des-Barques ou sur l'île d'**Oléron** (17), à la **pointe de Chassiron**, on trouve des affleurements comparables. Sur l'autre rive de la Gironde, une promenade en bateau, à partir du Verdon, peut être l'occasion de découvrir l'immense panorama qui s'ouvre depuis le **phare de Cordouan**.

__Angoulins :__ un ancien récif corallien, la pointe du Chay.

Vieux pantouflards en pays charentais

L'un des arbres les plus étonnants du département se niche dans le jardin des Terrains-Sourciaux, dans le quartier Lafond à **La Rochelle** (17). Ce très vieux saule présente six énormes branches qui, frôlant le sol, doivent être étayées.

Le village de **Saint-Laurent-de-la-Prée** (17) se cache entre Fouras et Rochefort. En 1848, on plante l'arbre de Vie à l'intérieur d'un vieux puits près de l'église. Depuis, l'if de Saint-Laurent est toujours fidèle au poste, un peu à l'étroit dans son cache-pot de pierre. Au nord de Saujon, deux arbres historiques retiennent l'attention. Planté en 1848, le robinier de l'**Éguille** (17) mérite un détour. Il supplanta dans l'âme des villageois deux arbres de commémoration, qui ne résistèrent pas aux outrages du temps. Il emprunta même leur nom en devenant a posteriori un arbre de la Liberté.

Talmont : superbe promontoire sur la Gironde.

Le **noyer d'Amérique de l'abbaye de Sablonceaux** ♥ (17) vaut à lui seul le déplacement, d'autant qu'il se situe au cœur d'un site historique et religieux remarquable. L'arbre aurait été planté à la fin du XVIIIe siècle par le marquis de Lafayette pour célébrer l'indépendance des États-Unis d'Amérique. Magnifique en hiver, admirable en été, il abrite chaque année au mois de juin la fête de la communauté du Chemin neuf ! À **Saint-Palais-sur-Mer** (17), un vieux catalpa n'en finit pas de s'incliner place de l'océan. En remontant la Gironde, **Talmont** ●● (17), dont l'église romane s'avance sur l'estuaire, offre l'un des plus beaux points de vue sur la région. Un tilleul planté en 1895 trône au cœur du village. À **Plassay** (17), prenez la D 216e au niveau de l'église et tournez à gauche 200 m plus loin pour trouver un chêne exceptionnel qui se dresse au milieu d'un champ, sur une propriété privée. L'arbre monumental ne compte plus les siècles, comme en attestent ses 9 m de circonférence et son tronc creux. À **Saint-André-de-Cubzac** (33), un énorme platane situé rue Robillard attire également l'attention.

Noyer d'Amérique de l'abbaye de Sablonceaux.

Chaos et météorites

À ne pas manquer !

Le coup de cœur : le platane de Peyrassoulat

Le panorama : la grande fosse en forêt de la Braconne

La balade : le roc de Poperdu près de Nontron

Sur les marches du Massif central, le soulèvement du vieux socle hercynien est resté modeste. Il y a des millions d'années, la mer déposa sans doute des sédiments calcaires épais sur le flanc ouest de la région. Les roches anciennes, granites et gneiss, acidifièrent toutefois suffisamment le sol pour influencer le monde végétal et marquer le paysage. Nous voici dans l'univers du bocage et de l'élevage. Les haies encore bien présentes permettent à une faune et une flore diversifiées de trouver leur place. Souvent privés, les bois sont le royaume du champignon. La faune sauvage trouve cependant un appréciable refuge dans la brande, jumelle poitevine de la lande bretonne. Elle tire son nom du brandon, fagot de bois particulièrement inflammable. Les ajoncs, bruyères et genêts en constituent les piliers essentiels.

Les activités humaines ont généré des paysages insolites, telles les carrières de Saint-Même en Charente ou le site de Peyrassoulat en Haute-Vienne. En pays granitique, l'érosion est à l'origine de chaos comme ceux des monts de Blond ou des Pierres Jaumâtres. Sur les terrains calcaires, elle a provoqué des effondrements spectaculaires comme les fosses de la Braconne. Les bouleversements ont été parfois plus brutaux, notamment lorsqu'une météorite ravagea l'ouest du Limousin il y a 200 millions d'années !

Forêt de la Braconne

Platane de Peyrassoulat

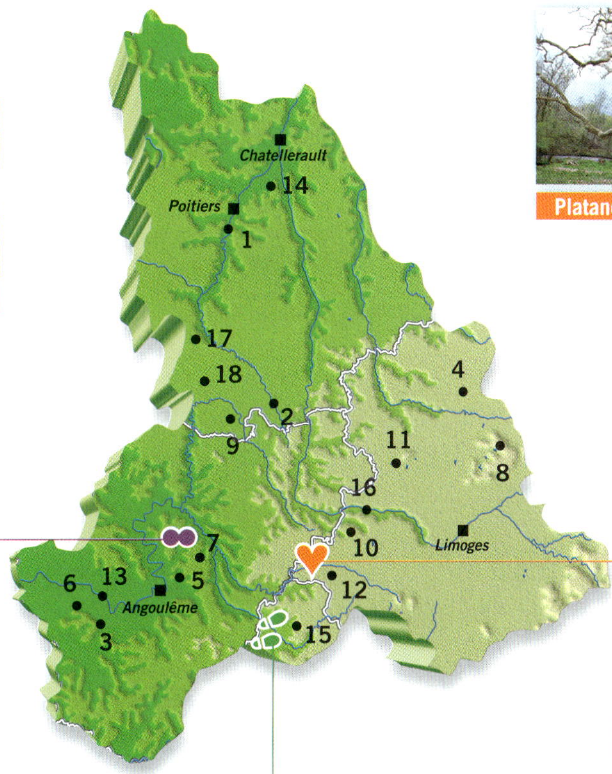

Roc de Poperdu

1. Cèdre de Ligugé
2. Chêne d'Availles Limouzine
3. Chêne de Bouteville
4. Chêne de Fromental
5. Chêne de la Jauvigère
6. Chêne de Saint-Même-les-Carrières
7. Fosses de la Braconne
8. Ginkgos de Saint-Sulpice-Laurière
9. If de Chatain
10. Météorite de Rochechouart
11. Monts de Blond
12. Platane de Peyrassoulat
13. Ponts sur la Charente
14. Réserve du Pinail
15. Rochers de Nontron
16. Site Corot
17. Tilleul de Brux
18. Tilleul de Saint-Pierre-d'Excideuil

Sur la trace de la météorite de Rochechouart

Autant prévenir tout de suite les amateurs de sensationnel, les chercheurs de minéraux extraterrestres seront déçus. Ici, plus de cratère d'impact visible, pas de débris cosmiques, en revanche une exploration passionnante, commencée à partir de la minutieuse reconstitution d'un événement majeur à l'échelle du continent. L'origine des brèches, pierres exploitées dans la **région de Rochechouart** (87) et utilisées pour la construction des bâtiments, est longtemps restée mystérieuse. Les géologues perplexes envisageaient notamment une violente éruption volcanique. Un volcan en Limousin, après tout pourquoi pas, l'Auvergne n'est pas si loin! Cette hypothèse se révéla toutefois inexacte. Le professeur François Kraut perça le mystère de ces curieuses roches brunes aux multiples inclusions ressemblant un peu à du béton. Pour les observer, promenez-vous dans Rochechouart et admirez tout simplement l'église et le château construits en brèches.

Pour comprendre, un petit voyage dans le temps paraît tout de même nécessaire. Deux cent millions d'années qui donnent le vertige. Nous voici retournés au début de l'ère secondaire, alors que les dinosaures entamaient à peine leur prise de pouvoir sur notre planète. Une météorite géante estimée à 7,5 km de diamètre et 6 milliards de tonnes heurta notre continent. Le point d'impact serait situé à 4 km à l'ouest du site actuel de Rochechouart. L'association *Pierres de lune* qui gère le remarquable musée de la météorite à Rochechouart fournit encore d'autres chiffres impressionnants en s'appuyant sur les travaux de Philippe Lambert. L'énergie libérée au moment du choc représenterait 14 millions de fois celle de la bombe de Hiroshima. De cet impact résulta un cratère de 6 km de profondeur et 5 km de diamètre. Une partie des roches expulsées disparaît en fumée, le reste du socle cristallin, fracturé, pulvérisé ou partiellement fondu constitue les brèches actuelles. Des roches météoritiques elles-mêmes, il ne reste rien. Toute forme de vie disparut dans un rayon de 500 km, balayée par l'effet de souffle et les nuées ardentes. Ah! N'oubliez pas qu'il y a 200 millions d'années l'Europe et l'Amérique commençaient à peine à se séparer. En ressortant, admirez l'allée de vieux tilleuls et empruntez la petite route qui conduit à une belle promenade vers la rivière surmontée d'un charmant pont gothique. Un bon moyen de revenir agréablement vers notre monde et d'apprécier un point de vue magnifique sur le château campé sur son assise de brèches!

***Rochechouart :** le site du château semble bien paisible. Il y a 200 millions d'années pourtant...*

Des trous pour les meules

À l'ouest de **Vouneuil** (86), par la D 15, la **réserve naturelle du Pinail** présente un bien étrange paysage. Des centaines de mares juxtaposées occupent autant de trous, que l'on croirait issus d'un intense bombardement. Un sentier de découverte et des visites guidées permettent de mieux comprendre cet aspect insolite et d'en apprécier la richesse naturelle. L'ancienne forêt royale de Moulière fut exploitée intensément. Pâturages, coupe de brandes pour confectionner les toits et surtout extraction de meulière. Pendant des siècles, le sous-sol fut creusé pour produire la pierre rugueuse qui servait à confectionner les meules destinées aux milliers de moulins qui fleurissaient aux bords des rivières. À voir le résultat, on imagine quelle fut la quantité de roches extraite jadis. Cet invraisemblable gruyère a donné naissance à une multitude de biotopes où foisonne la vie. Marais, tourbières, landes et prairies sont intelligemment contrôlés par l'élevage des moutons et les brûlis maîtrisés. Treize espèces d'amphibiens trouvent ici leur bonheur, appréciant les quelque quarante-trois espèces de libellules. En altitude, les busards planent, oubliant d'admirer la flore exceptionnelle dont les discrètes vedettes sont les plantes insectivores, rossolis et utriculaires. La réserve est aussi un des derniers sites où se maintient la brande du Poitou, terre de lande à bruyère qui fut autrefois le paysage traditionnel du Poitou. Couleurs sublimes garanties en août.

Réserve du Pinail : *une ancienne exploitation de pierre meulière fait le bonheur de libellules.*

Fosses nouvelles

Au nord de La Rochefoucauld (16), les fosses de la **forêt de Braconne** apparaissent bien mystérieuses. En circulant sur la D 12, à partir d'Agris, on repère aisément la fosse mobile, puis à l'angle de la D 88, la fosse limousine, et enfin la grande fosse. Ces trois cavités spectaculaires correspondent à l'effondrement d'un réseau souterrain dont on a peine à imaginer l'ampleur. Tout le sous-sol calcaire de la région est parcouru de galeries, de gouffres, de grottes, correspondant à la circulation des eaux souterraines. Cette gigantesque termitière naturelle forme ce que les géologues appellent un réseau karstique. Lorsque le toit d'une de ces galeries devint trop fragile, il s'effondra, engloutissant les champs ou les forêts qui se trouvaient dessus. On sait aujourd'hui que ce réseau hydrographique secret réapparaît en résurgence aux superbes **sources de la Touvre**, dont les eaux d'un bleu profond attirent les promeneurs venus d'Angoulême tout proche. Le caractère mystérieux de chaque site a inspiré moult légendes.

La **grande fosse** ●● est indéniablement la plus spectaculaire. Un véritable cratère de 55 m de profondeur et 250 m de diamètre dont on peut faire le tour. « Comment combler ce trou immense ? » se demandaient les habitants du village voisin d'Agris. Comme il se doit, le diable leur proposa un périlleux marché, offrant ses services de cantonnier contre l'abandon de leur âme à Satan. Le Malin devait cependant achever son travail avant le lever du jour. Mais avant l'heure, un coq fier sur ses ergots sonna le réveil de la forêt, mettant Lucifer en déroute.

Le réseau de la **fosse mobile** mène à un labyrinthe souterrain de plus de 8 km de long, inaccessible au public. La légende évoque une jeune fille qui vint danser près de la fosse lors de la fête de la Frairie, malgré l'interdiction de ses parents. On dit qu'elle fut emportée avec son beau cavalier dans un tourbillon de lumière au fond du gouffre. Peut-être découvrit-elle les méandres du réseau karstique ? Qui sait ? La fosse mobile tire en fait son nom d'une autre aventure incroyable. Un jeune homme des environs qui avait tué son père au cours d'une discussion pour le moins violente décida de se débarrasser du cadavre dans la fosse. Mais celle-ci reculait, reculait encore, au fur et à mesure que le jeune homme courait vers elle avec son fardeau macabre. Le gouffre noir refusa toute la nuit d'être complice du crime. Attendez quelques jours à proximité, peut-être le verrez-vous revenir à sa place d'origine ! Le panneau qui indique l'accès au site est en tout cas déjà dévoré par un arbre. ■

Forêt de Braconne : *l'intrigant accès au réseau karstique de la fosse mobile.*

Mystères et boules de granite

À quelques kilomètres au nord de Saint-Junien, les **monts de Blond** (87) sont les premiers véritables reliefs venant de l'Atlantique. Le socle granitique émerge au-dessus des sédiments calcaires du Poitou voisin. Soulevé, « rajeuni », il subit ensuite une érosion intense, particulièrement active lors des périodes glaciaires. Ruisselets et rivières s'infiltrèrent profondément dans le granite altéré, contribuant à la formation de chaos parfois spectaculaires.

Près du village de Blond, les rochers de Puychaud constituent une belle illustration de ces phénomènes. Une plaque apposée à même le roc situe ici la limite entre la langue d'oil et la langue d'oc de Frédéric Mistral. Plus près de **Saint-Junien** (87), sur le **site Corot**, dont le caractère sauvage inspira le peintre, c'est la tumultueuse Glane qui dégagea les blocs de granite moussus. Un peu partout, de vieux chênes ont pris racine entre les rochers. Le minéral et le végétal sont alors difficiles à dissocier, sauf peut-être au soir de Noël, lorsque retentissent les douze coups de minuit. À Saint-Junien, on dit qu'alors les arbres se mettent à danser.

Les nostalgiques de Gainsbourg feront un petit détour par **Saint-Cyr**, à 13 km au sud de Saint-Junien, où le vieux marronnier, arbre de la Liberté planté en 1790, a sans doute vu le petit Serge et ses parents, qui s'étaient réfugiés dans le village pendant la guerre. En Dordogne, au nord de **Nontron** (24), le granite pointe son nez en Périgord, annonçant le vieux socle hercynien, aux visiteurs venus des horizons calcaires qui domine le sud du département. Pas facile à trouver le bien nommé **roc de Poperdu**. Le rechercher vaut toutefois la peine. Sur la D 675, à 3 km de Nontron, la C 4 indique « Poperdu roc branlant ». Signalisation que l'on retrouve un peu plus loin à l'entrée d'un chemin, à droite, où il faut laisser son véhicule. Pour trouver les roches, restez sur le sentier, qui descend à droite au fond d'un vallon. Belle surprise à l'arrivée : un magnifique empilement granitique, digne des Trois Fromages du Sidobre, illustrant parfaitement le formidable travail d'érosion qui aboutit à de telles formations.

Plus au nord, entre **Augignac** et **Saint-Estèphe** (24), un autre panneau « roc branlant » sert de point de départ à une courte promenade menant à un impressionnant bloc de granite de 3 m sur 3, pouvant théoriquement se balancer par une simple pression de la main dans un axe est-ouest. Cette étonnante mâchoire naturelle a valu au rocher le doux nom de **Casse-Noisette**. La tempête de 1999 a fait ici de nombreux dégâts. Un gros arbre s'est même effondré sur le roc, mais le site est heureusement en voie de réhabilitation.

***Nontron :** le roc de Poperdu, enfin retrouvé !*

Chéronnac : *le surprenant platane de Peyrassoulat à proximité d'une ancienne forge.*

Le platane perdu de Peyrassoulat

Grâce au remarquable travail de Robert Bourdu et Pascal-Charles Lavauzelle, la **Haute-Vienne** a révélé une multitude d'arbres remarquables. Impossible de les citer tous, mais deux d'entre eux sont peut-être plus insolites et surprenants par leur localisation. À **Chéronnac**, près de Vayres, rendez-vous sur la D 87 avec le surprenant **platane de Peyrassoulat ♥** . Le long d'un petit chemin qui descend vers la rivière la Tardoire, les stigmates de la tempête de 1999 sont encore bien visibles. Il faudra du temps pour que le Limousin panse ses blessures. On peut malgré tout observer un platane monumental de 6 m de circonférence installé sur un curieux piédestal. Il étale fièrement ses branches parmi les troncs abattus, côtoyé par un de ses congénères et de vieux ifs qui forment un ensemble vert sombre en toute saison. Des bâtiments abandonnés et la présence de la rivière à proximité rappellent que nous sommes sur le site d'une ancienne forge. Les hommes sont partis, laissant l'arbre poursuivre sa croissance, offrant aujourd'hui de l'ombre à qui vient le découvrir. En ce qui concerne l'âge de ces arbres, une seule certitude : le marquis de Mirabeau et son épouse, Geneviève de Vassan, descendante des seigneurs de Cheronnac, pouvaient les contempler au XVIIIe siècle, avant que le château ne tombât en ruines. L'exploration de ces dernières permet de prolonger la découverte.

À quelques kilomètres de **Bessines-sur-Gartempe** (87), où se dresse un beau chêne de la Liberté, partez à la recherche du surprenant « chêne-rocher ». Quittez Bessines par la D 51A, puis à partir de **Fromental**, prenez la D 63 vers le nord. Avant le pont de Milhac, une petite route sur la droite permet de parvenir à bon port. Le chêne poursuit sa croissance à même le roc, plongeant une impressionnante racine dans une fente du granite. L'arbre est sans doute assez âgé, car sa localisation singulière ne permet pas un développement rapide. À **Saint-Sulpice-Laurière** (87), l'insolite se rencontre… près de la gare. Là, douze ginkgos biloba offerts par le frère de l'empereur du Japon au constructeur de la ligne de chemin de fer furent plantés en alignement en 1864.

La **Vienne** n'est pas en reste concernant les arbres remarquables. À **Brux** (86), près de Civray, le vieux « theil » au tronc tourmenté est un bel exemple d'arbre de Sully. Il ombrage élégamment l'entrée de l'église romane. Idéal pour les photos de mariage ! Avec ses 6,34 m de circonférence, l'**if de Chatain** (86), à 9 km au sud de Charroux, est l'un des plus gros de son espèce dans le Centre de la France. Son âge peut être estimé entre 700 et 900 ans. Il serait alors contemporain de l'église romane voisine.

À l'extrémité sud du département, le **chêne d'Availles-Limouzine** (86) affiche une circonférence de près de 7 m et une envergure de 30 m. Ce géant se cache dans le parc du foyer, dont l'emplacement est fléché dans la ville. Il pourrait avoir plus de 400 ans. Parmi les très beaux arbres du domaine de Civray à **Ligugé** (86), on distingue le magnifique **cèdre de l'Atlas** qui a près de 10 m de « tour de taille ». Avec ses quatre troncs, il fait le bonheur des nombreux groupes d'enfants qui jouent dans ce beau parc municipal. Quant au **tilleul de Saint-Pierre-d'Excideuil** (86), près de Civray, il semble descendre l'escalier de l'église grâce à ses racines volumineuses.

Saint-Pierre-d'Excideuil : *les jours de mariage, le vieux tilleul semble descendre l'escalier de l'église !*

Dans les bras de la Charente

Petits ponts, arbres respectables, méandres alanguis, incontestablement la sérénité émane des paysages charentais. Au nord d'Angoulême, dans le hameau de la **Jauvigère** (commune de Brie), un beau chêne rouvre bicentenaire fait office de rond-point, améliorant l'image de marque des carrefours traditionnels. À l'ouest de Châteauneuf-sur-Charente, c'est un chêne vert qui tient la vedette près de l'église de **Bouteville** (16). Le plus bel arbre de la région reste le magnifique chêne pédonculé qui ombrage admirablement la place de la mairie de **Saint-Même-les-Carrières** (16), village viticole qui comme son nom l'indique exploitait aussi les roches du sous-sol. Même de loin les impressionnants blocs de calcaire percés de galeries multiples sont vraiment spectaculaires. D'ailleurs, une association locale tente de réhabiliter ces sites. Pour trouver le lieu idéal de pique-nique, rendez-vous à **Vibrac** pour découvrir les « ponts et bras de la Charente » comme l'indique une précieuse signalisation. Les divagations de la rivière et les petits ponts qui la franchissent en font un endroit de rêve pour le promeneur. ■

Vibrac : *petits ponts et grands bras de la Charente.*

Gloire Atlantique

À ne pas manquer !

- **Le coup de cœur :** le Gois de Noirmoutier
- **Le panorama :** le belvédère de Champtoceaux
- **La balade :** le bois de la Chaize à Noirmoutier

Les grands sites naturels de Loire-Atlantique et de Vendée sont marqués par la présence de l'eau.

D'abord la Loire et ses affluents. Le grand fleuve s'ouvre ici en estuaire, charriant d'impressionnantes quantités de sable en provenance du Massif central et venues s'échouer sur les plages vendéennes. La vallée de l'Erdre a conservé encore tout son caractère sauvage, comme le mystérieux lac de Grandlieu ou les incomparables roselières de la Grande Brière.

La presqu'île de Guérande abrite les marais salants, riches d'une exceptionnelle avifaune, tandis que le marais breton-vendéen laisse poindre quelques îlots qui n'en sont plus vraiment. En face, Noirmoutier garde son caractère insulaire. L'île peut être découverte en empruntant à marée basse le célèbre passage du Gois. Les anciens marais inondables se sont reconvertis. Plus au sud, Yeu aux allures bretonnes fait face aux grandes plages vendéennes.

Gois de Noirmoutier

Belvédère de Champtoceaux

Bois de la Chaize

1. Belvédère de Champtoceaux
2. Châtaignier de l'Éraudière
3. Châtaignier d'Abbaretz
4. Chêne de Corcoué-sur-Logne
5. Châtaignier de la Chapelle-sur-Erdre
6. Bois de la Chaize
7. Forêt de la pointe du Payré
8. Forêt de Grasla
9. Chêne de Saint-Sulpice-le-Verdon
10. Marais salants de Guérande
11. Église de Batz
12. Baie de Bourgneuf
13. Prairies de Sainte-Luce-sur-Loire
14. Lac de Grandlieu
15. Île d'Yeu
16. Robinier de Saint-Hilaire-La-Palud
17. Forêt de Chizé
18. Châtaignier de La-Celle-sur-Belle
19. La Dame de Chambrille
20. Roches de Pougne-Hérisson
21. Jardins de Melle

Le sable nouveau est arrivé…

À l'est de Nantes, derrière l'église de **Champtoceaux** (49), s'ouvre un point de vue exceptionnel sur la Loire et ses îles. Un formidable ensemble fortifié, longtemps disputé entre Bretons et Angevins, est installé sur les ruines de la forteresse de Champtoceaux. Depuis le **belvédère** ●●, on comprend l'importance stratégique du site pour contrôler la Loire. Le panorama immense plonge sur la vallée, avec aux premières loges, l'île Neuve, un bel exemple de banc de sable à peine stabilisé par la végétation et dont les contours évoluent au gré des caprices du grand fleuve. Le sable de la Loire est un grand voyageur.

Remontons à la source ! Érodés au fil des siècles, les granites du Massif central donnent naissance à l'arène, mélange grossier de quartz, de mica et de feldspath. Relativement fragiles, ces deux derniers minéraux fournissent une poudre fine qui voyage rapidement sous forme d'argile et s'envase dans l'estuaire de la Loire. Le quartz, plus résistant, prend son temps et progresse dans la Vienne, l'Allier, la Creuse ou dans le grand fleuve. Ses grains s'arrondissent peu à peu, se déposent l'été lorsque la Loire est basse, et avancent de nouveau en période de crue. Parvenu dans l'Atlantique, les courants répartissent le sable nouveau sur les plages bretonnes ou vendéennes. De La Baule aux Sables-d'Olonne, on bronze sur les restes du Massif central. Qui l'eût cru ? ■

Champtoceaux : le belvédère de l'ancienne forteresse domine l'Île-Neuve, entourée par la Loire.

Nantes : *en pleine ville, le châtaignier millénaire de l'Éraudière.*

Chercher des châtaignes à Nantes

À **Nantes** (44), rue de Coet-Quelfen, le châtaignier de l'**Éraudière** est le doyen des arbres de Loire-Atlantique. Sa plantation sur les terres de l'abbaye de Saint-Regatien remonterait selon la légende à l'année 756, soit trois ans après que Pépin le Bref, père de Charlemagne, ne commença la conquête de la Bretagne. Ses 10 m de circonférence plaident en tout cas, pour faire de lui, un arbre millénaire. L'abondance de sa production de châtaignes démontre par ailleurs la vigueur de ce monument végétal. Des mesures de protection efficaces ont mis en valeur le site, au cœur d'un lotissement de l'Éraudière.

On peut poursuivre la récolte sur le parking de la Beaujoire où un de ses congénères dépasse 7 m de circonférence, ou encore dans le parc de la Chantrerie, où trône un châtaignier au port majestueux de 8,10 m de circonférence.

Nantes, véritable ville-jardin, possède un magnifique tulipier, fleuron du parc de Procé. La Loire-Atlantique abrite quelques autres sujets remarquables comme le châtaignier des Nonneries à **Abbaretz** (44) ou le chêne Louis XIII à **Corcoué-sur-Logne** (44), sous les frondaisons duquel le roi aurait fait une halte en 1628. Empruntez la D 75, en direction d'Orvault, et juste avant le pont de la Forge, prenez à droite le sentier pédestre qui offre une délicieuse promenade sur les bords de l'Erdre, et conduit au splendide châtaignier de **La Chapelle-sur-Erdre** (44). La richesse du milieu naturel enthousiasmera également le promeneur…

Du Gois à la Chaize

Unique ! Pour se rendre à **Noirmoutier** ♥ , les véhicules et les piétons ne peuvent emprunter cette chaussée dallée de 4,5 km de longueur qu'à marée basse. Construit sur un haut fond qui termine la baie de Bourgneuf, le passage du Gois n'est autorisé que deux heures avant et deux heures après la marée basse, sinon il faut suivre en… sous-marin ! Des panneaux très précis aident à bien calculer les horaires tant à Bellevue, côté continent, qu'à Barbâtre, côté Noirmoutier. Sinon, il ne reste plus qu'à se percher sur les balises-refuges et attendre la marée suivante. Attention, le nom du passage viendrait de *goiser*, un terme local signifiant… patauger ! Un peu plus au sud, entre l'île et la côte, face à la Barre de Monts, des courants violents en surface correspondent à l'existence d'une véritable fosse, le goulet de Fromentine. Alors, prudence !

Oui, il reste encore des lieux merveilleux où règne une harmonie totale entre le minéral, le végétal et l'homme. Le **bois de la Chaize** fait bien partie de ces sites privilégiés. Il est toutefois préférable d'éviter les grands week-ends et le plein été. Son accès étant facilité au nord de l'île de Noirmoutier, on y croise beaucoup de monde. Depuis le parking, les promenades sont nombreuses. À droite, vers la plage des Dunes, des pins majestueux et des chênes verts centenaires bordent le chemin. À gauche, vers la jetée, des arbres plongeant leurs racines à même le roc adoptent des formes tourmentées particulièrement esthétiques.

Le chêne vert, ou « yeuse », est une essence plutôt méditerranéenne, présente tout le long du littoral atlantique, dès lors qu'il ne gèle pas et que l'homme a préservé les forêts qu'il compose. Un peu en retrait, dans le bois, des mimosas ajoutent une autre touche provençale.

Noirmoutier : *les chênes verts du bois de la Chaize.*

Retour sur le littoral vendéen. L'accès à la **forêt « couchée » de la pointe du Payré** (85) se fait par Saint-Vincent-du-Jard. Après l'abbaye Notre-Dame-du-Lieu-Dieu, poursuivez vers la ferme Saint-Nicolas. À quelques kilomètres de la plage, ce site forestier exceptionnel complète les observations faites au bois de La Chaize. Les vieux chênes et les pins au tronc particulièrement sinueux subissent chaque jour les assauts du vent. De toute évidence marquée par cette influence quotidienne, la végétation de bord de plage présente de saisissantes anamorphoses, les chênes verts presque nains sont ici plaqués au sol. Cette forêt qui est désormais la propriété du conservatoire du littoral est une des dernières vraies forêts naturelles de la côte atlantique. À respecter scrupuleusement.

Sur cette lancée sylvestre et vendéenne, citons deux « bonnes adresses » d'arbres remarquables. La **forêt de Grasla** (85) cache le vieux chêne « Chevreulz », tandis qu'à **Saint-Sulpice-le-Verdon** (85), sur la D 18, le tronc du chêne de la Chevasse abrite la chapelle du Sacré-Cœur.

Noirmoutier : *la chaussée submersible du Gois.*

Fritillaires et gorges bleues

De la Loire-Atlantique à la côte vendéenne, les zones humides recèlent d'innombrables trésors. Dès le mois de mai, un parfum d'Afrique inonde les **marais salants de Guérande** (44). Venus de Mauritanie ou du Sénégal, voici les silhouettes devenues familières des échasses blanches et des spatules au bec plat. Perchée sur une ombellifère, une gorge bleue marque son territoire, espérant séduire une compagne. Quelle merveille… Impossible de détacher le regard (et les jumelles) de cette tache bleu azur qui orne son poitrail.

En parcourant à vélo les petites routes qui serpentent entre Guérande et Batz, on peut admirer les élégantes avocettes au bec recourbé ou encore les nonchalantes aigrettes en quête de friture. En grimpant en haut du clocher de l'**église de Batz**, on embrasse bien l'exceptionnel panorama sur les rectangles bien rangés que forment les salines.

Au nord, perchée sur un promontoire granitique, Guérande surplombe le marais. Celui-ci occupe une dépression, autrefois totalement envahie par la mer. Du Croisic au Pouliguen, la Côte Sauvage était une île qu'un cordon de sable a progressivement rattachée au continent. La Baule est donc un isthme! Regardez une carte de la région, le plateau de Guérande, «l'île» du Croisic plus au sud, Noirmoutier, puis les îles de Ré et d'Oléron sont toutes orientées nord-ouest-sud-est, suivant un réseau de failles très ancien. Ces vieilles cicatrices du primaire se réveillent encore parfois, faisant trembler la Terre.

Gorge-bleue dans les marais salants guérandais.

Entre Noirmoutier et la côte, la **baie de Bourgneuf** accueille en hiver des milliers de canards, tadornes et bernaches, que la Grande Brière pourrait également séduire. Vers la fin de l'hiver, les prairies des bords de Loire, près de **Sainte-Luce-sur-Loire** (44), frémissent sous les caresses des timides rayons du soleil printanier. Tentées par toutes ces douceurs, les belles **fritillaires** laissent poindre leurs délicates corolles à damier rose et blanc. Épanouies, fières, mais fragiles, elles se laissent admirer à loisir. Un régal!

Avec ses 6300 ha en hiver, **Grandlieu** (44), le plus vaste lac de France, régresse de plus de 2000 ha en été, laissant ici ou là des mares couvertes de nénuphars. Il est installé dans un fossé d'effondrement tertiaire que la mer a envahi à plusieurs reprises. L'eau douce règne aujourd'hui en maîtresse des lieux, entourée d'une végétation aux allures de mangrove d'une exceptionnelle richesse biologique. Martins-pêcheurs, grandes aigrettes, hérons bihoreaux et hérons pourprés ont trouvé là leur paradis. Le lac accueille également la plus grosse colonie de hérons cendrés du monde. Son équilibre biologique est toutefois menacé. Les aménagements agricoles ont en effet modifié son régime hydrologique et les engrais facilitent la prolifération de plantes exotiques. La Société Nationale de Protection de la Nature gère la réserve naturelle de Grandlieu, un des monuments de la nature en Europe. Des visites guidées à partir de la maison de la Réserve à Bouaye permettent de s'initier à cet éden bien caché. Et, disons-le clairement, c'est le seul moyen raisonnable de le découvrir.

Dès la fin de l'hiver, les fritillaires pintades illuminent les prairies humides.

Coup d'œil sur l'île d'Yeu

De toutes les îles atlantiques françaises, l'**île d'Yeu** est la plus éloignée du continent. À une heure en bateau de Fromentine, porte de la Vendée, elle semble bretonne par bien des aspects. Son sous-sol de gneiss y est peut-être pour quelque chose. Cette roche métamorphique, feuilletée par de fortes pressions et des températures très élevées, résulte de la transformation de granites du précambrien. Ceci signifie qu'ils ont été formés avant l'ère primaire! Une véritable cure de jouvence! À partir du port de Joinville, au niveau des maisons blanches et bleues, on se déplace à pied ou en vélo du phare rouge de la pointe aux Corbeaux à la pointe du Bout occupée par le superbe dolmen de la Planche-à-Puare. En bord de plage, le « Caillou blanc », longue épine de quartz aux reflets ivoire, émerge de la lande à genêts et ajoncs. À l'est du port de la Meule, le granite retrouve ses droits. Ses croupes allongées dominent l'adorable chapelle de Notre-Dame-de-Bonne-Nouvelle. Comme il se doit en royaume grenu, le chaos le plus spectaculaire est la pierre tremblante. On raconte qu'un seul être humain peut faire bouger ce rocher de 7 m de long. Mais, si la pierre tremble, Yeu fond en larmes.

Île d'Yeu : le site de la chapelle Notre-Dame-de-Bonne-Nouvelle. Ambiance bretonne pour une île vendéenne.

Deux-Sèvres et puis... quelques moutons

Avec une partie du Marais poitevin, des châteaux, des églises romanes, la forêt de Chizé et son zoorama européen et le village des moutons de Vasles, le département des Deux-Sèvres mérite beaucoup mieux qu'une simple traversée par l'autoroute.

Devant la mairie de **Saint-Hilaire-La-Palud** (79), excellent point de départ pour une délicieuse promenade en barque sur le **Marais poitevin**, un vieux robinier se couche sous le poids des ans. Dans la forêt de **Chizé** règne le chêne de l'Empereur, ainsi qu'une belle cépée dite des « Sept Chênes ». À 1 km au nord de **Mauléon** (79), un chêne impressionnant se dresse sur la route de Nantes. Rendez-vous encore à **La-Celle-sur-Belle** où un châtaignier de 11 m de circonférence, bien caché sur la route de La Talle, fait la fierté de la commune. Près de **La Motte-Saint-Heray**, la « Dame de Chambrille » est indiquée sur la D 5 en direction de Niort. Ce rocher schisteux aux formes vaguement féminines inspire ce qui n'est, espérons-le, qu'une légende. Un vieux prétendant jaloux assassina sa jeune promise, alors qu'elle venait retrouver son amant. La belle pétrifiée sur le champ a conservé depuis le Moyen Âge son élégante silhouette. À **Pougne-Hérisson**, on retrouve le traditionnel rocher tremblant des régions granitiques. Ici, c'est un bœuf qui l'aurait fait bouger en se grattant le dos. Au centre du village, un autre rocher proche de l'église fut qualifié en son temps de « nombril du monde ». Il inspire chaque année un festival, petite merveille d'humour. **Melle** (79), fière de ses trois églises romanes, présente aux visiteurs, plus de mille espèces végétales, dans un passionnant « chemin de découverte ». À proximité, les galeries des anciennes mines d'argent constituent une incursion insolite dans les entailles du calcaire.

La Motte-Saint-Heray : *la dame de Chambrille émerge de la forêt.*

À ne pas manquer !

- **Le coup de cœur :** les troglodytes du Saumurois
- **Le panorama :** les jardins de Villandry
- **La balade :** le chêne de Cheillé

Troglodytes et **dents** de **requins**

Val de Loire, Anjou, Touraine, une douce évocation faite de jardins, de châteaux, de vergers et de vignes. Au milieu des coteaux, la Loire semble paresser dans son large lit, encombré du sable arraché au Massif central par ses affluents. La douceur angevine n'est pas un mythe. Une lumière exceptionnelle, un climat oscillant entre les influences atlantiques et occitanes permettent à une végétation méridionale de se faire une place non négligeable. Le sous-sol contribue également à l'ambiance paisible du Val de Loire. Le tuffeau, calcaire blanc exploité dans la région, a largement contribué à la construction des monuments locaux, donnant aux églises, abbayes et châteaux, un éclat bien particulier. Cependant, l'exploitation de cette roche a laissé par endroits de véritables villes souterraines constituant un étonnant réseau reconverti en champignonnières, ou investi par les viticulteurs ou les restaurateurs. Plus au nord, la Gâtine tourangelle est installée sur des faluns, roches particulièrement friables, riches en surprises pour les géologues amateurs. Quant aux célèbres châteaux, ils attireront certes les passionnés d'histoire, mais aussi les fanatiques de jardins. De Villandry à Chaumont, ces parcs prouvent que l'homme peut porter à son zénith l'aménagement de la nature. En prime, quelques arbres surprenants viennent rehausser l'intérêt de la découverte.

Troglodytes du Saumurois

Jardins de Villandry

1. Ardoises de Juigné
2. Cèdre de Tours
3. Châtaignier de Neuillé
4. Chêne de Cheillé
5. Chêne de la Ronde
6. Chêne de Villedieu-la-Blouère
7. Faluns de Baugé
8. Faluns de Channay/Lathan
9. Jardins d'Angers
10. Jardins de Chaumont
11. Jardins de Villandry
12. Parc de Chenonceaux
13. Parc de Cheverny
14. Tilleul de Montreuil-Juigné
15. Troglodytes de Troo
16. Zoo de Doué-la-Fontaine

Chêne de Cheillé

***Chaumont :** le festival des jardins.*

Un lagon bleu en Touraine

Si vous aimez fouiller, fouiner, remonter le temps, partez à la découverte des faluns. Ces roches calcaires encore très recherchées par les carriers pour les revêtements de routes et les remblais sont composées presque exclusivement de fossiles d'animaux. Voilà qui commence à intéresser les fouineurs. Un site installé dans une ancienne carrière et aménagé pour le public à **Channay-sur-Lathan**, au nord de **Langeais** (37) sur la D 66 en direction de Savigné, explique à l'aide de panneaux la géologie régionale.

Les environs de **Baugé** (49) assurent également de belles découvertes. Les carriers demandent de respecter le bord des excavations pour éviter tout risque lors du déplacement des engins d'exploitation. Pour comprendre la formation de ces « mines » de fossiles, il faut se replacer 15 millions d'années en arrière, au miocène. Plus de dinosaures, ils avaient disparu 50 millions d'années auparavant, mais pas encore d'hommes. Une mer formant un bras profond au-delà du site actuel de Blois envahit tout le couloir ligérien (Val de Loire). La Bretagne n'était alors qu'une île au climat bien différent de celui d'aujourd'hui. Rêvons un peu. Nous voici sur une plage de la mer des faluns à l'ère tertiaire, recherchant l'ombre, car il fait très chaud dans cet univers tropical. Des troupeaux d'éléphants aux défenses tournées vers le bas passent à proximité. Plus loin, on voit des zèbres, des rhinocéros, des phacochères : une vraie savane africaine. Au loin, les vagues se brisent sur des récifs où se mêlent coraux et autres bryozoaires. Des milliers de poissons frétillent dans les eaux bleues. On serait alors tenté de mettre un pied dans le lagon. Prudence, les requins makos, les requins tigres et les poissons-scies cherchent leur nourriture. Il est préférable de rester sur la plage et chercher les coquillages. Ils ressemblent d'ailleurs bigrement à leurs descendants actuels : coques, praires, pectens, etc. Il est temps de se réveiller. L'abondance des fossiles garantit une bonne reconstitution de ce milieu ancien. Sans être trop « gourmand », on peut fouiner dans les faluns dégagés pour trouver des débris de coraux ou de bryozoaires, des oursins, de nombreux « coquillages », en particulier des mollusques bivalves et en cherchant bien, des dents de daurade, voire de requins. Alors, bon séjour sous les tropiques ! À quelques kilomètres de Channay-sur-Lathan, les amateurs d'oiseaux feront de belles observations au **lac de Rillé**.

Doué-la-Fontaine : *le musée des faluns évoque la faune marine de l'ère tertiaire.*

Les dessous chics du Saumurois

Dans le Val de Loire, tout est tuffeau, châteaux, maisons, abbayes. Cette belle pierre blanche, tendre à travailler, a conquis toute la région et même traversé les mers pour bâtir certaines villes anglaises. Si la roche se dresse en partie au-dessus du sol, d'immenses galeries témoignent en profondeur de leur intense exploitation. En Touraine et dans le Saumurois, une multitude de caves de dégustation, de musées, de galeries d'art, de champignonnières, de restaurants insolites où il fait bon déguster fouaces rabelaisiennes, escargots ou galipettes occupent judicieusement ces anciennes carrières.

__Doué-la-Fontaine :__ le parc zoologique est installé dans une ancienne carrière de faluns.

Amoureux des **troglodytes** ♥, rendez-vous en Anjou. Les environs de **Doué-la-Fontaine** (49) regorgent de cette vie souterraine. Plus spectaculaires que les troglodytes installés à flancs de coteau, les cavités nées de l'extraction du tuffeau en plaine ont engendré des sites étranges, tout en creux. Allez voir en particulier l'ancienne ferme de Rochemenier et les maisons troglodytiques de « La Fosse des Forges », l'*Hélice terrestre* de l'Orbière, œuvre fascinante de J. Warminski sculptée à même la roche, et la rue des Perrières à Doué-la-Fontaine. Mention spéciale au **zoo de Doué**, où tout en se promenant dans les anciennes carrières de faluns, on bénéficie d'explications sur les techniques d'exploitation de la roche. Au cours de cette découverte en sous-sol, on apprécie bien sûr la nage légère de l'hippopotame nain, l'obscure salle des chauves-souris ou les postures nonchalantes des grands fauves africains. Un passionnant musée est consacré aux faluns truffés de fossiles et célèbres pour les dents de requin que l'on peut y trouver. Une reconstitution de la gueule du carcharocles mégalodon, requin de 15 m de long, laisse penser que les bords marins de la Loire n'étaient autrefois pas très fréquentables.

À quelques kilomètres, près de **Juigné-sur-Loire** (49), changement de programme. Le bois de la Garenne signalé par de gros cèdres présente une succession d'étranges buttes qui ne sont autres que les anciens sites d'exploitation de l'ardoise devenus espaces naturels protégés. En ville, le tuffeau blanc cède la place aux schistes et aux ardoises sombres.

Plus au nord, toute la falaise de tuffeau du bien nommé village de **Troo** (41) est creusée de galeries, de grottes et de caves à usages multiples. Un sentier qui en explore les différents aspects conduit au belvédère de la « Butte » où un beau panorama s'ouvre sur la vallée du Loir. Au-delà de l'église, recherchez le « grand puits » dans lequel vous sèmerez quelques petits cailloux, vous serez surpris de la profondeur !

L'incroyable chêne de Cheillé

Pour découvrir cet arbre vraiment insolite, quittez la ville de **Cheillé** (37) située tout près d'Azay-le-Rideau, et gagnez le vieux village en suivant la direction de l'église par la D 17. Le café-bar *Au vieux chêne* donne le ton, de même que le cadran solaire en bois au-dessus du portail de l'église. À l'intérieur de l'édifice, un Christ sans pieds ni mains, imberbe, ajoute au caractère insolite des lieux. Le plus étrange reste le **chêne** du clocher. Comment un arbre si branchu et verdoyant arrive-t-il à pousser vigoureusement avec un tronc difforme coincé entre deux pierres du monument? Si le couronnement du clocher a été récemment restauré, la base qui enserre le chêne date elle du XIIIe siècle. Qui a précédé l'autre? Le chêne ou l'église? L'hypothèse la plus vraisemblable fait appel à la complicité d'un oiseau. Imaginons qu'un geai médiéval ait caché un gland dans une fissure du mur de l'église. Le jeune chêne prit alors son essor, insinua ses racines entre les pierres et puisa les substances nutritives entre les pierres tombales que le clocher recouvrait. Adaptant sa croissance à son maigre substrat, il déforma son tronc pour s'orienter vers la lumière. Il y a quelques dizaines d'années, une partie des racines émergeait à l'intérieur même de l'église et s'étendait jusqu'à la nef. Elles furent coupées, car elles gênaient la circulation lors des offices religieux. Une autre hypothèse n'est pas à négliger. Certains pensent que le clocher aurait été érigé autour de l'arbre, disposant les pierres en « guillotine » autour du tronc, la tête feuillue dépassant vers l'extérieur, tandis que les racines restaient isolées à l'intérieur. Le chêne serait alors un arbre de légende, vestige de quelque culte païen. Les dimensions raisonnables semblent plaider en faveur de la première hypothèse, mais, après tout, pourquoi ne pas imaginer qu'il ait vu sa croissance contrariée par sa pénible situation. Il serait alors vraiment très âgé, puisque antérieur au clocher. Un beau sujet de réflexion, tout en dégustant un petit verre de Bourgueil.

La Touraine cache d'autres arbres spectaculaires, comme le **cèdre de l'archevêché** à **Tours**. Un monument facile à trouver, à deux pas de la cathédrale, dans… le jardin du musée des Beaux-Arts. Cet arbre

Cheillé *: le vieux chêne enraciné dans le mur de l'église. Qui a précédé l'autre ?*

exceptionnel est pourtant relativement jeune. Planté en 1804, il a profité depuis d'un développement considérable, à tel point qu'il a fallu soutenir ses lourdes branches par des étais. Dans la commune des **Essarts** (37), une agréable promenade permet de partir à la découverte du «**chêne de la Ronde**». Pour cela, grimpez derrière l'église, continuez à travers champs et, après quelques centaines de mètres, empruntez le premier chemin à gauche. On parvient alors à un étang près duquel surgit cet arbre pluricentenaire.

Comment résister au plaisir de signaler les merveilleux **jardins des châteaux de la Loire** où l'insolite est toujours au rendez-vous de l'histoire. Merveilles, des merveilles, les **jardins de Villandry** ●● (37) confirment que l'homme en jouant avec la nature peut atteindre le sublime. À **Chaumont-sur-Loire** (41), le festival des Jardins présente chaque année dans le parc du château les coups de génie des créateurs qui transforment les parcs en œuvres d'art.

Au fil des visites historiques, le **parc de Chenonceaux** (37) cache aussi un vieux chêne vert, celui de **Cheverny** (41), un surprenant tilleul couché, et **Montrichard** (41) est fier de son ginkgo. Quant aux cèdres, ils sont légion, de **Beauregard** à **Chaumont**, en passant par **Cléré**. L'Anjou n'est pas en reste, à commencer par le jardin des Plantes d'**Angers** qui abrite plusieurs arbres remarquables dont un zelkova de toute beauté. Dans le parc de La Guyonnière à **Montreuil-Juigné** (49), un extraordinaire tilleul marcotte étrangement, formant avec ses branches fixées au sol, une mini-forêt qu'apprécient les enfants du centre aéré. Le châtaignier de **Neuillé** (49) et ses 10,60 m de circonférence approchent le millénaire. Le trouver prend un peu moins de temps. En venant d'Allonnes, allez à droite vers les « Trois quartiers », puis encore à droite, après le château. Enfin, à **Villedieu-la-Blouère** (49), le vieux chêne de Saint-Joseph qui abrite une chapelle est devenu un lieu de pèlerinage.

Villandry : *l'invraisemblable potager au cœur d'un jardin extraordinaire.*

Sud de la Bretagne

À ne pas manquer !

♥ **Le coup de cœur :** les chênes de Rosterc'h à Plouray

Le panorama : les aiguilles de Port-Coton à Belle-Île

La balade : le golfe du Morbihan

Hymne à l'Armor

Un littoral moins escarpé que celui du nord de la Bretagne, de longues plages de sable, des dunes, des marais riches en oiseaux aquatiques, le sud de la Bretagne baigne dans la douceur atlantique. Dans cet écrin scintillent des joyaux : Belle-Île et ses lumières exceptionnelles, Groix aux éclats minéraux, le golfe du Morbihan, « petite mer » aux reflets argentés, et les pointes du Finistère, inusables diamants s'avançant dans la mer. Une belle parure d'arbres millénaires complète cette merveilleuse collection de bijoux naturels.

Chênes de Rosterc'h

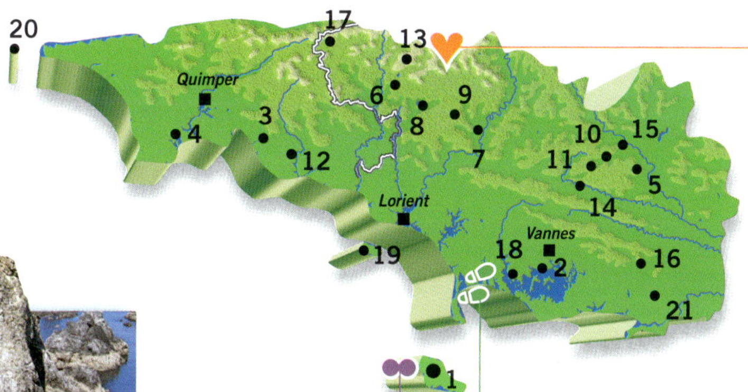

Aiguilles de Port-Coton

Golfe du Morbihan

1. Belle-Île
2. Châtaignier de Baden
3. Châtaignier du château de Kerlolet
4. Châtaignier de Pont-Labbé
5. Châtaignier de Saint-Servant-sur-Oust
6. Chêne de Botqueven
7. Chêne de Kermelin
8. Chêne de Lignol
9. Chêne de Longueville
10. Chêne de Guehenno
11. Chêne du Pouldu
12. Chênes de la chapelle de Trémalo
13. Chênes de Rosterc'h
14. If de la chapelle Saint-Nicolas
15. If de la chapelle Saint-Yves
16. If de Questembert
17. If de Roudouallec
18. Île Berder
19. Île de Groix
20. Île de Sein
21. Plateau du parc de Branféré

Entre pointe du Raz et pointe du Van : ***la baie des Trépassés.***

Aiguilles de Port-Coton

Belle-Île : les aiguilles de Port-Coton.

Phare Ouest

Les îles du sud de la Bretagne constituent chacune un petit paradis pour les naturalistes en herbe. Les chercheurs d'insolite pourront tenir compagnie aux ornithologues qui surveillent les multiples oiseaux migrateurs qui passent par milliers au large d'**Ouessant**, observant parfois quelques volatiles américains égarés ici. Les rochers près du phare de Créac'h sont particulièrement spectaculaires. Les îles de l'archipel de **Molène** (29) abritent les sites de reproduction des phoques gris et des grands dauphins, bien difficiles à observer. On signale même depuis quelque temps un phénomène surprenant. Des loutres, bien menacées sur le continent, ont élu domicile sur les côtes de Molène. Longtemps chassées par les hommes dans les eaux douces, elles trouvent ici refuge dans les eaux salées. Affaire à suivre !

Depuis Audierne, on embarque pour l'**île de Sein** (29) dont la géographie même est surprenante, 1 km² et 8 m d'altitude ; il arrive que la mer la recouvre par forte tempête. En suivant le chemin qui mène du bourg vers le phare, à l'extrémité ouest de l'île, on rencontre de spectaculaires chaos de granite. En pleine mer, au-delà de la pointe, la chaussée de Sein correspond à un ensemble de récifs émergés, constituant autant d'écueils pour les navires. Lors du voyage retour, le bateau longe la célèbre pointe du Raz, sur laquelle la végétation ressuscite, fruit d'un patient travail de réhabilitation.

L'**île de Groix**, accessible en bateau à partir de Lorient, rendra heureux le géologue le plus exigeant. Les deux extrémités de l'île sont classées en réserves naturelles et les prélèvements de roches sont interdits. Les micaschistes dominent les paysages souvent affectés de plissements qui traduisent les pressions formidables qu'ils ont subies. Il y a 370 millions d'années, l'orogenèse hercynienne, résultat d'une compression nord-sud, souleva le Massif armoricain. Les roches soumises à de terribles contraintes se transformèrent. Ce métamorphisme provoqua la formation de nouveaux cristaux et la mise en place de multiples feuillets. Les roches de Groix correspondent à un métamorphisme de très fortes pressions (6 000 à 10 000 atmosphères) et de températures relativement élevées. Conditions que l'on ne retrouve en France que dans les Alpes et en Corse. Les minéraux de la pointe des Chats, grenats rouges et glaucophanes bleus, confirment ce mode de mise en place. Au total, on a trouvé sur l'île, plus de soixante types de minéraux, quartz bien sûr, mais aussi magnétite, tourmaline noire ou rutile.

Cœurs fragiles, accrochez-vous ! **Belle-Île** est trop belle, l'émotion trop forte. Les mots ne suffisent pas pour décrire les lumières du printemps sur le **port de Sauzon** ou la plage dorée de **Port-Donnant** avant l'afflux estival des touristes. Le site le plus spectaculaire, près du grand phare, a inspiré de nombreux peintres, et notamment Claude Monet. Les **aiguilles de Port-Coton** émergent de l'océan en hautes pointes déchiquetées. On les dirait prêtes à hurler de désespoir de se voir progressivement englouties par les flots.

Troncs peu communs en Armorique

Pont-l'Abbé : un survivant, le châtaignier millénaire de l'ancienne ferme de Kerséoc'h.

Pour les amoureux des beaux arbres, la Bretagne du sud est un royaume inépuisable. Sillonner le Finistère ou le Morbihan à leur recherche procure des joies inoubliables. L'un se trouve tout près d'une chapelle campagnarde entourée d'hortensias, un autre près d'un menhir ou d'un chaos granitique. Rien ne vaut un arbre millénaire pour relativiser les petits problèmes de la vie quotidienne. D'ouest en est, partez à leur recherche.

Du Finistère au Morbihan, partez à la découverte de nos racines. Le châtaignier millénaire de **Pont-l'Abbé** (29) se cache à 200 m de la D 44 qui mène de Combrit à Pont-l'Abbé, près de la ferme de Kerséoc'h. Le terrain ayant changé de destinée, il règne quelques incertitudes sur l'avenir de cet incroyable monument végétal, auprès duquel on se sent tout petit.

Dès 1835, l'écrivain Alexandre Bouet décrit le vieux châtaignier : « Le sol breton a nourri dans tous les temps des arbres monstrueux. Près de Pont-l'Abbé, au milieu d'un groupe de châtaigniers, tous remarquables par leurs dimensions, on en voit un qui trône comme s'il régnait sur les autres. Ayant plus de cinquante pieds, soit environ 16 m de circonférence, son tronc porte d'énormes branches qui pourraient elles-mêmes passer pour de très beaux arbres. » En 1932, il couvrait une superficie de 315 m² et son tronc dépassait 20 m de circonférence. Durant la Seconde Guerre mondiale, les pieds secondaires tombèrent un à un sous la hache des bûcherons à cause des restrictions et du besoin urgent en combustible. Restaient le patriarche et trois de ses voisins qui n'étaient pas au bout de leur peine. En 1965, un chasseur maladroit essaya d'enfumer un terrier situé à la base du colosse et déclencha un incendie qui l'embrasa dans sa totalité. Après dix jours de lutte contre les flammes, on imaginait le tronc millénaire totalement ruiné. Mais au printemps suivant, quelques pousses bien vertes et vigoureuses émergèrent de la masse décharnée. Et chaque année depuis, à l'abri du feu, le miracle se reproduit, sans doute grâce à l'importance du réseau racinaire. En 1987, un ouragan ravagea la Bretagne, abattant l'un des châtaigniers voisins, puis souffla la tempête de Noël 1999. Et le géant est toujours debout. Son tronc déstructuré ressemble à un bloc de pierre. Un peu partout des rejets juvéniles émergent du vieux tronc. Et les châtaignes abondantes au sol témoignent d'une incroyable jeunesse. Quel âge peut-il avoir ? Mille ans ? Mille deux cents ans, peut-être ! Charlemagne fit répandre en son temps la culture des châtaigniers en Occident pour faire face aux famines. Pensait-il laisser en témoignage d'autres « empereurs » aux branches encore fleuries ?

D'autres arbres remarquables ancrent leurs racines dans le sud du Finistère, comme les deux châtaigniers du château de **Kériolet**, près de Concarneau, ou les chênes pluricentenaires de la chapelle de **Trémalo**, à Pont-Aven.

Ancêtres branchus du Morbihan

Oubliées la plage et les routes côtières surchargées, vive les départementales tranquilles, les chapelles cachées, les cimetières paroissiaux et les arbres séculaires ! L'if de **Roudouallec** (56), avec ses 8,40 m de circonférence et ses six ou sept siècles, est peut-être un contemporain de l'église du XIIIe siècle, aujourd'hui disparue au profit de l'édifice actuel datant du XVIe siècle. Prenez le temps de vous asseoir sur l'étrange pierre installée à l'intérieur de l'arbre.

Le nom breton *faou* qui a donné le Faouët tire son origine du latin *fagus*, le hêtre, comme dans d'autres régions, le fayard ou le fau. Aux environs du **Faouët**, ce sont pourtant de très beaux tilleuls et châtaigniers qui accompagnent deux joyaux du patrimoine religieux, les chapelles Saint-Fiacre et Sainte-Barbe. Rendez-vous ensuite dans le hameau de **Rosterc'h** ♥, près de **Plouray** (56), pour découvrir deux chênes monumentaux. L'un d'eux dépasse 8 m de circonférence et 500 ans d'âge. Des documents attestent de sa présence lorsque naquit Anne de Bretagne en 1477. Son tronc creux abrite un four à pain en granite ! Un autre chêne de toute beauté, au port bien équilibré, âgé d'environ 300 ans trône au centre du village. Un beau sujet d'émerveillement !

La route vers Pontivy peut également faire l'objet de plusieurs arrêts sympathiques et sylvestres. Près de **Priziac**, un chêne tricentenaire trône au cœur du hameau de **Botqueven**. À **Lignol**, propriété de Kerverné, une famille amoureuse des beaux arbres soigne un chêne impressionnant de 7 m de circonférence. L'arbre le plus spectaculaire de la région pourrait être le vieux chêne au tronc creux et boursouflé qui se cache dans une ruelle du hameau de **Longueville**, sur la commune de **Locmalo** (56), au sud de Guémené. Son étrange silhouette a franchi allègrement trois à quatre siècles d'histoire. Enfin, près de **Le Sourn**, se dresse sur une propriété privée un énorme chêne, au lieu-dit de **Kermelin**. Au siècle dernier, son tronc creux servait d'abri pour les moutons, tandis qu'à proximité un four à pain était protégé par ses frondaisons.

Roudouallec : *le vieil if de l'église abrite un curieux banc de pierre.*

Les parcs et châteaux de l'ouest du département recèlent aussi quelques trésors. Dans le parc du château de **Josselin** (56) se dresse un superbe platane d'Orient, tandis qu'à **Saint-Servant-sur-Oust**, un magnifique châtaignier de 6,50 m de circonférence illumine la pelouse du château du Castel. Plus au sud, près des Muzillac, sur la commune du Guerno, le parc botanique et zoologique de **Branféré** présente de nombreuses essences rares et de superbes conifères. La vedette revient incontestablement, vers la fin du circuit, à l'extraordinaire platane d'Orient dont les lourdes branches reposent sur le sol à plusieurs mètres du tronc. Les platanes d'Orient ne sont pas légion en France. Importés du Moyen-Orient, ils se sont hybridés avec le platane américain, au point que l'immense majorité des individus de notre pays sont des sujets hybrides. Goûter quelques minutes de repos à l'ombre d'un tel sujet procure un bonheur tout botanique. Parmi les nombreux oiseaux de Branféré, on peut accorder une mention particulière à la colonie d'ibis sacrés. Ceux-ci apprécient tant le bon air du Morbihan qu'ils ont essaimé dans tout le sud de la Bretagne et il n'est pas rare d'observer leur lourde silhouette terminée par un long bec courbe dans les marais, jusqu'en Loire-Atlantique.

Signalons enfin quelques arbres magnifiques autour du golfe du Morbihan. Sur un chemin privé, dans le lotissement de Mané Moustran, à **Baden**, un énorme châtaignier de près de 8 m de circonférence approche 500 printemps. Son tronc vrillé et ses énormes branches lui confèrent une apparence hautement respectable.

Plouray : *l'un des vieux chênes du hameau de Rosterc'h.*

Golfe du Morbihan : *promenade idyllique autour de l'île Berder.*

À partir de **Larmor-Baden**, une agréable promenade côtière conduit à la chaussée submersible qui mène à l'**île Berder**. Attention aux horaires ! On ne passe qu'à marée basse. Le tour de l'île est un enchantement. Le sentier de bord de mer est dominé par d'immenses cyprès de Lambert qui côtoient des pins inclinés et de vieux chênes verts. Par une belle journée, faire le tour du golfe en bateau à la découverte de nombreuses îles est paradisiaque. Ne vous privez pas, ce site magique permet de multiples observations d'oiseaux marins.

À ne pas manquer !

- **Le coup de cœur :** l'if-cerisier de Saint-Launeuc
- **Le panorama :** Roc Trévezel
- **La balade :** les gorges du Corong

Le **bon vieux** temps du roc

Que serait la carte de France sans la Bretagne ? Un Cyrano sans nez ! La Bretagne, c'est un cap, un pic, un promontoire peuplé de légendes vivaces, d'arbres mythiques, de rochers aux formes animales. Un continent à elle seule ! Les sublimes côtes de sables d'or, de grès, de granites roses ou de roches volcaniques noires se succèdent, accueillant des oiseaux par millions. Au cœur de la Bretagne, autour des monts d'Arrée, une faune exceptionnelle assure son avenir avec l'aide des hommes. La loutre, le castor ou le grand rhinolophe y reconstituent peu à peu leurs effectifs.

Gorges du Corong

Roc Trévezel

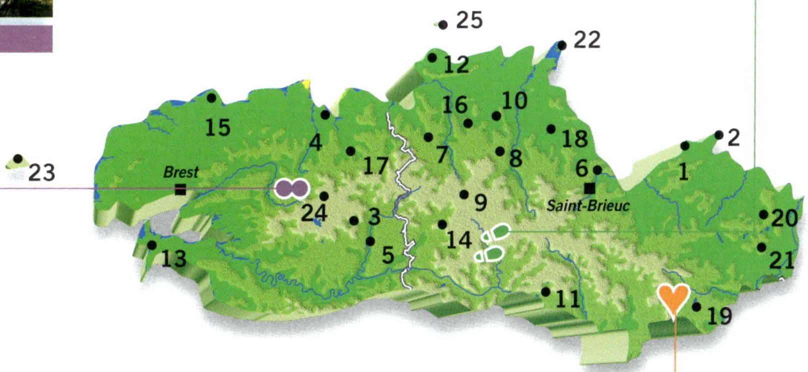

If de Saint-Launeuc

1. Cap d'Erquy
2. Cap Fréhel
3. Chaos d'Huelgoat
4. Châtaignier de Locquenolé
5. Chêne de Locmaria-Berrien
6. Chêne de Plerin
7. Chêne de Plouaret
8. Chêne de Saint-Laurent-Bégard
9. Chêne de Tronjoly
10. Chênes de Bégard
11. Chênes de Mûr-de-Bretagne
12. Côte de granite rose
13. Crozon
14. Gorges du Corong
15. Granites de Brignogan
16. Hêtre des Sept-Saints
17. If de Plourin
18. If de Pommerit-le-Vicomte
19. If de Saint-Launeuc
20. If de Saint-Maudez
21. If d'Yvignac
22. Île de Bréhat
23. Ouessant
24. Roc Trévezel
25. Les Sept Îles

***Cap Fréhel :** l'îlot de la Fauconnière.*

Granites roses et rochers blancs

Ploumanach : le merveilleux chaos de granite rose.

Le granite est la pierre bretonne par excellence. La nature a facilité le travail et stimulé l'imagination des hommes. Les chaos granitiques ont fourni un matériau de choix pour les mégalithes et la pierre de taille des églises et chapelles d'Armorique. Le granite, c'est la pierre des merveilleux calvaires et celles des dolmens ; c'est le substrat de la culture bretonne, le terroir d'origine.

Il y a 300 millions d'années, à l'ère primaire, une fabuleuse chaîne de montagnes surgit de la confrontation des plaques tectoniques qui rassemblaient des pans entiers de l'Europe, de l'Amérique et de l'Afrique. Un gigantesque pincement fit émerger la chaîne hercynienne. La température formidable qui régnait en profondeur généra des magmas dont la lente remontée forma d'énormes bulles qui refroidissaient avant de parvenir à la surface. Entraînés dans le soulèvement d'une montagne, plus haute encore que nos Alpes, les granites peu à peu dégagés affleurèrent en îlots plus résistants. Le Massif armoricain était en place. Des dizaines de millions d'années plus tard, la chaîne hercynienne n'est plus qu'une vaste pénéplaine finissant doucement sa vie de montagne. Les granites bousculés par les mouvements tectoniques se fissurent, donnant prise au travail de l'eau. De profondes diaclases se creusent, des blocs arrondis s'isolent, composant d'étonnants paysages « en boules » propres à stimuler légendes et mythes. Roche d'origine magmatique, le granite est entièrement cristallisé. Quartz, mica, feldspath en sont les minéraux de base. C'est le feldspath qui donne sa couleur au granite. Rose à Ploumanach, gris à Huelgoat, il ajoute à chaque fois sa touche minérale à la beauté des paysages qu'il génère. Certains granites armoricains sont plus anciens encore. Ceux du Mont-Dol, du Mont-Saint-Michel, des îles Chausey, les roches de l'île de Bréhat et de Perros-Guirec se sont mis en place il y a plus de 500 millions d'années, lors de l'orogenèse cadomienne. Cinq cents millions d'années ! Allez à **Bréhat** (22) pour remonter le temps et admirer les granites, mais attention, on hésite à repartir !

Qui dit mieux ! Certaines roches magmatiques du Petit-Trégor, dans la région de **Locquirec**, sont des granodiorites qui auraient été mis en place il y a… deux milliards d'années ! Les côtes granitiques les plus réputées se situent aux environs de **Ploumanach** et **Trégastel** (22). Quelle merveille! Ici l'érosion a sculpté les granites roses d'une main de maître. Les eaux de pluie ont commencé le travail, profitant des diaclases qui sillonnent le massif. Les éléments les plus fragiles, mica et feldspath, sont entraînés, permettant aux angles de la roche de s'arrondir. Peu à peu les matériaux enlevés sont évacués par les vagues qui prennent le relais de l'eau douce. Le quartz contribue à la formation du sable des plages. Des formes insolites surgissent telles des sculptures naturelles curieusement baptisées : la tête de mort, le dé, l'éléphant, la tortue, le gnome, le sabot renversé… Chacun peut laisser libre cours à son imagination lorsqu'il se promène sur le fameux sentier des Douaniers à Ploumanach et sur le chemin de l'île Renote, à Trégastel.

Dans le Finistère nord, les « nostalgiques du bon vieux roc » pourront se régaler à **Brignogan**, où les feldspaths blancs forment de grands cristaux rectangulaires en « dents de cheval », conférant à la roche une teinte grise bien caractéristique. Parfois, c'est une rivière qui a dégagé les blocs et engendré des sites exceptionnels. À **Huelgoat** (29), malgré la pression touristique, on se laisse transporter au cœur des légendes bretonnes. Viviane et Merlin ne sont pas loin. Tout près du lac, un sentier balisé sinue entre les blocs monstrueux sur lesquels mousses, fougères et lichens se gorgent d'humidité. De vieux châtaigniers, chênes et hêtres, parfois soudés à la roche, entretiennent l'atmosphère. À chacun de retrouver le chaos du Moulin, le ménage de la Vierge ou la roche tremblante que de jeunes « animateurs » locaux se font un plaisir de mettre en mouvement, malgré l'importante masse de 100 t. Moins connu, le chaos de **Saint-Herbot** n'en mérite pas moins une visite.

Superbes, les **gorges du Corong**, près de **Locarn** (22)! Sur 500 m, la rivière s'enfouit sous un fantastique cortège de roches, un véritable fleuve de pierres, résonnant du grondement des eaux englouties. De quoi alimenter bien des légendes. Justement! On affirme dans la région que le Corong est l'œuvre de Boudedé, premier homme qui ait vécu en Bretagne. Traversant la rivière, il vit ses sabots s'emplir de graviers, au point de lui mettre les pieds en sang. Dans un geste de colère, il vida dans la vallée tous les petits cailloux qui grossirent au fil du temps, constituant le chaos de Corong. C'est en réalité l'existence d'une faille importante qui a facilité le passage du ruisseau du Follezou, accentuant le travail naturel de fissuration. Les hêtres et les chênes soudés au granite forment de curieux entrelacs. La terre acide accueille myrtilles et germandrées, bruyères et ajoncs en un paisible cocktail de couleurs.

***Locarn :** dans les gorges du Corong, une rivière de pierres.*

L'île des fous

Macareux moines.

Le site des **Sept-Îles** offre l'un des plus fantastiques spectacles de la nature en France. Pour y assister, embarquez à Trestraou, le port de **Perros-Guirec** (22), et laissez-vous guider vers la plus ancienne réserve naturelle de France. Cet archipel comporte cinq îles et non sept, les quelques îlots alentours feront le compte. L'avifaune insulaire revient de loin. Jusqu'en 1875, religieux, corsaires, puis militaires occupèrent les lieux. Vers 1900, une mode très parisienne consista à venir en « safari », tirer les oiseaux de mer. Il s'en-suivit une hécatombe tragique qui fut cependant à l'origine de la création de la Ligue française pour la Protection des Oiseaux (LPO), gestionnaire depuis lors de la réserve. C'est en mai-juin qu'il faut visiter l'archipel. La découverte de la colonie de fous de Bassan de **Rouzic** a quelque chose d'irréel. Des milliers d'oiseaux se posent, s'envolent, plongent comme des flèches munies d'un bec-poignard, reviennent au nid portant un bouquet d'algues. Du blanc partout, à l'exception des jeunes, qui sont plus sombres. Depuis le large, le sommet de l'île semble enneigé, mais quand on approche les « flocons » s'envolent. Une agitation, une frénésie, un tourbillon de vie que les marins et la LPO font apprécier de fort près.

Sur les îles voisines, le miracle continue. Parmi les centaines de goélands argentés, quelques couples de goélands marins aux ailes sombres dominent les ébats. Cormorans huppés aux couleurs vert bouteille et fulmars boréaux nichent également sur la réserve. Et puis, voici les rescapés, les alcidés, qui ont été décimés lors de marées noires successives. Ils n'en veulent même pas aux hommes de leur incurie et reviennent.

Guillemots de troïl, macareux moines, pingouins torda arrivent pour nicher vers la mi-avril et repartent début juillet. Malgré leur nom, ils n'ont rien de commun avec les manchots de l'hémisphère sud. Les uns volent, les autres pas, et les alcidés atteignent pratiquement ici leur limite sud. Le macareux moine, appelé localement calculot ou perroquet de mer à cause de son étrange bec coloré, est devenu le symbole de la LPO. ■

***Rouzic**: le formidable ballet des fous de bassan.*

Arbres incroyables et millénaires

If à cerises, chêne-pressoir, arbre pigeonnier, l'insolite est vraiment au rendez-vous au cœur de la Bretagne. En traversant les côtes d'Armor d'est en ouest, les arbres nous réservent encore une fois de belles surprises, comme à **Saint-Maudez** près de Dinan où se dresse un if monumental. À **Yvignac**, un if millénaire d'une circonférence de 8,50 m se dresse à proximité de l'église. Dans son tronc creux, des racines viennent puiser la matière minérale, comme si l'arbre se nourrissait de sa propre matière décomposée. L'**if de Saint-Launeuc** ♥ (22), plusieurs fois centenaire, est en quelque sorte « la cerise sur le gâteau ». Cherchez bien dans le feuillage vert sombre de l'ancêtre. Un cerisier désormais bien développé s'épanouit au milieu du tronc, fournissant une intéressante récolte chaque année. Comment l'arbre est-il venu s'installer ici ? Mystère ! Un noyau craché lors d'un concours d'enfants, un merle besogneux ? Qui sait ! Le cerisier plonge ses racines dans l'if creux. Utilise-t-il le bois de cœur décomposé du vieil arbre ou envoie-t-il des racines dans le sol ? L'histoire d'amour entre le conifère et l'arbre fruitier est attendrissante.

À **Mûr-de-Bretagne** (22), près du lac de Guerlédan, se côtoient l'arbre et la pierre. Sur la route de Pontivy, un magnifique chêne de 6 m de circonférence tient compagnie depuis plusieurs siècles à la belle **chapelle Saint-Jean**. En ville, plusieurs de ses congénères ombragent la chapelle Sainte-Suzanne. À **Saint-Gilles-Vieux-Marché**, un chêne au port harmonieux orne la place du village. Beaucoup plus au nord, le Trégor est une véritable « mine » d'arbres remarquables. À **Plérin** (22), tout près de Perros-Guirec, un vieux chêne creux côtoie une fontaine sur la route de Tournemine. Au nord de Guingamp, l'if de **Pommerit-le-Vicomte** retient l'attention. Il s'agit probablement du plus gros if breton avec ses 10 m de circonférence, ce qui pourrait faire de lui un arbre millénaire. Le chêne de **Saint-Laurent-Bégard** est encore plus étonnant. Bien caché sur une propriété privée dans le hameau de Ker-Nevez, l'arbre emprisonne dans son tronc une roue de pressoir, comme une pièce coincée à l'entrée d'une gigantesque tirelire. La propriété date de 1717, ce qui pourrait donner l'âge du chêne. Il est possible que la roue du pressoir abandonnée sur une pierre ait été peu à peu enveloppée par l'écorce jusqu'à y rester prisonnière. Incroyable symbiose entre la pierre taillée par les hommes et le chêne séculaire.

Saint-Launeuc : *un cerisier s'est invité à l'intérieur du vieil if de l'église.*

Les surprises ne sont pas finies. À 2 km au sud de **Bégard**, sur la D 967, un parc municipal, *Armoripark*, dans lequel la ville a su préserver des bâtiments traditionnels, abrite un autre mariage étrange que l'on aperçoit fort bien depuis la route, mais que l'on découvre beaucoup mieux en visitant le site (entrée payante avec animations et piscine). Au sommet du pigeonnier, deux chênes déjà fort âgés poursuivent leur développement. Un geai serait responsable de l'apport des glands d'origine. En tout cas, les arbres sont bien accrochés et heureusement protégés par la commune. Regardez bien ! Ne dirait-on pas le chapeau d'Astérix ?

Près de **Plouaret**, la recherche de vieux arbres continue. À Lanvellec, au lieu-dit Pont-Gwenn, un chêne de 7,60 m de circonférence se dresse près d'un vieux manoir. Un trésor se cache peut-être sous ses racines, mais admirer l'arbre, voilà la vraie richesse. Au nord de Plouaret, sur la commune du **Vieux-Marché**, le lieu-dit **Les Sept-Saints** ne manque pas de charme. Avec un peu de persévérance et l'auto-

__Bulat-Pestivien :__ le chêne millénaire de Tronjoly défie le temps.

risation du propriétaire, on découvre le hêtre de Kervinihy. Il présente un tronc lisse et rectiligne contrastant avec un impressionnant chevelu de racines bien visible dans le talus sur lequel il est perché.

C'est au nord de Callac qu'il faut absolument dénicher le joli village de **Bulat-Pestivien**. Église, fontaines, étangs, chapelles, champs parsemés d'énormes rochers, prenez le temps de tout découvrir. À 500 m du bourg, sur la route de Callac, deux blocs rocheux font penser à une poule contemplant un œuf, tandis que le rocher du Prêtre se tient près de l'emplacement où était édifiée la forteresse des seigneurs de Pestivien. La palme de l'insolite revient sans conteste au **chêne de Tronjoly**. L'arbre, indiqué dans le village, se trouve sur la D 31 en direction de Guinguamp. Il se trouve sur une propriété privée, mais l'arbre peut être « visité » en semaine. Les propriétaires demandent simplement de respecter leurs week-ends. N'hésitons pas, le vieux chêne millénaire mérite presque à lui seul le voyage en Bretagne. Treize mètres de circonférence, un invraisemblable tronc éclaté en plusieurs parties par le poids des ans et une petite source bénéfique à ses côtés. L'ensemble est enchanteur, à tel point qu'on lui imagine un Merlin protecteur. On raconte qu'en 1750, un « prédicateur de talent », Dom José Le Graet, y installa son lit, sa table et sa bibliothèque. Admirez-le avec un peu de recul. Quelle allure ! Mais les stigmates de l'âge ne trompent pas. Il a sans doute largement dépassé le millénaire et pourrait avoir 1300 à 1500 ans. Dans ce cas, il pourrait avoir été lié aux vagues successives d'immigrations celtes en Bretagne. A-t-il connu alors les cérémonies druidiques ? Rien n'est exclu. Sa découverte en tous les cas dans un village où pierres et fontaines sont légion inspire le respect et réveille la mémoire au cœur de l'histoire bretonne. Dans le Finistère nord, l'if de l'église de **Plourin-lès-Morlaix** (29) et les chênes de **Locmaria-Berrien** se distinguent par leur âge respectable, tout comme les magnifiques châtaigniers perchés sur les hauteurs de **Locquenolé** (29).

Enquête sur mes grès

Lumineuse Bretagne! La Côte d'Émeraude, de **Saint-Brieuc** au cap Fréhel, offre une merveilleuse palette de couleurs propre à titiller les rétines les plus exigeantes. Rendez-vous à la maison de la Baie, près d'**Hillion**. À marée basse, les sables beiges de l'anse d'Yffiniac accueillent des milliers d'oiseaux qui attendent le retour de la mer qui progresse à vue d'œil. Puis vient **Le Val-André** (22). Face à la pointe de Pléneuf, l'île du Verdelet, rattachée temporairement par un cordon sableux, oublie son statut maritime le temps d'une marée. Quelques kilomètres et voici **Erquy** (22). Les coquilles Saint-Jacques qui font la réputation de la ville n'ont sans doute pas remarqué les roches noires de la pointe du Houssaye, à gauche de la plage. Lorsque la mer s'éloigne, on peut s'approcher de ces blocs rugueux et sombres. Eh oui! Ce sont des roches volcaniques, témoins des éruptions sous-marines vieilles de… 500 millions d'années. Le **cap d'Erquy** annonce déjà les teintes roses de Fréhel, celles des vieux grès armoricains séparés en deux par les couleurs tendres des bien nommés « Sables d'Or ». On a peine à imaginer que les magnifiques grès roses du **cap Fréhel** étaient autrefois des sables. C'était il y a 400 millions d'années! Aujourd'hui les îlots déchiquetés de la Fauconnière, à la pointe du cap, ont des vertus pédagogiques. Nulle part ailleurs, on ne peut côtoyer de si près les oiseaux marins. Un vrai bonheur! D'autant plus que cette aimable avifaune a la gentillesse de s'installer par étage. Au rez-de-chaussée, près de l'eau, les huîtriers-pies cherchent leur nourriture. Les cormorans et les guillemots emménagent au premier. Les étages supérieurs attirent les fulmars boréaux, les mouettes tridactyles et les goélands argentés, tandis qu'au sommet les goélands marins aux ailes noires assurent le contrôle. Tout ce petit monde vole, plonge en un ballet incessant, indifférent aux touristes plus ou moins admiratifs et désormais canalisés par un discret balisage qui favorise la reconstitution de la lande.

Côte d'Émeraude: les plages des Sables d'Or. Au loin, le cap Fréhel.

Loutre mère

Tout un symbole! Quasiment disparue il y a une vingtaine d'années, la loutre refait surface. Ce qui pour ce mammifère aquatique est de temps en temps nécessaire. Plus sérieusement, le bel animal reconstitue petit à petit ses effectifs dans la région Centre, en Aquitaine et surtout en Bretagne. Oh! Le temps des observations directes n'est pas encore venu. Des siècles de massacres, des décennies d'eau polluée l'ont rendue très farouche. Alors on se réjouit de contempler ses empreintes ou ses crottes abandonnées sur un rocher. La loutre est profilée pour le milieu aquatique. Des pattes courtes et puissantes terminées par cinq doigts griffus reliés par une membrane interdigitale, une fourrure épaisse constituée d'une « bourre » de poils très serrés et de « jarres » rudes et brillants, une queue musclée, large et épaisse à la base lui permettent de mieux se propulser dans l'eau. Elle utilise simultanément les ondulations de son corps et les mouvements de ses pattes postérieures et de sa queue. Essentiellement piscivore, la loutre préfère les étangs et les marais, mais s'aventure parfois en mer. C'est en tout cas le choix de quelques individus bretons qui, de Crozon à Molène, ont opté pour l'Atlantique. Pour se reposer et élever ses loutrons, elle s'abrite dans sa catiche, un trou dans la berge avec une entrée située en dessous du niveau de l'eau.

Une partie de la population bretonne se concentre dans les Monts d'Arrée, en particulier dans les landes et tourbières du **Yeun-Élez**, près de Brennilis, véritable arche de Noé pour plusieurs espèces menacées. L'action des protecteurs de la nature a largement contribué à la sauvegarde des milieux naturels. On leur doit notamment la protection des tourbières, la réintroduction des castors sur le cours de l'Élez et des efforts considérables pour préserver les colonies de chauves-souris menacées comme le grand rhinolophe.

À quelques kilomètres, ne manquez pas de grimper à **Roc Trévezel** ●●, où surgit l'épine dorsale de la Bretagne. Le vieux socle redressé à chaque orogenèse déchire la lande. La Bretagne primaire semble rugir, exhibant ses dents acérées. Les ombres du matin ou du crépuscule donnent un caractère fantastique à ces rochers de schiste qui dominent toute la région. Un chemin de grande randonnée, ainsi que plusieurs petits sentiers à partir de la D 785 parcourent cette étrange colonne vertébrale.

Plus à l'ouest, cette épine dorsale s'engloutit dans l'océan. Est-ce un hasard si elle prend la forme d'une croix pour former la belle presqu'île de **Crozon**? Les noirs pillow-lavas de la superbe pointe de Lostmac'h rappellent que des volcans sous-marins ont jadis craché ici leurs laves brûlantes. ■

Roc Trévezel: *le vieux socle schisteux déchire la lande bretonne.*

BRETAGNE INTÉRIEURE

À ne pas manquer !

♥ Le coup de cœur : le chêne à la Vierge à La Guerche-de-Bretagne

Le panorama : le Mont-Dol

La balade : la forêt de Brocéliande

Arbres et rochers **légendaires** au pays de **Merlin**

Que reste-t-il de la légendaire forêt de Brocéliande qui couvrait encore une grande partie de la Bretagne intérieure avant les grands défrichements du Moyen Âge. Réduite à l'actuelle forêt de Paimpont, elle offre au promeneur quelques sites pour rêver aux temps heureux où la fée Viviane concurrençait Merlin l'Enchanteur : le Val sans retour, près de Tréhorenteuc, le tombeau bien hypothétique de Merlin et les fontaines merveilleuses. Il faut vraiment beaucoup d'imagination pour retrouver les astuces de Merlin et la baguette de Viviane. En cherchant bien, peut-être trouverez-vous le Saint-Graal avant de rencontrer les chevaliers de la Table ronde.

Quelques promenades dans les alentours seront peut-être plus instructives. Certains arbres millénaires aux confins du Morbihan, des côtes d'Armor, de l'Ille-et-Vilaine ou de la Mayenne et de la Sarthe toute proches évoquent de manière plus édifiante le temps jadis. Du Mont-Dol à la roche aux Fées, de Josselin à Vitré, les arbres de la Haute-Bretagne et du Maine ont beaucoup d'histoires à raconter.

Mont-Dol

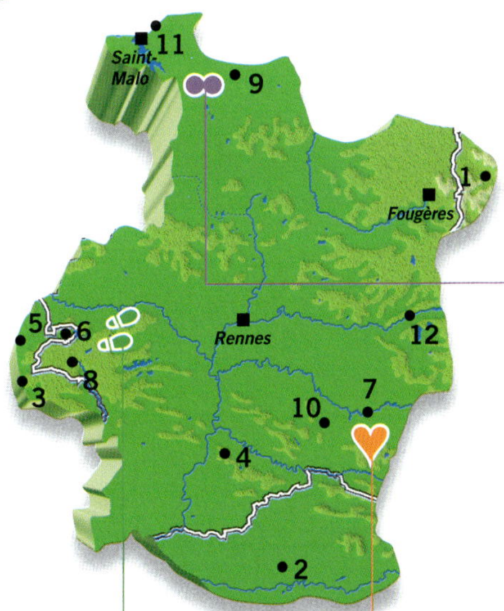

Forêt de Brocéliande

Chêne à la Vierge

1. Aubépine de Saint-Mars-sur-la-Futaie
2. Châtaignier d'Abbaretz
3. Châtaignier de Campeneac
4. Chêne de Breslon
5. Chêne de Guilliers
6. Chêne à Guillotin
7. Chêne de La Guerche
8. Chênes de Brocéliande
9. Le Mont Dol
10. La Roche aux Fées
11. Les rochers sculptés de Rothéneuf
12. Thuya géant de Vitré

Aux confins de la Bretagne

Les passionnés d'arbres insolites trouvent ici leur bonheur en mariant leur découverte à quelques-uns des trésors historiques de la Bretagne intérieure. Commençons notre voyage dans la Mayenne, au nord d'Ernée, à quelques kilomètres de Fougères la Bretonne et de son admirable forteresse médiévale.

La commune de **Saint-Mars-sur-la-Futaie** (53) abrite près de son église l'un des plus vieux arbres de France. Le plus étonnant est qu'il s'agit d'une aubépine, une « épine » comme on dit ici. Ordinairement cet arbuste plutôt modeste se complaît dans les haies ou les sous-bois. Le bois d'aubépine, très dur, conduit à l'utiliser plutôt comme arbre « cornier » à la limite d'un champ ou d'une propriété, d'autant plus que sa croissance lente lui confère une longévité remarquable.

Vitré : le thuya géant du jardin botanique. S'agit-il encore d'un seul arbre ?

L'aubépine de Saint-Mars date-t-elle réellement du IIIe siècle comme l'affirme le panneau apposé près de l'arbre? Ce n'est pas impossible, puisque des textes du Moyen Âge la signalent déjà comme un arbre très âgé. Cependant, le plus extraordinaire se produit aujourd'hui. Elle continue à fleurir malgré le poids des ans. Se reproduire à 1700 ans, voilà qui est incroyable! S'agit-il pour autant du plus vieil arbre de France? N'ayant pas le goût à concurrencer le livre des records, il convient d'être prudent. L'âge de l'arbre n'est pas avéré. Quelques ifs normands ou oliviers méditerranéens revendiquent ce titre honorifique. Peu importe après tout. Admirez simplement le tronc tourmenté de l'épine blanche, en imaginant toute l'histoire qu'elle a vu défiler.

Plus au sud, la vieille ville de **Vitré** (35) est également à découvrir. Le jardin public sur la route de Châteaubriant abrite aussi un phénomène, un thuya géant originaire d'Amérique du Nord. Cet arbre, comme tous ses congénères, marcotte abondamment à partir des branches les plus basses qui s'enracinent et progressent vers la périphérie. Largement centenaire, il couvre actuellement une circonférence au sol de 40 m. Un conseil, pénétrez à l'intérieur. L'arbre semble être une forêt à lui tout seul. Dans le même parc, d'autres arbres américains, des cyprès chauves, produisent d'abondantes racines aériennes, ou pneumatophores, au bord de la pièce d'eau.

Encore quelques kilomètres vers le sud et voici la jolie ville de **La Guerche-de-Bretagne** (35) et ses maisons à pans de bois. En forêt de La Guerche se cache l'étonnant **chêne à la Vierge** ♥ . Pour le trouver, rejoignez la D 106, puis la C 12 à gauche. Sur cette petite route, un chemin balisé conduit à ce chêne pour le moins surprenant. Son tronc couvert d'ex-votos, de statuettes et d'objets religieux de toute nature manque visiblement de place pour perpétuer la tradition liée au sacrifice d'une jeune fille poursuivie comme il se doit par de « méchants » révolutionnaires.

Au sud de Châteaubriant, à **Abbaretz** (44), se dresse un autre monument qui aurait abrité sous ses ramures Henri IV en personne. Le site du châtaignier des Nonneries indiqués sur le bord de la D 2, en direction de la Meilleraye, a été aménagé par la commune. Le châtaignier millénaire a succombé à un incendie en 1985, mais des branches colossales avaient auparavant rejoint le sol et pris racine. Disposés en cercle autour du tronc vénérable, de jeunes châtaigniers encore un peu inclinés, car issus de marcottes naturelles, vivent désormais leur vie d'arbres en toute indépendance. Un banc est à disposition pour les pique-niques et la réflexion philosophique : les jeunes arbres périphériques sont-ils de nouveaux êtres vivants à part entière, bien que génétiquement identiques à leurs parents? Si la réponse est négative, les végétaux ont alors inventé depuis longtemps l'immortalité. Boutures, marcottes… des clones à l'infini. ■

La Guerche-de-Bretagne : *le chêne à la Vierge, couvert d'ex-votos.*

Les arbres mystérieux de Brocéliande

Quelques arbres hors du commun subsistent dans l'antique forêt de **Brocéliande**, mais ils ne sont pas toujours faciles à dénicher, perdus parmi les halliers les plus reculés ou cachés à l'orée du bois. Les promeneurs passent souvent tout près en ignorant l'ancêtre. Le **chêne à Guillotin** en est sans doute le plus extraordinaire survivant. Pour le découvrir, rendez-vous à **Concoret** (56), puis laissez-vous guider par le balisage. Protégé par une estrade de bois, l'arbre au tronc creux et boursouflé dépasse 9 m de circonférence. La question de son âge reste incertaine. Six cents ans peut-être. Certains le voient déjà millénaire. Son ancien nom de « chêne des rues Éon » évoque l'énigmatique Éon de l'Étoile, prophète de l'Apocalypse en l'an mil. La tradition rapporte que le chêne fut l'une des caches de l'abbé Guillotin, prêtre réfractaire réfugié à partir de 1791 dans son pays natal. Traqué par les républicains, Guillotin trouva asile dans le tronc creux du colosse, ce qui prouverait au passage que l'arbre était déjà évidé il y a deux siècles. Les poursuivants firent halte devant l'arbre, soupçonnant la cachette. Miracle! Une toile d'araignée mystérieusement tissée obstruait l'orifice, semblant démontrer qu'aucun visiteur n'avait pu fréquenter les lieux. Ne serait-ce pas Notre-Dame de Paimpont muée en rapide araignée qui aurait sauvé le prêtre? C'est en tout cas le bruit qui court. On dit même que chaque jour qui suivit, le prêtre apporta une petite mouche pour remercier la divine arachnide. Peu à peu, le prêtre passa pour un aimable fou, au point qu'on se demanda dans les chaumières s'il n'était pas la réincarnation d'Éon de l'Étoile. Allez savoir?

Concoret : *le chêne à Guillotin, une cachette idéale...*

La forêt de Paimpont abrite quelques autres arbres monumentaux. Près de l'**étang des forges de Paimpont**, à proximité d'un restaurant, se dresse le **chêne d'Anatole Le Braz**, auprès duquel l'écrivain aimait à méditer. Le **chêne des Hindrés**, près du carrefour de Cadieu, et le hêtre de Ponthus, non loin de la **fontaine de Barenton**, dressent leurs impressionnantes silhouettes au cœur de la forêt. À quelques pas de Brocéliande, le **chêne du Bourg-Neuf**, à **Guilliers** (56), force l'admiration tout comme le **châtaignier de Campénéac** (56). Le chêne qui pousse près de l'étang du **château de Comper** à **Concoret** a épousé la forme du rocher auprès duquel il a pris racine, mêlant le bois et la pierre, le minéral et le végétal en une alchimie que n'aurait pas reniée Merlin.

Racines bretonnes

Le nord-est du Morbihan, près de Josselin ou Ploërmel, est un petit paradis pour les amoureux des beaux arbres. La légende rapporte que le **chêne du Pouldu** à **Saint-Jean-Brévelay** (56) sur la route de Guéhenno a veillé sur la sieste de César. Plus sérieusement, cet arbre de 9 m de circonférence servit de cachette à des chouans. Déjà creux il y a deux siècles, quel âge peut-il avoir aujourd'hui ? Sans doute largement plus de cinq siècles. Le plaisir de la découverte conduit ensuite dans le même village, près de la chapelle Saint-Nicolas, puis à **Cruguel**, près de la chapelle Saint-Yves, où deux ifs de plus de 500 ans semblent en pleine forme.

Pour les « fous » d'arbres anciens, il est possible de prolonger le circuit jusqu'à la **chapelle Caro** (56) où les attend un if de 6,6 m de circonférence, âgé d'environ 600 ans, puis à **Caro**, dans l'ancien presbytère situé à l'entrée du bourg sur la D 166, où un vieux chêne arbore une étonnante niche en sabot, protégeant une Vierge à l'Enfant en terre cuite. Plus à l'est, en Ille-et-Vilaine, le **chêne de Bresslon** (35) se dresse fièrement au beau milieu d'un chemin forestier. On y accède par la D 42, à 1 km à l'est de la Richardière, près de Pléchatel. Des arbres magnifiques bordent la célèbre allée mégalithique de la **roche aux Fées** (35). Un chêne et un châtaignier notamment protègent de leur ombre la vénérable sépulture. Au **Mont-Dol** (35), un châtaignier pluricentenaire partage la vedette avec l'extraordinaire panorama sur la baie du Mont-Saint-Michel, tandis qu'à Saint-Germain-de-Cogles, c'est un chêne imposant qui se dresse à l'entrée du village.

Essé : *un chêne à trois « bras » ombrage l'allée mégalithique de la roche aux Fées.*

Mont Dol : *le vieux châtaignier.*

Les rochers sculptés de Rothéneuf

Tout près de **Saint-Malo** (35), la falaise de **Rothéneuf** réserve bien des surprises. L'accès au site est payant, il faut dire que les délires de l'ermite de la Haute-Folie valent la peine. C'est en effet le surnom que s'attribuait l'abbé Fouré qui, au XIXe siècle, voulut réaliser une fresque sculptée dans les granites de Rothéneuf, pour mettre en garde les fidèles. « Voilà ce qui vous attend », voulait-il signifier, « si vous sombrez dans le vol, la luxure et la turpitude comme le firent les Rothéneuf, corsaires de pères en fils. » Porté par sa foi, l'ermite consacra sa vie à sculpter la falaise, faisant naître trois cents personnages grotesques, parmi lesquels des contrebandiers barbus ou des pirates grimaçants, subissant les châtiments divins. Bien sûr, les vagues, les embruns et les lichens rongèrent peu à peu les visages redoutables, mais une telle visite détourne à jamais du péché… ■

***Rothéneuf:** à quelques pas de Saint-Malo, un vieux corsaire scrute la mer pour toujours.*

Basse-Normandie

À ne pas manquer !

Le coup de cœur : le hêtre du jardin botanique de Bayeux

Le panorama : la route des Crêtes à Clécy

La balade : la falaise des Vaches noires

Monts et merveilles en Normandie

Trois départements et une réelle dualité géographique, telle est la Basse-Normandie. À l'est du Calvados et de l'Orne, le Bassin parisien prend fin. Le Perche, puis le pays d'Ouche et le pays d'Auge en sont les derniers soubresauts sédimentaires. Au-delà, commence le Massif armoricain et ses roches anciennes. La Normandie prend alors un air de Bretagne. Rochers et maisons de granite, falaises de gneiss ou de micaschiste. Le paysage se vallonne à tel point que le vocabulaire s'adapte. Suisse normande, rocher d'Oëtre, mont des Avalloirs. Nous voici presque en montagne, même si les sommets restent bien modestes. Le Cotentin s'avance ensuite dans la mer jusqu'à ces bouts du monde que sont le nez de Jobourg et le cap de La Hague. Ces terres de bocage où chaque village se serre autour de son église sont des repaires de vieux arbres : chênes, ifs ou platanes prennent ici des allures d'ancêtres ou de géants. La Sarthe, autrefois terre du Maine, assure la transition avec le Val de Loire. La grande futaie de Bercé initiée par Colbert en est le fleuron, mais les Alpes mancelles séduisent également le visiteur par leur charme incontestable.

Hêtre de Bayeux

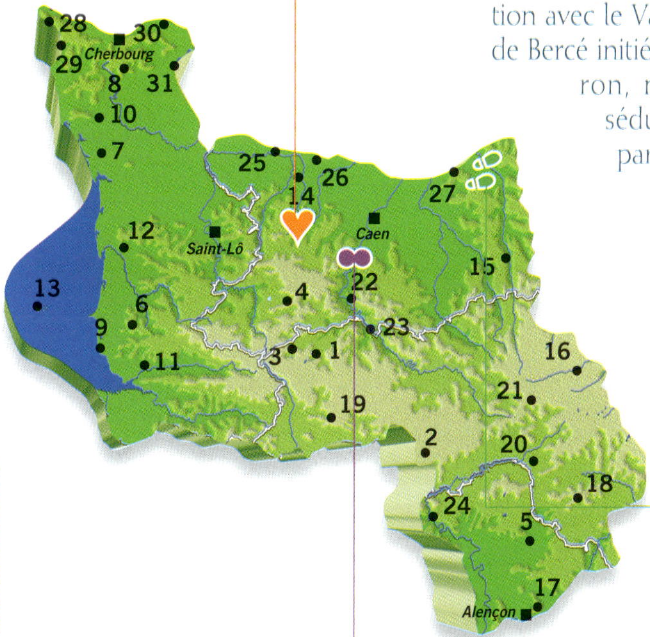

Falaise des Vaches noires

Route des crêtes

1. Ifs de la Lande-Patry
2. If de Lalacelle
3. If du Menil-Ciboult
4. If d'Estry
5. If de Jauzé
6. If de Saint-Ursin
7. If de Montgardon
8. If de Brix
9. If de Carolles
10. Hêtres de Saint-Sauveur-le-Vicomte
11. Jardins d'Avranches
12. Jardins de Coutances
13. Îles Chausey
14. Hêtre et platane de Bayeux
15. Platane de Fervaques
16. Platanes de l'Aigle
17. Forêt de Bercé
18. Forêt de Bellême
19. Forêt des Andaines
20. Chêne de la Lambonnière
21. Chêne de Tellières-le-Plessis
22. Route des crêtes
23. Roches d'Oëtre
24. Alpes mancelles
25. Falaise de Sainte-Honorine-des-Pertes
26. Demoiselles de Fontenailles
27. Falaises des Vaches noires
28. Nez de Jobourg
29. Dunes de Biville
30. Phare de Barfleur
31. Île de Tatihou

Pourvu qu'on ait l'if vrai...

Les amoureux de vieux arbres peuvent faire ici leur pèlerinage. Ils trouveront leur paradis. Les ifs millénaires se portent bien. Et les couples sont parfois inséparables. Voilà plus de 1 000 ans, peut-être 1 200 qu'un if mâle et un if femelle se côtoient à **La Lande-Patry** (61), près de Vire, dans l'Orne. Une différence de feuillage et de taille permet de les identifier. Le plus gros (11 m de circonférence) et le plus creux est un sujet femelle au feuillage vert bleuté. L'autre, sujet mâle, est vert sombre. Leur taille inégale pourrait s'expliquer par leurs différences sexuelles, à moins que le pied femelle eût été planté bien avant l'autre, ce qui n'est pas certain. La légende ou l'histoire évoque ici un repas napoléonien, puis un rude combat entre les troupes révolutionnaires et les chouans. Au XIXe siècle, après avoir servi de chapelle du Saint-Sacrement, le plus volumineux des deux arbres accueillit un barbier nommé Gosselin. Installant ses rasoirs et plats à barbe, il recevait sa clientèle dans le vieux tronc. Il était si fier de sa boutique qu'il alla reposer après sa mort à l'ombre du vieil if. Deux perruquiers exercèrent ensuite sous la voûte du vieil arbre. Les clous auxquelles ils suspendaient les serviettes sont toujours présents à l'intérieur. D'autres très vieux ifs vieillissent tranquillement dans les cimetières de l'Orne. Les plus remarquables sont sans doute ceux de **Lalacelle** (61) qui affiche 8 m de circonférence et environ 1 000 ans, et celui du **Menil-Ciboult** (61) de 14 m de tour et plus de 1 300 ans.

Les départements voisins ont aussi leurs ancêtres. L'if d'**Estry** (14), dans le Calvados, pourrait être un des plus vieux arbres de France, avec un âge estimé à 1 600 ans. Lors d'un voyage de l'association ARBRES, vingt-cinq adultes se serrèrent dans son tronc creux. Les villages dont le cimetière possède un if vénérable sont ici légion : Fierville, Poussy-la-Campagne, Rots, Sully, Saint-Rémy-sur-Orne, Castillon, Saint-Pierre-la-Vieille, entre autres. Dans la Sarthe, c'est l'if de **Jauzé** (72) qui tient la vedette près de l'église.

Connu depuis longtemps pour être un poison puissant, l'if fait l'objet de multiples légendes qui peuvent expliquer sa présence dans les cimetières. Cet arbre à l'extraordinaire longévité s'impose comme un symbole d'éternité. Les Celtes le vénéraient et en faisaient un objet de culte, protecteur des morts. La religion chrétienne, après avoir tenté d'éliminer ce « concurrent païen », le christianisa, en lui conservant ce caractère sacré. Conclusion : lorsque l'on découvre un if monumental près d'une église, il y a fort à parier que celle-ci a été édifiée près de l'arbre et non l'inverse. ■

***Estry :** le vieil if du cimetière pourrait avoir plus de 1 600 ans.*

D'autres pères de Manche

La vedette locale est sans conteste l'if de **Saint-Ursin** (50). Ce millénaire a-t-il été planté au temps des Capétiens ? S'il s'agit du début de la dynastie (987), il aurait côtoyé la petite chapelle en bois qui précédait l'église romane, à moins que sa plantation n'ait accompagné la construction de cette dernière au début du XIe siècle. Lors d'une tempête en février 1990, l'arbre a perdu un tiers de son houppier, mais une taille bien menée semble lui avoir redonné de la vigueur. Beaucoup d'autres ifs monumentaux peuplent les cimetières du département comme à Montgardon (9,10 m de circonférence), Le Chefresne (8,80 m), La Bloutière (8,30 m), Brix (8,40 m), la Lucerne d'Outremer (8,10 m) ou Nicorps. Celui de **Carolles** (50) aura éternellement 754 ans, comme l'indique un panneau apposé il y a déjà bien longtemps par la municipalité. Dans la forêt de **Saint-Sauveur-le-Vicomte**, un sentier balisé permet de découvrir de vieux hêtres remarquables. Tout près de la mer, les jardins des Plantes d'**Avranches** et de **Coutances** possèdent de nombreux arbres de toute beauté.

D'autres gigantesques vieillards attendent paisiblement les visiteurs. Pour cela, embarquez à Granville et rejoignez les **îles Chausey** où les rochers granitiques prennent des allures de géants. Sur la Grande Île, le sentier du littoral permet d'identifier tortues, chimères de pierre et surtout, du côté de la Grande Grève, les moines dressés face à la mer. Plus à l'ouest, l'énorme rocher de l'éléphant à la trompe étrangement courte domine la baie. Chausey fut autrefois un site continental. La légende raconte qu'un raz-de-marée aurait fait naître l'archipel et englouti la vaste forêt de Scissy. C'est en fait la fonte des glaces qui isola il y a 10 000 ans ces trois cent soixante-cinq îlots et cinquante-deux îles, dont la richesse en oiseaux marins est remarquable. On y rencontre l'une des plus importantes colonies de grands cormorans de France et des tadornes de Belon qui nichent dans des terriers sur la Grande Île. La douceur du climat favorise les floraisons précoces des armérias, genêts et ajoncs, qui illuminent la lande au printemps. La promenade est bercée par les chants d'une multitude de petits oiseaux venus du continent. Troglodytes, fauvettes, merles, grives vous attendent pour une journée sereine au royaume du granite.

Îles Chausey : les rochers granitiques des Moines.

À Bayeux, deux arbres exceptionnels

Tout près de la **cathédrale de Bayeux** (14), se dresse un imposant **platane** de 38 m de hauteur. Planté le 10 germinal an V (30 mars 1797) dans la cour de l'ancien évêché, l'arbre de la Fraternité devint quelque temps plus tard, arbre de la Liberté. Il succédait à trois arbres plantés dans la ville en 1792 et qui moururent très rapidement, victimes d'un mauvais entretien ou des royalistes. Le platane était alors une essence peu commune dans les bosquets normands et on lui préférait des chênes de la Liberté. Bayeux n'eut pas à regretter ce choix surprenant, car l'arbre est devenu l'un des plus beaux de la région. Il est étonnant qu'il ait survécu aux affres de l'histoire. Combien d'arbres de la Liberté, symboles de la Révolution, furent ainsi déracinés par les adversaires de celle-ci, en particulier lors de la Restauration. Le 18 juin 1848, l'arbre fut cependant béni en grandes pompes par l'évêque de Bayeux, puis menacé à nouveau avec le Second Empire, avant de parvenir jusqu'à nous. Ô vicissitudes de l'histoire!

***Bayeux**: l'extraordinaire hêtre du jardin botanique.*

Bayeux possède d'autres merveilles, sa tapisserie bien sûr, mais aussi son **jardin botanique** situé sur la route de Port-en-Bessin, au nord de la ville. Ici, parmi d'autres arbres magnifiques, recherchez absolument l'exceptionnel **hêtre pleureur** ♥, qui ne s'incline plus depuis longtemps. Ses branches furent un temps soutenues par un bâti métallique pour former une immense tonnelle. Des travaux récents ont permis de remplacer les supports rouillés et dangereux par un étonnant filet, mettant ainsi en valeur l'ampleur de sa ramure. N'hésitons pas à le dire, l'arbre est ainsi devenu l'un des plus extraordinaires de notre pays. À l'autre extrémité du département, à **Fervaques**, le château de Kinnor possède également un platane exceptionnel, en particulier par la forme conique de son tronc qui lui donne au sol une circonférence de 15 m! Un magnifique platane agrémente aussi le parc du château de Vendœuvre, près de **Saint-Pierre-sur-Dives** (14). À **L'Aigle** (61), deux autres platanes monumentaux ornent les jardins qui jouxtent la vallée de la Risle.

Grands fûts et gros trapus

Les terroirs normands de Bellême ou Jupilles fournissent d'excellents « crus ». Deux cents ans sont toutefois nécessaires pour en récolter les fruits. Un harmonieux mélange de calcaire et d'argile, un climat favorable où le gel est exception, telle est la recette pour obtenir les magnifiques futaies de Bellême, de Bercé ou des Andaines. Ajoutez un zeste de Colbert et le résultat est admirable. Ce ministre des Finances de Louis XIV fut en effet le grand artisan de cette réussite, pensant sans doute plus à fournir la Marine royale en grands mâts qu'à la beauté de ces merveilleuses cathédrales boisées dont l'on bénéficie aujourd'hui.

Dans la **forêt de Bercé** (72), au sud de la Sarthe, la futaie des Clos est à cette image. Les forestiers préservent ici quelques géants. Si le vieux chêne Boppe n'est plus qu'une souche conservée symboliquement ; son successeur et son voisin, le chêne Roulleau de la Roussière, dépassent 43 m de hauteur. Leurs troncs dressés vers le ciel témoignent d'un mode d'exploitation sylvicole qui depuis 300 ans conduit les arbres à grimper très vite vers la lumière, en les plantant d'abord serrés, puis en les éclaircissant. Les chênes fournissent alors un bois de grande valeur. Dans la **forêt de Bellême**, la futaie qui entoure l'étang de la Herse est particulièrement remarquable, surtout à l'automne, lorsque les teintes rouges et jaunes envahissent le feuillage. Près de la charmante commune de **La Perrière** (61), le chêne de l'École, fléché à partir du « rond de Montimer », dépasse les 300 ans. La **forêt des Andaines** présente également quelques sujets remarquables comme le hêtre à l'Étau et la surprenante cépée des Onze-Frères.

La campagne normande offre aussi de belles surprises. Les chênes ont une allure très différente. Plantés au milieu des pâtures pour fournir de l'ombre au bétail, ils étalent alors leur houppier et peuvent atteindre des diamètres impressionnants, loin des contraintes forestières. Le chêne de la Lambonnière, près du village de **Pervenchères** dans l'Orne, est indiqué sur la route de Vichez. D'une circonférence de plus de 6 m et âgé d'environ 500 ans, il fut sauvé in extremis par l'association Faune et Flore de l'Orne qui acheta la parcelle. Des opérations de sauvegarde sont en cours dans le même département, par exemple pour réhabiliter le chêne de **Tellières-le-Plessis**, qui, dans la ferme du Tertre, donne quelques signes de vieillissement. On le comprend pour un arbre de 500 ans et de 8,52 m de circonférence.

Forêt de Bercé : *le chêne Roulleau de la Roussière, hauteur : 43 mètres.*

Des Alpes à la Suisse… en Normandie

Suisse normande : la route des Crêtes surplombe les méandres de l'Orne.

Pas tout à fait la montagne, mais presque. Des reliefs escarpés, des sommets, des belvédères, on pourrait s'y tromper. Seule la douceur du climat tempère la première impression. La **Suisse normande** (14) se déguste par une belle journée printanière, lorsque le jaune vif des genêts illumine la lande. L'Orne y déroule ses admirables méandres, dominés par d'imposantes falaises dont les roches anciennes et résistantes évoquent déjà la Bretagne. Les points de vue les plus exceptionnels sont perchés près de Clécy, sur la **route des Crêtes** ●●, où plusieurs belvédères surplombent la boucle parfaite de la rivière, et à la **roche d'Oëtre** qui domine la Rouvre de 118 m. Quelle belle leçon de géographie ! En raison de la force centrifuge, la vitesse des courants est plus grande sur la rive concave, donc vers l'extérieur. La rivière creuse alors profondément les roches dures contribuant à la formation de falaises escarpées, tandis qu'elle dépose lentement ses alluvions sur la rive convexe, donnant naissance à des paysages en pentes douces.

Les **Alpes mancelles** dominées par les reliefs boisés constituant les « sommets » normands sont délicieusement belles. À **Saint-Léonard-des-Bois**, on peut s'imaginer dans une petite station de montagne dominée par des versants abrupts couverts de bruyère. Un sentier au départ de l'église permet de découvrir la vallée de la Misère et ses incroyables éboulis de roches primaires. L'endroit le plus charmant est sans doute **Saint-Céneri-le-Gérei** (61), village perché sur un éperon granitique, entouré par le méandre de la Sarthe. ■

Vaches, tufs et demoiselles du Bessin

Les falaises du Bessin, tout près de Bayeux, illustrent parfaitement les spectaculaires phénomènes d'érosion qui affectent les côtes normandes. Plus que l'action des vagues qui jouent le rôle de « balais » naturels, ce sont les eaux de pluie qui dissèquent la roche, provoquant des effondrements successifs responsables du recul des falaises. La plus grande prudence est donc de mise. L'accès au plateau est désormais interdit en certains points qu'il vaut mieux découvrir par l'estran, lorsque la mer est suffisamment retirée. C'est le cas de la plage de **Sainte-Honorine-des-Pertes** (14), que l'on rejoint par la rue de l'église. À marée basse, la promenade en direction de Port-en-Bessin vaut vraiment la peine. Les calcaires fissurés, parcourus d'une multitude de failles spectaculaires prennent en sandwich une imposante masse de marnes imperméables. En période de pluie, l'eau ruisselle en cascade, chargée de calcaire dissous qui peut se déposer à nouveau, formant des tufs impressionnants qui boursouflent la falaise. Dissolution, précipitation, le cycle du calcaire est ici accéléré par la présence de mousses qui prélèvent au passage le dioxyde de carbone qui leur est indispensable.

Villers-sur-Mer : l'étrange troupeau des vaches noires, tombées de la falaise.

Pour découvrir les **« Demoiselles de Fontenailles »**, près de **Longues**, prenez la route de Port-en-Bessin jusqu'au hameau du Mesnil. Une petite route qui débute près du cimetière conduit après la dernière maison à un chemin empierré qui descend vers la droite jusqu'à un belvédère. Les « Trois Demoiselles », masses rocheuses détachées de la falaise, semblent coiffées d'un étrange chapeau. Des effondrements successifs ont conduit au paysage actuel dont on pressent qu'il n'est que provisoire. Ces trois dames coiffées sont d'ailleurs des usurpatrices, puisque les véritables demoiselles se dressaient en mer. Deux magnifiques aiguilles de calcaire résistèrent longtemps aux assauts des vagues avant de s'effondrer l'une en 1902 et l'autre en 1939.

À l'ouest de l'estuaire de l'Orne, parcourez à marée basse la plage qui s'étend d'**Houlgate** à **Villers-sur-Mer** (14). La **falaise des Vaches noires** frappe avant tout par la couleur sombre des marnes qui la composent. Des milliers de géologues sont venus ici admirer les ammonites qu'il est désormais interdit de prélever. Ces mollusques marins peuplaient les océans à l'ère secondaire, au temps des dinosaures. À mi-chemin entre les deux stations balnéaires, des blocs « avachis » se languissent au pied de la falaise. La craie blanche qui surmonte les marnes s'effondre par pans entiers sur la plage. Recouverts d'algues et d'argile, ces éboulis prennent à terme une teinte sombre qui leur a valu le nom de « vaches noires » rappelant la robe blanche et noire des charmantes bêtes à cornes locales.

Côte en thym

Sur la presqu'île du Cotentin (50), les floraisons printanières sont précoces. Les eaux du Gulf Stream maintiennent une température douce qui fait naître feuilles et fleurs presque en même temps qu'en Provence. Les sites exceptionnels se bousculent : le **nez de Jobourg** coincé entre l'admirable **baie d'Écalgrain** et l'anse de Vauville où se cache la réserve naturelle de la **mare à Vauville**. Deux points de vue à ne manquer sous aucun prétexte : le **belvédère du calvaire à Biville** qui domine un océan de dunes littorales et le **phare de la pointe de Barfleur** dont les trois cent soixante-cinq marches mènent au paradis. On souffre, mais quelle récompense au sommet! Le panorama sur la côte normande est sublime.

À quelques kilomètres, on accède à l'**île de Tatihou**, soit à pied sec par la chaussée submersible du Rhun, qui se dégage à marée basse, soit en bateau amphibie, à partir de Saint-Vaast-la-Hougue. Cette minuscule île protégée depuis 1990 par le conservatoire du littoral abrite un musée de la Mer, une réserve ornithologique et le « jardin maritime ». Ce dernier présente différents milieux à préserver comme les dunes, les tourbières, les landes et les pelouses maritimes, où la colonisation naturelle apporte quelques surprises. Plusieurs orchidées telles que l'ophrys abeille ou l'orchis pyramidal ont fait leur apparition. La présence d'une palmeraie, de serres à cactées et d'une collection de plantes méditerranéennes fait de Tatihou un vrai petit paradis végétal. ■

Cotentin : *l'admirable baie d'Écalgrain protégée par le nez de Jobourg.*

HAUTE-NORMANDIE

À ne pas manquer !

♥ Le coup de cœur : les ifs de La Haye-de-Routot

Le panorama : l'aiguille de Belval

La balade : le marais Vernier

L'académie des **beaux** arbres

Le bon air de la Haute-Normandie conserve... Du pays de Caux au Roumois, on ne compte plus les arbres millénaires. Ifs monumentaux des cimetières, chênes-chapelles, buis ou aubépines y coulent des jours heureux sur les chemins de l'éternel. La Seine dessine ses derniers méandres en ayant oublié le petit dernier au marais Vernier. De fil en aiguille, elle parvient en bord de mer, où les blanches falaises de craie plongent dans la Manche, modifiant sans cesse le paysage sous les coups de boutoir de l'érosion.

Marais Vernier

Ifs de La Haye-de-Routot

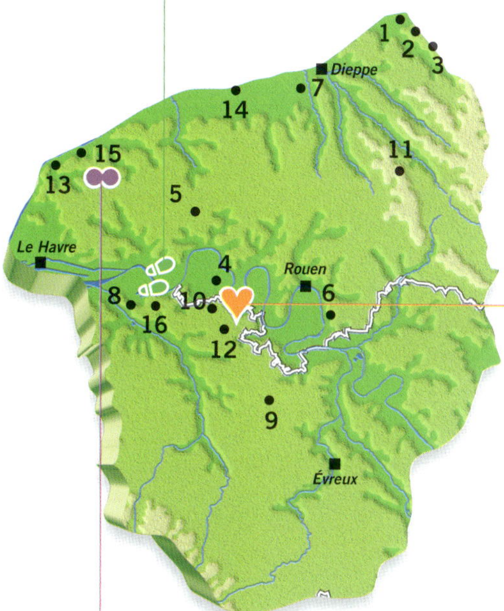

Aiguille de Belval

1. Hêtre Guisard
2. Quesne à leu
3. La bonne entente
4. Chêne-cuve
5. Chêne d'Allouville
6. If de Gouy
7. If d'Offranville
8. If de Foulbec
9. If de Troncq
10. Ifs de La Haye-de-Routot
11. Buis de Maucomble
12. Aubépine de Bouquetot
13. Falaises d'Étretat
14. Veules-les-Roses
15. Aiguille de Belval
16. Le marais Vernier

Histoires et légendes des ancêtres normands

En Seine-Maritime, le **hêtre « Guisard »** se trouve dans le parc du château d'**Eu** (76), qui est devenu mairie et musée. Il compte parmi les rares arbres dont on connaît l'âge avec précision. À l'origine, il y avait deux hêtres sur l'allée, mais l'un des jumeaux fut abattu par une tempête en 1977, ce qui eut pour seul mérite de pouvoir les dater. La section du tronc fixa sa date de naissance en 1585. Le « Guisard », du nom du duc de Guise, propriétaire du château, a donc largement dépassé les 400 ans. Une visite dans la **forêt d'Eu**, toute proche, permet de découvrir le ***quesne à leu*** (chêne au loup), et un couple insolite appelé **« Bonne Entente »**. N'appartenant pas à la même espèce, ce chêne et ce hêtre accolés ne consommeront jamais leur mariage. Ces arbres plantés en 1843 en présence de la reine Victoria et du roi Louis-Philippe symbolisent l'entente cordiale entre la France et l'Angleterre. En 2000, le site a été rebaptisé « reine mère Elisabeth ». Un peu plus au nord, en **forêt de Crécy**, la même association d'arbres porte le nom de… **« Frères ennemis »** ! Ô mystères de l'histoire !

En **forêt de Brotonne**, le **chêne-cuve** trône à quelques mètres de l'aire de stationnement de la Mailleraye, sur la D 490 en direction de Bourg-Achard. Il attire l'attention par son impressionnante circonférence de 7,30 m, ses 40 m de hauteur et ses quatre « bras » entourant la « cuve ». Il en avait cinq, mais vers 1830, un braconnier voulant se venger de la ténacité d'un garde forestier en coupa un. Dans la « cuve » centrale, l'eau croupie dans laquelle infusent des feuilles en décomposition est parée de toutes les vertus médicinales. Un conseil, n'essayez pas d'en boire ! Les spécialistes se perdent en conjectures pour savoir s'il s'agit d'une cépée, c'est-à-dire des rejets résultant d'une coupe ou de la fusion de cinq chênes voisins. Quoi qu'il en soit, il a dépassé 300 ans et marche allégrement vers son quatrième centenaire.

Le **chêne-chapelles d'Allouville-Bellefosse** (76) est probablement le plus célèbre de notre pays. Dorloté par la municipalité attentive à toutes ses humeurs, il serait âgé de plus de 1 200 ans. Ses 18 m de hauteur et ses 15 m de tour confirment cette hypothèse. Depuis le XVIIe siècle, il abrite deux chapelles superposées. Un escalier enroulé autour du tronc et protégé par une couverture de bardeaux mène à la plus haute. Son statut religieux lui valut quelques frayeurs au moment de la Révolution. Fort heureusement, l'instituteur du village eut l'idée d'y apposer le panneau providentiel : « Temple de la Raison ». Ainsi, le géant végétal fut épargné grâce à l'astuce de monsieur Bonheur, le bien nommé maître d'école. Les aventures du vieux chêne se poursuivirent. Depuis Charlemagne et Guillaume le Conquérant jusqu'au passage des chars américains en 1944, il fut un témoin privilégié de l'histoire de France. Des travaux récents lui ont donné une nouvelle vigueur, lui permettant de franchir un nouveau millénaire. L'association A.R.B.R.E.S. attribue depuis l'an 2000 le label « arbre remarquable de France » aux municipalités qui œuvrent pour la sauvegarde de l'exceptionnel patrimoine naturel et culturel que constituent ces véritables monuments, aux quatre coins de la France.

Allouville-Bellefosse : *le célèbre chêne abrite deux chapelles superposées.*

De villes en aiguilles

Incroyables falaises du pays de Caux. On a beau les connaître par cœur, les avoir vues en photo partout, on ne s'en lasse pas. Le site d'**Étretat** (76) malgré ses millions de visiteurs provoque toujours une grande émotion. L'un des panoramas les plus extraordinaires sur la grande arche et l'aiguille qui inspira Maurice Leblanc s'apprécie particulièrement bien depuis la chapelle Notre-Dame-de-la-Garde, sur la falaise d'Amont. La promenade de la falaise d'Aval reste tout aussi éblouissante. Contrairement aux idées reçues, le principal agent d'érosion n'est pas la mer, mais l'eau douce. Eh oui! La pluie infiltrée dans les fissures de la roche sculpte la craie, isolant des aiguilles, des pics, des ponts naturels, qui à leur tour s'effondreront dans quelques centaines d'années, de même que la grande arche que Maupassant comparait à « un éléphant trempant sa trompe dans la mer ». La falaise recule en moyenne de 30 cm par an. L'eau venue du ciel s'acidifie en se chargeant de dioxyde de carbone. Elle agit comme une scie naturelle qui découpe des pans entiers de la belle roche tendre, tandis que la mer se contente de balayer les copeaux. Les silex alignés en bancs plus résistants sont entraînés par les flots, roulés, usés jusqu'à former les galets des plages normandes.

Bénouville : *l'aiguille solitaire de Belval.*

Avec ses 130 km de long, la côte d'Albâtre constitue en France la plus grande ligne de falaises dont la hauteur varie de 50 à 107 m. Dans les dépressions ou valleuses, de petites villes se sont installées comme **Veules-les-Roses**, l'une des plus pittoresques. L'abreuvoir, les cressonnières et les moulins inspirèrent peintres et poètes. Un circuit pédestre disponible à l'office du tourisme remonte jusqu'aux charmantes sources du plus petit fleuve de France. Mille cent quatre-vingt-quatorze mètres de long! Pas trop difficile de randonner le long de la Veules! À Benouville, un seul chemin s'approche du rivage. Coupez ensuite à travers champ pour rejoindre le bord de mer et admirer l'**aiguille de Belval ●●**, isolée au milieu des flots. Combien de temps résistera-t-elle aux assauts des vagues et des tempêtes?

Entre **Eu** et **Saint-Quentin-du-Bosc**, une ancienne voie ferrée a été aménagée en itinéraire de randonnée. Au printemps, cytises, robiniers et aubépines colorent la promenade de leurs longues grappes fleuries. Encaissé, boisé ou vallonné, ce GR de pays réserve quelques points de vue remarquables à partir du viaduc et des ponts de Touffreville, Saint-Sulpice et Eu. ■

Sous la protection du cher if

La Seine-Maritime cache de nombreux ifs remarquables. Beaucoup ont de toute évidence précédé la construction des églises à côté desquelles ils se dressent. Plusieurs hypothèses pourraient expliquer leur situation. Symbolisaient-ils l'éternité, eux qui gardent leurs feuilles, vivent très longtemps et repartent avec vigueur lorsqu'on les taille? Servaient-ils de repoussoir pour préserver le cimetière, eux dont le feuillage et les graines toxiques éloignent le bétail et les chevaux? Signalons au passage que contrairement aux idées reçues les seules parties non toxiques sont les arilles, c'est-à-dire les baies rouges portées par les pieds femelles. Protégeaient-ils simplement les tombes? Cette connivence entre l'arbre et les morts aurait été introduite lors des grandes invasions. L'appropriation des lieux de cultes païens par la chrétienté se serait alors traduite par l'installation des églises à proximité de l'arbre des morts. Une certitude, les ancêtres sont toujours debout. Partir à la recherche de ces arbres requiert du temps et une bonne carte. Il suffit ensuite de repérer l'église ou le cimetière du village. En voici quelques-uns, mais la liste est loin d'être exhaustive.

Troncq: le vieil if se referme peu à peu sur la statue de la Vierge.

Planté sous saint Louis, l'**if de Gouy** (76) possède un tronc entièrement creux comme nombre de ses congénères. Au sud de Dieppe, l'**if d'Offranville** (76), sans doute plus que millénaire, a plus de 7m de circonférence. Très abîmé par un ouragan en 1876, il a été sauvé de justesse en 1914, après que des enfants avaient jeté des allumettes dans son tronc. Il paraît aujourd'hui en pleine forme, côtoyant le curieux clocher tors de l'église.

L'Eure recèle aussi quelques spécimens remarquables, près des églises de **Boisney** (27) et **Saint-Victor-L'Épine** par exemple. Perché sur une butte, ne manquez pas l'if monumental de l'église de **Foulbec** (27) pourvu d'un incroyable entrelacs de racines. On se demande qui soutient l'autre. L'if millénaire de **Troncq** (27), près du Neubourg, se referme lentement sur une statue de la Vierge qu'il emprisonne désormais, concurrençant le chêne à la Vierge d'Elbeuf. Les deux ifs qui se dressent près de l'église de **La Haye-de-Routot** ♥, près de Bourg-Achard, sont remarquables en tous points. Leur circonférence exceptionnelle, 14m pour l'un et 16 pour l'autre, les fait concourir pour le titre de plus gros arbre de France, au même titre que d'autres ifs normands, un châtaignier breton, un tilleul franc-comtois et un olivier provençal. Leur âge peut être estimé entre 1300 et 1600 ans. Lorsque l'église fut construite au XIIIe siècle, ils étaient déjà imposants. On reste rêveur quand on sait qu'ils faisaient certainement déjà l'objet d'un culte durant le premier millénaire. En tout cas, la tradition de fête religieuse est parvenue jusqu'à nous. Chaque année, la confrérie de la Charité et la commune perpétuent le rite des feux de la Saint-

Clair. Le dimanche précédent la Fête-Dieu, on abat un peuplier et le jeudi suivant on le débite en bûches de tailles décroissantes. Le 15 juillet, on utilise un autre tronc pour servir de mât central au bûcher. De six heures à midi, on édifie une pyramide de bois en empilant les rondins avec le plus grand soin. Le soir, après une cérémonie religieuse, on embrase le bûcher, mais le mât ne doit pas brûler, sous peine de maléfice. La fête rassemble des milliers de personnes qui repartent avec des brandons refroidis, porte-bonheur pour l'année. Au fil du temps, les deux ifs se sont creusés naturellement et au XIXe siècle, les cavités suffisamment vastes purent accueillir, pour l'un, une chapelle dédiée à sainte Anne, et pour l'autre, un oratoire voué à Notre-Dame de Lourdes. Des actions successives furent entreprises pour préserver ces monuments végétaux : déplacement du bûcher pour éviter les incendies, haubanages de plusieurs branches. En septembre 2000, la chapelle quitta même pour quelque temps son abri végétal afin de mettre en place un nouvel aménagement intérieur. Le dimanche 29 juillet 2001, l'abbé Hénault a consacré le nouvel autel de l'if de Sainte-Anne. Les vénérables ancêtres sont fin prêts pour affronter un nouveau millénaire !

Les ifs n'ont pas l'apanage des cimetières ! La preuve à **Maucomble**, en Seine-Maritime, où un buis dépasse du mur. Bien malin qui arrive à en trouver le tronc initial ! L'entrelacs que cachent ses feuilles persistantes permet d'accepter son âge présumé, soit 700 ans. Près de Bourg-Achard, la belle aubépine de **Bouquetot**, d'un âge équivalent, fleurit chaque année. Sept cents ans, un bel âge pour se reproduire ! On suppose que cette « épine blanche » fut plantée pour célébrer le rattachement du duché de Normandie au royaume de France en 1355, sous le règne de Charles V.

La Haye-de-Routot : *l'if millénaire abrite une chapelle dédiée à sainte Anne.*

Le méandre abandonné

Le **marais Vernier** occupe un ancien méandre de la Seine progressivement colmaté depuis 1 200 ans. Au sud, l'accumulation des végétaux au cours des millénaires a permis de constituer une épaisse couche de tourbe imbibée d'eau en permanence, tandis qu'au nord les alluvions l'emportent. Depuis le Moyen Âge, les hommes ont forgé le paysage en s'adaptant aux contraintes du site. Bois, courtils (jardins maraîchers), exploitation de la tourbe, prairies de pâture ou de friche satisfont les besoins humains. Depuis le début du XVIIe siècle, la digue des Hollandais contient les crues de la Seine. En 1950, un projet de culture intensive remit en cause la diversité du marais, favorable à l'installation d'une flore et d'une avifaune très riche, surtout concentrée aujourd'hui autour de la Grande Mare. Les efforts entrepris, avec le concours des « tondeuses » efficaces que sont les races rustiques de bovins, de chevaux ou de moutons, restaurent peu à peu les milieux traditionnels. Le marais Vernier reste toujours plein de charme. Une petite route sinue de la Grande Mare à Bouquetot, puis vers la commune de Marais-Vernier, bordée d'adorables maisons au toit de chaume, de vieux arbres têtards, de vergers où les pommiers sont rois. Une table d'orientation installée sur la route qui grimpe vers Foulbec apporte un nouvel éclairage sur l'ensemble du site, perçu alors comme un vaste amphithéâtre. ■

Marais Vernier : la Grande Mare, vestige du méandre abandonné par la Seine.

PICARDIE

À ne pas manquer !

Le coup de cœur : le poirier de l'abbaye de Valloires

Le panorama : le belvédère du bois de Cise

La balade : la forêt de Crécy

Ficelles picardes

Tous les amoureux de la nature connaissent la Picardie littorale, dont la baie de Somme avec ses milliers d'oiseaux est le fleuron. Les forêts de l'intérieur, de Crécy à Compiègne, et les nombreuses vallées qui découpent les plateaux cultivés recèlent aussi quelques trésors arborés ou sylvestres.

Poirier de Valloires

Forêt de Crécy

Belvédère du bois de Cise

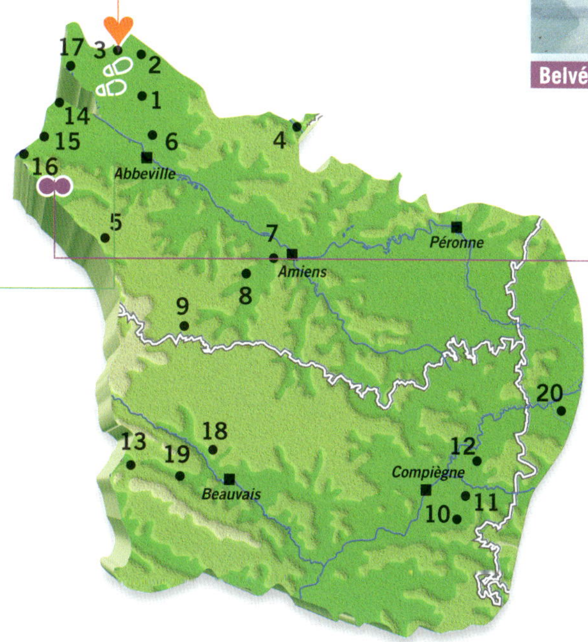

1. Forêt de Crécy
2. Tilleul d'Argoules
3. Abbaye de Valloires
4. Tilleul de Lucheux
5. Arbres à loques
6. Tilleul d'Hautvillers
7. Orme de Guignemicourt
8. Tilleul de Quevauvillers
9. Tilleul d'Eramecourt
10. Chêne Saint-Jean
11. Futaie des Beaux-Monts
12. Forêt de Laigue
13. Tilleul de Saint-Pierre-es-Champs
14. Galets du Hourdel
15. Hâble d'Ault
16. Bois de Cise
17. Parc du Marquenterre
18. Château de Troissereux
19. Belvédère de Lalandelle
20. Forêt de Saint-Gobain

Pics hardis à Crécy

La **forêt de Crécy** est la plus importante de la Somme, avec 4 300 ha dominés par le hêtre et le chêne. D'abord forêt seigneuriale, puis rattachée par Louis XI à la couronne de France le 24 septembre 1463, elle fut donnée en apanage au comte d'Artois. Cisterciens de Valloires, Prémontrés de Dommartin ou Chartreux de Thuyson en détenaient des parcelles exploitées jusqu'à la Révolution. Réformée à l'époque de Colbert, l'ONF en assure aujourd'hui l'entretien. Le nom de la forêt correspond à celui du village de Crécy-en-Ponthieu, célèbre pour la bataille qui s'y déroula le 26 août 1346, entre l'armée d'Edouard III d'Angleterre et les troupes de Philippe VI de Valois.

Les routes qui traversent le massif, entre Forest-l'Abbaye et Crécy-en-Ponthieu, mettent sur la piste des vieux chênes et des hêtres. Le plus vieux d'entre eux est le **chêne de Ramolleux**. Ne satisfaisant pas aux critères de rectitude propres à sa conservation pour l'exploitation, il doit sûrement sa survie à la proximité d'un poste forestier construit en 1840. De génération en génération, les forestiers ont conservé l'arbre devenu peu à peu remarquable. Sur la D 936, près de Machiel, empruntez la route forestière qui débute au monument aux morts. L'ancêtre se dresse sur la droite, fier de ses 600 ans, ce qui ferait de lui un contemporain de la bataille de Crécy. Ses 5,50 m de circonférence ne plaident cependant pas en faveur de cette hypothèse. Sur la même route, on rencontre le **chêne de Crécy**, puis le **Bien-Venant** et le **Spectateur**. Sur la D 111, à mi-chemin entre Forest et Crécy, à hauteur de « la hutte de chasse des vieux chênes », un circuit en boucle appelé « promenade des vieux chênes » permet quelques belles découvertes. À l'orée de la forêt, au nord de Forest, on trouve encore le **chêne des Chartreux** et le beau **hêtre Richard**. Les semis serrés au départ dans le fourré, puis le gaulis peu à peu éclairci conduisent les arbres à chercher le plus vite possible la lumière, permettant de fournir un tronc très long et rectiligne. Ces fruits du travail des forestiers sont donc tous sur le même modèle. Finalement, le chêne des Ramolleux fait exception dans cet univers rectiligne. Sur la route forestière de Bernay à **Domvast**, à l'est du massif, près de la mare du Faux-Soleil, se tiennent le « hêtre de la

Forêt de Crécy : *le chêne de Ramolleux, plusieurs fois centenaire.*

Vierge » et les **« Frères ennemis »**, un hêtre et un chêne curieusement accolés. Selon les circonstances, ces étranges juxtapositions sylvestres, qui associent deux essences différentes sont amies ou adversaires, « Frères ennemis » à Crécy, « Bonne Entente » en forêt d'Eu. Le tronc lisse des hêtres, comparable à une patte d'éléphant, diffère de celui du chêne, rugueux et fissuré, propice aux évolutions des **pics**. Incroyables escaladeurs, le corps toujours à la verticale, ils utilisent leur queue comme support, s'accrochant au fût avec leurs pattes puissantes garnies de deux doigts en avant et deux en arrière. Leur bec usé par le choc répété de leur tambourinage pousse sans arrêt. Des percussions plus fréquentes sur le tronc remplacent le chant des autres oiseaux. Ils choisissent alors une branche aux qualités de résonance remarquables. Lorsque les coups rappellent le son du marteau sur l'enclume, c'est que l'animal creuse la « loge », qui n'est rien d'autre que le nid installé à l'intérieur du tronc. Leur langue longue et gluante va chercher leurs proies dans les interstices du bois. L'os qui la soutient s'enroule comme un mètre à ruban dans une cavité semi-circulaire du crâne. Les couleurs permettent de distinguer les deux pics les plus communs, le pic-vert et le pic épeiche au plumage rouge, blanc et noir. Leurs comportements différents assurent aussi une identification facile. Si le pic épeiche se tient toujours à la verticale, le pic-vert arpente au sol les prairies éclairées à la recherche des appétissantes fourmis dont il se régale.

N'oublions pas dans cette photo de famille, l'extraordinaire pic noir aux dimensions impressionnantes. L'espèce autrefois cantonnée au sud de la Loire remonte peu à peu vers le nord. Les amoureux de beaux arbres auront intérêt à parcourir quelques kilomètres vers le nord, où les attend le vieux **tilleul d'Argoules** (80), dans la belle vallée d'Authie. À quelques kilomètres, les murs de l'**abbaye de Valloires** supportent depuis 200 ans un **poirier** ♥ cultivé en espalier, témoignage des efforts incessants déployés par les moines dès le Moyen Âge, pour sélectionner des variétés et des techniques nouvelles. Un monument ! La variété Marie-Madeleine semble particulièrement résistante, même aux incendies qui ont affecté l'abbaye il y a quelque temps. Impossible de quitter les lieux sans découvrir les admirables **jardins de Valloires** dus au talent de Gilles Clément. Une merveilleuse création à ne pas manquer !

Abbaye de Valloires : *le poirier bicentenaire produit encore d'excellents fruits.*

Arbres à légendes picardes

L'arbre aux épousailles de **Lucheux** (80) se dresse sur la place au Tamis. Difficile de savoir si ce vieux tilleul est composé d'un ou de deux arbres. En tout cas, il présente deux parties séparées par une cavité. Une comptine l'évoque en ces termes :

« Le jour du mariage
il est un vieil usage :
il faut pour être bien mariés
sous l'arbre être tous deux passés
Qui le premier passera
Toujours le maître sera. »

Les jeunes mariés du village passent toujours sous l'arbre, mais rien ne confirme que le premier à franchir l'arche boisée tienne les rênes du ménage. La forme de la place est elle-même intéressante, puisqu'une aire rectangulaire entourée de tilleuls autrefois palissés permettait la pratique du « jeu du tamis », interdit par Louis-Philippe à cause du danger que représentait la balle en bois gainée de cuir.

Disons-le tout de suite, à **Senarpont** (80), les **arbres à loques** d'origine ne sont plus là, mais la tradition reste incroyablement vivace. Pour le constater, empruntez la D 1015, entre Neuville-Coppegueule et Senarpont. Sur la gauche de la route, en descendant vers cette dernière commune, on découvre un curieux amoncellement de vêtements suspendus, comme si quelque passant avait profité des buissons pour mettre son linge à sécher. Il n'en est rien. Il y a quelques années encore, trois ormes occupaient les lieux avant que la graphiose n'en vienne à bout. Les arbres servaient de porte-bonheur, chacun venant y accrocher une pièce d'étoffe, une médaille, un vêtement. En 1981, les arbres malades durent être coupés. Ce qui demeurait des troncs fut incendié en 1992, puis en 1994. Les trois souches calcinées continuaient à être couvertes de vêtements, béquilles, chaussures ou autres corsets médicaux. Après l'abattage définitif, l'accumulation des mêmes objets persistait sur les buissons alentours. Aujourd'hui trois jeunes ormes ont été plantés pour les générations futures, éloignant, c'est sûr, toutes les maladies, même la graphiose des ormes! D'où vient cette étrange superstition? Le trio d'ormes, rassemblés sous le nom d'arbre**s** de Saint-Claude, marque l'extrême limite de la forêt de Neuville-Coppegueule qui, comme son nom picard l'indique, servait de repaire aux brigands. Apercevoir l'arbre, après avoir traversé la forêt était déjà bon signe. Mieux encore, en 1499, l'épidémie de peste noire s'arrêta ici et le village de Senarpont fut épargné. On érigea alors une chapelle en remerciement à saint Claude. Malgré plusieurs destructions de l'édifice, le site a conservé ses vertus et acquit la réputation de guérir tous les maux.

Plusieurs arbres de la Somme sont liés à la petite ou à la grande histoire. Certains peuvent être associés à un calvaire, comme le **tilleul d'Hautvillers** (80) sur la D 105, sur la route de Lamotte-Buleux, ou encore celui de **Thory**, qui porte une Vierge, sur la D 83 vers Sauvillers. Pour trouver le gros orme de **Guignemicourt** (80), suivez la rue… du Vieil-Orme. Se dressant près d'une chapelle, il a survécu miraculeusement à la maladie. L'un des arbres les plus volumineux du département se trouve près de l'église de **Quevauvillers**. Ce vieux tilleul de 6,30 m de circonférence pourrait être un arbre de Sully, donc âgé d'environ 400 ans.

Non loin de lui, à **Éramecourt** (80), il est concurrencé par un autre magnifique tilleul de près de 6 m de circonférence, dont le tronc creux témoigne d'un âge hautement respectable. En forêt de Compiègne, tout près du charmant village de **Saint-Jean-au-Bois** (60), le **chêne Saint-Jean** finit paisiblement ses jours. Tronc creux, branches fragiles, le dépérissement se précise pour ce géant de plus 8 m de circonférence et peut-être âgé de 800 ans. La futaie des **Beaux-Monts** garde encore quelques volumineux spécimens de hêtres et de chênes séculaires, tout comme la forêt de **Laigue** (60), avec le chêne Sainte-Croix. À **Saint-Pierre-es-Champs** (60) dans le pays de Bray, un énorme tilleul domine la **côte Sainte-Hélène**, site désormais protégé pour sa richesse historique et naturelle (nombreuses orchidées sur ce promontoire calcaire bien exposé!). À **Chaumont-en-Vexin** (60), un admirable platane ombrage la place de la Foulerie.

***Lucheux :** le tilleul aux épousailles accueille toujours les jeunes mariés.*

De la falaise au poulier

Charmant, le petit village du **Hourdel** (80)! Le cri des goélands, le vent qui balaye la baie de Somme, les vasières à salicornes, un vrai bonheur! Au-delà, c'est le domaine de la dune et surtout des galets, une invraisemblable accumulation de galets sur 15 km, depuis Onival jusqu'à la pointe. Malgré les travaux d'endiguement, on estime entre 1 000 et 2 000 t la masse de galets apportée chaque année. La carte géologique montre clairement la succession des flèches de galets ou pouliers qui de siècle en siècle ont fait progresser la côte vers le nord. Le nom de « cayeux » évoque d'ailleurs ce formidable entassement. D'où viennent ces millions de galets arrondis par le mouvement des flots? En route vers le sud.

Après Cayeux, la D 102 longe le **Hâble d'Ault** (80), remarquable réserve ornithologique. En se dirigeant vers Onival, on circule sur la falaise « fossile », autrefois léchée par les vagues et désormais séparée des flots par le Hâble d'Ault. Au **bois de Cise** ●●, la falaise amorce une dépression, ou valleuse. La route emprunte une vallée « sèche » aujourd'hui suspendue à cause du recul de la côte. Il faut donc des escaliers pour accéder à l'estran, ou platier. Ne manquez surtout pas de vous rendre au belvédère du « panorama Victor-Hugo ». L'imposante muraille de craie apparaît dans toute sa splendeur, simplement déprimée au niveau de la valleuse. L'origine des pouliers, ces amas de galets du Hourdel, se trouve là, comme dans les autres falaises du pays de Caux. Des lits horizontaux de silex noirs aux formes tourmentées parcourent la masse crayeuse. Chaque bloc arraché, chaque éboulement, déverse dans la Manche de nouveaux silex qui alimentent les flots. Roulés, usés par les courants, ils enrichissent les pouliers plus au nord. Ici, le littoral recule, mais il progresse vers la baie, changeant sans cesse de courbe malgré les efforts des hommes. Protégée du vent par les pins, la chênaie-frênaie du bois de Cise présente un merveilleux sous-bois printanier aux floraisons multiples, bercées par les chants d'oiseaux. C'est l'un des derniers bois « naturels » du littoral de la Manche.

***Bois de Cise**: l'imposante muraille de craie, depuis le belvédère Victor-Hugo.*

Prises de bec en baie de Somme

P**arc ornithologique du Marquenterre**, **marais de Crotoy**, **Hâble d'Ault**, le bonheur est dans la baie pour les ornithologues. La Somme n'a cessé d'enrichir son estuaire de ses apports argileux, permettant la constitution d'une vasière immense et… nourricière. Des dizaines de milliers d'oiseaux exploitent cette manne biologique, s'abritant dans les réserves naturelles lorsque la marée remonte. Oiseaux comme visiteurs, attention aux périodes de chasse! Impossible d'évoquer ici toutes les espèces qui peuplent ces milieux, mais il est intéressant d'approcher ce monde ailé par… le bec, instrument raffiné pour la quête de nourriture. Comment exploiter au mieux la vase et ses richesses animales bien cachées, mollusques, crustacés, vers, annélides. Le bec fin et bien droit permet d'aller à l'essentiel. La concurrence est évitée par des « outils » de longueurs différentes. Très court chez les gravelots et les tournepierres, le bec s'allonge peu à peu depuis les bécasseaux jusqu'aux chevaliers et devient démesuré chez les barges. À chacun son niveau d'exploitation. Une légère courbure peut améliorer les prélèvements, bec courbé vers le bas pour le courlis, élégamment redressé vers le haut pour l'avocette, qui sabre l'eau. Et la fantaisie, ou plutôt l'efficacité, de la nature est sans limite : bec aplati à l'extrémité des bien nommées spatules, bec « ouvre-coquilles » de l'huîtrier, bec filtreur du canard souchet, bec poignard des hérons. À vos jumelles! Avec un peu de chance, l'observation du phoque veau marin, récemment revenu en baie de Somme, complètera ce merveilleux bestiaire. Surtout, ne dérangez pas!

Aigrette garzette
au bec en poignard.

Spatule blanche
au bec aplati.

Courlis cendré
au bec recourbé.

Coup de vieux en pays de Bray

Bocages, vaches noires et blanches, maisons à pans de bois, l'Oise se fait normande. La sérénité des paysages laisse rêveur et inspire les peintres qui ont trouvé leur paradis à Gerberoy. Près de Beauvais, le parc du **château de Troissereux** (60) abrite une exceptionnelle collection de platanes. Une belle occasion de faire connaissance avec les deux platanes qui furent importés en Europe, celui d'Occident venu d'Amérique et celui d'Orient originaire de la Méditerranée. Ces deux espèces ont été progressivement supplantées par leur hybride, le platane à feuilles d'érable, que l'on retrouve maintenant un peu partout, que ce soit en bord de route ou sur une place de Provence. Troissereux permet d'observer des spécimens monumentaux des trois espèces.

***Troissereux :** les platanes du parc du château.*

Au sud de Saint-Aubin-en-Bray, depuis le belvédère de **Lalandelle** (60), sur la D 22, l'œil du géographe saura décrypter les mystères de la « boutonnière » du **pays de Bray**. Les terrains sédimentaires d'abord plissés formèrent un bombement ou anticlinal. L'érosion donna ensuite un profond coup de ciseaux dans les couches les plus jeunes, dégageant les strates plus anciennes. Une véritable fenêtre s'ouvre ainsi sur l'ère secondaire ! Et les vaches couleur pie continuent de brouter, sans prendre un instant conscience qu'elles foulent des roches sédimentaires du jurassique accumulées au temps des dinosaures.

La boutonnière du pays de Bray.

L'Aisne sans moutons

En **forêt de Saint-Gobain** (02), les sites remarquables sont multiples, du prieuré de Tortoir à l'abbaye Saint-Nicolas-des-Bois. Le chaos granitique de Gargantua, près de Molinchard, et les **roches calcaires de l'Ermitage** sur la D 730 attirent les géologues en herbe. Ces blocs calcaires méritent qu'on se penche sur leur passé. Un simple coup d'œil et on remarque qu'une accumulation de fossiles centimétriques en forme de pièces de monnaie compose la roche. Malgré leurs dimensions, ces nummulites sont des géants. Évoluant en milieu marin à l'ère tertiaire, ces animaux unicellulaires construisaient une enveloppe spiralée, dont ils n'occupaient que la dernière loge. Pendant des millions d'années, leurs cadavres se sont accumulés sur des épaisseurs considérables, constituant ce calcaire particulier que les géologues appellent « pierre à liards ». À proximité de la même route, la forêt abrite plusieurs arbres intéressants, en particulier le chêne de l'Europe et la cépée des Quatre-Frères.

Forêt de Saint-Gobain : les calcaires sont composés de milliards de nummulites.

Roches de l'Ermitage.

Titis et graminées

Chaque week-end, des centaines de milliers de Parisiens fuient la capitale. Besoin immense pour le citadin de retrouver le contact avec la nature. Pourtant, si l'on ouvre l'œil, celle-ci est partout présente. La ville permet même des observations faciles et parfois surprenantes.

Les espaces verts, les parcs, les jardins laissent une large place à une flore et une faune d'une richesse insoupçonnée. Dans le cœur même de la ville, là où on l'attend le moins, la vie reconquiert sans cesse ses droits. Faune et flore réinvestissent les lieux de manière spontanée, générant de nouveaux équilibres, établissant de nouvelles chaînes alimentaires.

En rêvant un peu, on peut même faire le tour du monde. Les arbres de Paris nous y invitent. Importés dans notre pays au XVIIIe et surtout au XIXe siècles, en provenance de tous les continents, de multiples essences décorent les parcs et les avenues. Paulownias, sophoras ou ginkgos d'Extrême-Orient, catalpas, robiniers ou copalmes d'Amérique ou plus simplement marronniers et platanes du bassin méditerranéen. Tous font aujourd'hui partie de notre vie quotidienne, bien loin de leurs sites d'origine.

Quant aux oiseaux qui nous entourent, les voyages que nombre d'entre eux effectuent chaque année impressionnent. Les martinets aux longues ailes noires arrivent au mois de mai, bien après les hirondelles. Pendant l'été, ils vont animer le ciel de la ville. Au printemps, parcs et jardins seront égayés par les chants de nombreux oiseaux « africains » : fauvettes ou pouillots par exemple. Un étrange ballet qui brasse chaque année les populations aériennes qu'elles soient sédentaires venues du sud ou bien du nord.

À ne pas manquer !

- **Le coup de cœur :** la Cité florale
- **Le panorama :** le maquis de Montmartre
- **La balade :** les vieux arbres de Paris

Tours de Notre-Dame

Maquis de Montmartre

Vieux arbres

1. Les oiseaux de Notre-Dame
2. L'orme de Saint-Gervais
3. Le robinier du square Viviani
4. La rue Mouffetard
5. Les arènes de Lutèce
6. Le Jardin des plantes
7. Les arbres de l'avenue Foch
8. Le platane du parc Monceau
9. Les arbres du Père-Lachaise
10. Le parc des Buttes-Chaumont
11. Le parc Montsouris
12. Les jardins du Trocadéro
13. La cour de Rohan
14. La promenade plantée
15. Le sentier des Merisiers
16. La Cité fleurie
17. La Cité florale
18. La villa Santos-Dumont
19. La rue Berton
20. L'allée des Cygnes
21. Le maquis de Montmartre
22. Le quartier d'Amérique
23. La butte Bergeyre
24. Les villas du XXe arrondissement

Parc des Buttes-Chaumont.

Pennes capitales

Depuis bien longtemps, les oiseaux trouvent dans Paris, ainsi que dans la plupart des grandes villes, des jardins, des pièces d'eau et même des monuments qui leur rappellent certains milieux naturels. Voilà maintenant des siècles que de nombreuses espèces ont amorcé leur exode rural. Les arbres et les buissons des jardins servent de refuge à une avifaune abondante, retrouvant là des conditions proches de celles qui précédaient la ville. On y retrouve la fauvette à tête noire, le merle noir, le troglodyte mignon, le pinson ou le rouge-gorge, sans oublier les traditionnelles mésanges charbonnières et mésanges bleues présentes tout au long de l'année. Pour un certain nombre d'oiseaux « originaires » des falaises, à-pics et autres gorges caractéristiques des régions calcaires ou montagneuses, les façades d'immeuble tout comme les monuments offrent des avantages comparables à leur biotope originel. Il suffit qu'une partie du bâtiment soit inaccessible aux hommes pour attirer les visiteurs ailés vers ce site de nidification, même si en dessous les promeneurs s'agitent par centaines.

Tourterelle

L'architecture a son importance. Corniches, sculptures, rebords étroits, statues sont très prisés par le faucon crécerelle, le martinet noir, le choucas des tours ou le rouge-queue noir. Les bassins et les pièces d'eau abritent une avifaune particulière. En hiver, les classiques colverts et poules d'eau peuvent rencontrer les mouettes rieuses ou même quelques migrateurs comme les fuligules milouins ou bergeronnettes de passage. Il est passionnant de découvrir à quel point certains savent exploiter l'omniprésence de l'homme, utilisant pour construire leur nid, bandes magnétiques, mouchoirs en papier, ressorts de montre, fils électriques, qui côtoient brindilles, plumes et autres bouts de laine plus conventionnels.

Le lieu choisi pour la nidification est un poème... moderne ! Les oiseaux cavernicoles, mésanges par exemple, investissent les compteurs électriques, les vieilles boîtes à lettres et les gouttières. Ceux qui font leur nid dans les branches s'inventent des arbres artificiels à l'aide de poteaux électriques, de panneaux de signalisation, ou de feux tricolores... La richesse de la ville en ordures ménagères attire bon nombre de corvidés (corneilles, pies, geais), et en hiver, mouettes et étourneaux. Beaucoup d'espèces ne résistent toutefois pas à la pression humaine trop forte, soit par manque de nourriture ou de site de nidification, soit par excès de pollution ou de bruit. Aussi la fauvette et le rouge-gorge se font-ils plus rares au cœur de Paris. ■

***Quais de la Seine :** les mouettes ont encore leur plumage hivernal.*

Au royaume du Saint-Esprit

Notre-Dame ●● ! Des millions de visiteurs chaque année ! Une merveille de l'art gothique ! La belle cathédrale n'est pas seulement appréciée des touristes, elle accueille depuis longtemps déjà de discrets locataires ailés. Une colonie de choucas y loge en permanence tout comme le discret rouge-queue ou le pigeon colombin. Au printemps, les martinets viennent égayer les cieux, concurrençant les rares hirondelles nichant sous les ponts de la Seine toute proche. Les vedettes incontestées de ce monde secret restent les faucons crécerelles. Plusieurs couples établis au cœur de la belle architecture utilisent les trous de boulin pour nicher. Ils tournent de façade en façade au gré des ravalements. Il suffit de s'installer sur un banc du square Jean XXIII et d'observer le ciel. Évoluant de croix en statue, le petit rapace s'élève pour un vol de repérage. Des ailes pointues, une queue élancée, c'est lui ! De temps en temps l'oiseau se stabilise, effectuant un étonnant surplace grâce à des battements d'ailes très rapides, évoquant le Saint-Esprit. Les faucons crécerelles se nourrissent surtout des moineaux parisiens, mais aussi de petits rongeurs lorsqu'ils vont faire leurs courses en banlieue. Il leur arrive même de capturer les pauvres perruches ou canaris ayant malencontreusement quitté leur cage du tout proche marché aux oiseaux. Paris, capitale du faucon crécerelle ! L'oiseau s'est en effet adapté peu à peu à toutes les architectures de la grande ville. Appréciant le gothique de Notre-Dame ou de la tour Saint-Jacques, mais aussi les monuments du XIXe siècle tels que l'Arc de Triomphe, la tour Eiffel, les Invalides, le Sacré-Cœur ou le Petit Palais. L'oiseau ne dédaigne pas les gares parisiennes, notamment l'horloge de la gare de Lyon. Un couple a même élu domicile dans une des cheminées d'une tour de La Défense. Le plus sympathique étant tout de même l'installation, certes provisoire, d'un couple dans le clocher de l'église… du Saint-Esprit dans le 12e arrondissement. ■

Faucon crécerelle

***Notre-Dame :** Paris vu par les gargouilles.*

Repères branchés à Paris

Une promenade au cœur de Paris permet de découvrir perdus parmi les monuments les plus célèbres de la capitale, quelques **arbres remarquables** nichés dans les jardins du Quartier Latin. Derrière l'**Hôtel de Ville**, au début de la rue François-Miron, se dresse l'orme de Saint-Gervais. Cet arbre évoqué sur les miséricordes qui ornent les stalles de l'église se retrouve dans les ferronneries qui décorent les fenêtres, rue François-Miron et rue des Barres. Depuis le Moyen Âge, on plante un arbre sur cette place et on le renouvelle dès qu'il commence à dépérir. Ce lieu de rassemblement servait à rendre la justice ou à organiser des fêtes populaires. Bizarrement, on constate que les ormes résistent mieux dans la capitale à la maladie qui les décime. Sans doute un des effets « pervers » de la pollution que les scolytes, vecteurs de la graphiose, n'apprécient pas.

Le pont Louis-Philippe, puis le pont Saint-Louis conduisent à l'**île de la Cité**. Sur la gauche, un vieux saule pleureur se penche sur la Seine. Dans le **square Jean-XXIII**, au pied de Notre-Dame, se dressent de curieux ormes greffés. Cette variété dite « horizontale » est présente tout au long de la promenade, en particulier près de la Sorbonne. Le pont au Double mène au **square Viviani**, devant l'église Saint-Julien-le-Pauvre. Le plus vieil arbre de Paris, un robinier faux acacia sérieusement étayé supporte ses 400 printemps. À ses côtés, un ptérocarya, ou noyer du Caucase, affiche également un âge respectable. Sa silhouette peu connue des Parisiens est pourtant assez

Square Viviani : le plus vieil arbre de Paris, un robinier faux-acacia, vient de fêter ses 400 printemps.

répandue dans les rues de la ville. On le reconnaît facilement à ses guirlandes de petites noix qui pendent une bonne partie de l'année. Au-delà de la rue Saint-Jacques, le cloître de **Saint-Séverin** cache deux magnifiques marronniers. À l'angle de la rue des Écoles et de la rue Saint-Jacques, devant le **collège de France**, de beaux platanes étalent leur ramure. La rue Descartes permet de rejoindre la **rue Mouffetard**. Au n° 69, une des dernières vieilles enseignes parisiennes est à l'effigie du vieux chêne. De retour place de la Contrescarpe, la rue Rollin et quelques marches conduisent aux **arènes de Lutèce**, dominées par un frêne majestueux. Près de la **rue de Navarre**, un hêtre tortillard caché sous un frêne pleureur rappelle la forêt de Verzy en Champagne. La rue Linné mène tout droit au **Jardin des plantes**. Passant devant le chêne à gros fruits aux racines apparentes, on grimpe directement vers le labyrinthe pour découvrir un cèdre planté en 1734, qui doit sa survie au chapeau de Jussieu dans lequel il fut transporté. En redescendant vers la ménagerie, un majestueux platane d'Orient et un ginkgo biloba se font face de part et d'autre de l'allée centrale. En passant par l'école de botanique, on accède au merveilleux **jardin alpin** où attendent sagement un beau charme pleureur, un hêtre tortillard et un vieux pistachier. En se dirigeant vers la galerie de l'Évolution, on remarque un sophora du Japon planté en 1747, et plus loin à gauche, après la roseraie, le cousin du robinier de Saint-Julien-le-Pauvre, qui finit paisiblement ses jours en marcottant à loisir. Enfin, près de la rue Buffon, un vieil arbre de Judée est soutenu par des étais.

Dans l'Ouest parisien, l'**avenue Foch** constitue à elle seule un ensemble arboré remarquable. Créée sous le Second Empire, elle devait relier la capitale au bois de Boulogne. Elle devint rapidement un lieu de promenade recherché. Certains arbres subsistent depuis son ouverture en 1855. En descendant de la place Charles-De-Gaulle vers la porte Dauphine, chênes verts, noyers d'Amérique, Zelkova, platanes et catalpas font admirer leurs dimensions imposantes. Remarquable par son développement, le platane d'Orient du **parc Monceau**, avec ses 7 m de circonférence, est l'un des plus gros arbres de Paris.

Les plus curieux pourront poursuivre leur recherche dans l'Est de Paris. Le cimetière du **Père-Lachaise** abrite quelques arbres remarquables, en particulier un hêtre pourpre (chemin Fragon, section 27), qui non content d'envelopper les tombes avoisinantes de ses racines s'attaque désormais au trottoir. Gravée dans l'écorce, la forme étirée d'un bonnet phrygien permet d'évoquer une date de plantation liée à la Révolution. À moins que l'imagination n'ait fait son œuvre. Sur le chemin de la Guérite (section 33), se tient un frêne magnifique planté en 1849. Près du carrefour du chemin Abadie et de l'avenue des Acacias, plusieurs arbres ont noué d'étroites relations avec… les tombes. L'un d'eux prend appui sur une stèle, tandis que d'autres sont perchés sur une sépulture, enveloppant celle-ci de ses racines. À proximité, le **jardin naturel** de la rue de Lesseps constitue une excellente initiation à la flore des grandes villes.

Le Père-Lachaise : *les arbres tissent des liens particuliers avec les pierres tombales.*

Carrières et reconversions

Le sous-sol de Paris a été depuis fort longtemps surexploité. Il fallait en effet trouver sur place le matériau indispensable à la construction. Dans le sud-ouest de Paris, l'argile et la craie subirent les assauts de carriers. Dans toute la ville basse, c'est le calcaire, qualifié de grossier par les géologues, rien à voir avec la pierre polie, qui a été exploité abondamment dans des carrières à ciel ouvert et des galeries souterraines qui défiguraient la capitale. Dans le nord et l'est, les collines de Montmartre et de Belleville furent peu à peu éventrées pour extraire la pierre à plâtre, le gypse. Au XIXe siècle, le développement des transports, lié à la volonté de faire de Paris une ville salubre et belle, va conduire à l'arrêt progressif de ces activités. Haussmann et Alphand vont être les grands artisans de cette réhabilitation. Ainsi naquirent plusieurs grands parcs parisiens : Montsouris au sud, les jardins du Trocadéro installés sur d'anciennes carrières de calcaire grossier, les **Buttes-Chaumont** où les paysagistes laissèrent astucieusement en place les sites d'extraction du gypse en utilisant au mieux les pentes naturelles ou les fronts de carrière. Dans ce dernier parc, un tour du lac, puis la montée jusqu'au belvédère en empruntant le petit pont ou la passerelle permettent de mesurer l'importance de l'exploitation du gypse et de l'admirable travail paysager réalisé par Alphand, qui a conservé une simili aiguille d'Étretat et un front de taille stratifié. La grotte, prémisse d'une galerie souterraine percée au sommet par des effondrements ou fontis, laisse passer une cascade artificielle, tout comme le sont les stalactites, chimiquement inconcevables dans le gypse. Tous ces parcs récompensent également les amoureux des beaux arbres dont certains furent plantés lors de la reconversion des carrières, il y a près d'un siècle et demi. Ainsi, près du lac des Buttes-Chaumont, on découvre de magnifiques platanes, des ginkgos, des tulipiers, mais surtout un incroyable sophora du Japon qui s'avance sur l'eau, sans doute dans l'espoir d'effectuer une improbable traversée.

Dans le **parc Montsouris**, on peut admirer de superbes hêtres pleureurs et tortillards, un beau cèdre près des jeux d'enfants ou de très vieux charmes, des tulipiers et des platanes près du lac. En bas des **jardins du Trocadéro**, un imposant noyer du Caucase fait face à la tour Eiffel, lui présentant une des plus importantes circonférences parisiennes. En se promenant dans ces parcs magnifiques, en plein cœur de la ville, on imagine difficilement que les roches qu'on y extrayait furent déposées lors d'avancées successives de la mer, qui recouvrit à plusieurs reprises le Bassin parisien à l'ère tertiaire. Les cérithes, petits mollusques aux coquilles incrustées dans les pierres des monuments, sont pourtant là pour en témoigner. ■

***Buttes-Chaumont :** une ancienne carrière de gypse.*

Coins drus

Pâturin de Paris ou l'art d'être piétiné.

L'insolite dans Paris, ce sont les petites cours, les villas, les impasses, les jardinets, qui recèlent d'immenses trésors, herbes folles entre les pavés, arbustes conquérants, oiseaux nicheurs inattendus. Pour le découvrir, il faut oser pousser une porte, s'engager dans un passage étroit, s'éloigner de quelques mètres du chemin que l'on avait prévu de suivre. Pour oublier la grande ville, voici pour vous aider quelques bonnes adresses.

Dans le Quartier Latin, la **cour de Rohan** est attendrissante avec son puits et son ailante qui grimpe vers le ciel. De la Bastille aux boulevards extérieurs, la **promenade plantée** emprunte une ancienne voie ferrée. Tantôt perchée, tantôt en contrebas, au gré du relief parisien, elle jalonne le 12e arrondissement de parterres fleuris et de tonnelles. À son extrémité, le bruyant boulevard Soult permet une échappée vers l'une des ruelles les plus étroites de Paris, le **sentier des Merisiers**.

Le sud de Paris cache bien ses verts « pâturages ». La **Cité fleurie**, boulevard Arago, et la **Cité florale**, rue Brillat-Savarin, n'usurpent pas leur nom. Les abords du parc Montsouris, près de la **rue Nansouty**, font oublier la ville. Lierres, chèvrefeuilles et glycines couvrent les murs d'un ensemble de villas aux allures très provinciales. Près du parc Georges-Brassens, l'adorable **villa Santos-Dumont** fut le refuge du chanteur-poète sétois. Ne manquez sous aucun prétexte l'ambiance médiévale de la **rue Berton** et la belle diversité des arbres de l'**allée des Cygnes**, près du pont de Grenelle.

Mais si ! On peut encore trouver des havres de verdure bien camouflés au cœur de Montmartre. La **villa Léandre**, avenue Junot, côtoie le maquis de Montmartre ♥ , royaume des boulistes, des merles et des ailantes. Puis voici Belleville et Ménilmontant qui tentent de conserver leur âme. La nature surgit encore entre deux grands immeubles. Pour la grande évasion, il faut errer dans le **quartier d'Amérique**, entre la rue de Bellevue et l'avenue de la Mouzaïa. Grimper la **butte Bergeyre** par la rue Georges-Lardennois et s'offrir un merveilleux point de vue sur les vignes de Paris et la butte Montmartre. Flâner de villa en villa, aux noms évocateurs, ***Georgina***, rue de la Duée, ***Castel***, rue du Transvaal, et ***L'Ermitage***, rue de Ménilmontant.

Avenue Junot : *le maquis de Montmartre.*

À ne pas manquer !

♥ **Le coup de cœur :** le platane de Diane aux Clayes-sous-Bois

Le panorama : les coteaux de la Seine à La Roche-Guyon

La balade : les arbres et rochers de Fontainebleau

Mise en **Seine**

L'Île-de-France, un bien joli nom pour une région très, trop urbanisée. Ce titre historique n'est toutefois pas forcément usurpé. Il évoque involontairement la mer qui marque pour toujours les paysages franciliens. Toutes les roches du Bassin parisien furent accumulées lors d'imposantes avancées marines. Ainsi se succèdent les dépôts de craie à l'ère secondaire, puis les sédimentations alternées de sable, d'argile, de calcaire à l'ère tertiaire, entrecoupées d'épisodes lagunaires permettant la formation du gypse. Il y a 30 millions d'années, la « pile d'assiettes » est en place. Vallées et buttes témoins se dessinent, favorisant l'arrivée des hommes qui bouleversent les paysages. Installée sur les sables et les grès, la grande forêt de Fontainebleau constitue le grand monument naturel du Sud-Est parisien, mais d'autres massifs, de nombreux parcs et certaines villes de banlieue recèlent quelques trésors naturels bien cachés. Quant aux grandes plaines de Beauce et du Hurepoix, elles reçoivent chaque année d'étranges personnages immobiles. À chaque printemps, les mystérieux épouvantails sont de retour.

La Roche-Guyon

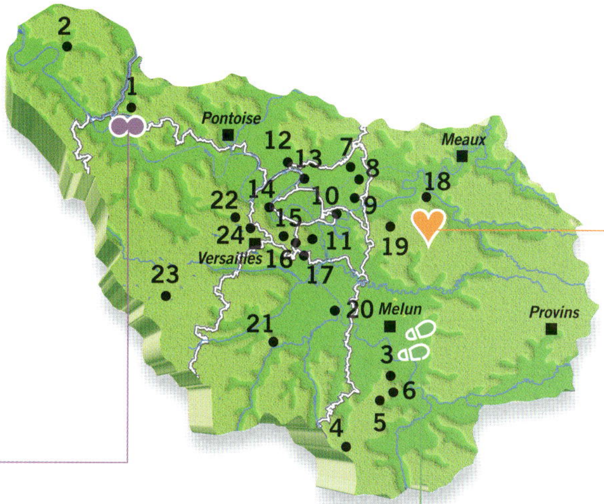

Platane de Clayes-sous-Bois

Fontainebleau

1. Falaises de La Roche-Guyon
2. Site des Andelys
3. Forêt de Fontainebleau
4. Roches de Malesherbes
5. Massif des Trois-Pignons
6. Gorges d'Apremont
7. Cèdre de Livry-Gargan
8. Cèdre de Gagny
9. Catalpa de Gournay
10. Friche des Beaumonts à Montreuil
11. Arbre de Judée de l'Haÿ-les-Roses
12. Cèdres de Taverny
13. Cèdres de Saint-Gratien
14. Malmaison
15. Parc de Sceaux
16. Arbres de Châtenay-Malabry
17. Amandier d'Antony
18. Chêne de Chessy
19. Hêtre Richou
20. Séquoiadendrons de Mennecy
21. Parc de Chamarande
22. Platane des Clayes-sous-Bois
23. Parc de Rambouillet
24. Jardins du Trianon

La Seine à La Roche-Guyon.

Craie tassée à La Roche-Guyon

Qui peut le croire, c'est le même fleuve qui coule à Paris et au pied des falaises grandioses de la boucle de Moisson entre **Vetheuil** et La Roche-Guyon ●● (95). Une succession de promontoires blancs, isolés par les eaux de ruissellement, domine le méandre. Il s'agit d'un des sites les plus spectaculaires de l'Île-de-France, désormais inclus dans le parc naturel régional du Vexin. Sur ces falaises calcaires, orchidées, ophrys, hélianthèmes, viornes, érables champêtres…, toute une flore calcicole trouve son plein épanouissement. L'exposition plein sud permet en outre l'observation d'espèces méditerranéennes comme l'astragale de Montpellier, dont la présence peut surprendre aux confins de la Normandie. Escalader la falaise, par exemple depuis le village de **Chantemesle**, non loin de la curieuse église troglodytique de **Haute-Isle**, par le chemin de la Messe, c'est parcourir en une petite heure, plusieurs dizaines de millions d'années. Cette cure de jouvence permet de rencontrer les strates successives des roches du Vexin des plus anciennes aux plus récentes. Sur plusieurs dizaines de mètres d'épaisseur la craie est toute-puissante. Percée de quelques grottes ou escaliers, elle laisse affleurer des véritables bancs de silex comparables à ceux des falaises d'Étretat. C'est au fond de la mer qui recouvrait au crétacé le Bassin parisien que s'accumulèrent des milliards de microscopiques enveloppes calcaires confectionnées par des algues planctoniques. Écrasés sous leur propre poids, ces sédiments formèrent la craie accumulée sur des épaisseurs et en des temps considérables. En remontant le sentier, on rajeunit! Moins 100 millions d'années, - 80 millions, - 60 millions d'années. On traverse une zone boisée plus humide correspondant à un sous-sol argileux, puis on passe sur le plateau marquant l'étage du calcaire grossier, - 45 millions d'années… Quelques minutes ont suffi pour passer de l'époque des dinosaures à l'ère tertiaire. Les pelouses xérophiles permettent l'observation d'une flore très riche, malheureusement concurrencée par le retour progressif des arbustes épineux, tels que l'aubépine, le prunellier, l'érable ou l'églantier et de la forêt de chênes pubescents. Au sommet, le panorama superbe domine l'ensemble du méandre de la Seine, jusqu'au château de La Roche-Guyon. Le piétinement des pique-niqueurs du week-end n'arrange pas forcément les choses. On peut effectivement gagner la route des crêtes en voiture par La Roche-Guyon, mais il convient de laisser son véhicule près de la chaussée. Pitié pour les orchidées! Une boucle de la Seine plus loin, le site de **Château-Gaillard** surplombe d'autres falaises de craie tout aussi spectaculaires et la ville des **Andelys** (27) où se cache un vieux tilleul, près de la fontaine **Sainte-Clothilde**.

Falaises de La Roche-Guyon : *un petit paradis botanique et ornithologique.*

Rocs en stock

Fontainebleau (77), paradis des randonneurs franciliens, refuge pour Parisiens stressés, est avant tout une des plus belles forêts de notre pays. L'ancienne forêt de Bièvre devenue domaine royal, puis forêt domaniale abrite une faune et une flore exceptionnelles qui bénéficient de sites particulièrement diversifiés et originaux. La nature y a mis du sien. Le massif de Fontainebleau couvrant plus de 20 000 ha surprend d'abord par son relief chaotique. Certes la main de l'homme est partout présente dans cette forêt gérée pour l'exploitation, mais la « patte » géologique imprègne le paysage, générant une multitude de biotopes. Et ce d'autant plus que les influences climatiques sont variées. Poussées par les vents d'ouest, les douces pluies atlantiques viennent concurrencer la rudesse continentale, tandis que certains milieux dominés par les mousses, lichens et bruyères prennent une tournure boréale. En d'autres lieux, des coteaux calcaires bien exposés laissent transparaître une influence quasi méditerranéenne. Une telle diversité fait le bonheur de nombreuses espèces, au premier rang desquelles mammifères et oiseaux se laissent parfois admirer. Une bonne paire de jumelles sera précieuse pour apprécier la variété des pics, dès lors qu'on leur laisse des troncs d'arbres morts à disposition.

Forêt de Fontainebleau : *un curieux dromadaire de grès sur la platière du rocher de la Reine.*

Un voyage dans le temps nous ramenant 35 millions d'années en arrière, à l'ère tertiaire, permet de comprendre les paysages bellifontains. Une mer calme et peu profonde se retira lentement vers l'ouest, abandonnant d'immenses étendues de sable blanc très pur dont la forte teneur en silice fut à l'origine de son exploitation dans la verrerie. À la suite du retrait de la mer, un climat désertique sévit sur toute la région balayée par des vents violents. Un ensemble de dunes parallèles se mit en place, progressivement masqué par des

Forêt de Fontainebleau : *l'étrange rocher de l'éléphant, près de Barbizon.*

dépôts calcaires accumulés au fond d'immenses lagunes. Protégeant les dunes, le calcaire de Beauce subsiste par endroits, maintenant des îlots calcaires dans cet univers siliceux et acide. C'est la formation de dalles de grès qui donna naissance aux sites les plus insolites de la forêt. Une des hypothèses avancées fait appel à la remontée, à travers les dunes, des eaux d'infiltration, puis à leur évaporation, permettant l'accolement des grains de quartz et la constitution de roche solide. Des éboulements successifs constituèrent les incroyables chaos travaillés ensuite par les eaux de ruissellement. Ils donnèrent alors naissance à d'incroyables labyrinthes peuplés d'étranges formes animales aux tourments légendaires. En surface, la dalle gréseuse forma un « plateau » couvert de lichens aux allures de toundra.

Les « bonnes adresses » sont innombrables, de la **Dame Jouanne** aux gorges de **Franchard**, des **Trois-Pignons** aux rochers de **Malesherbes**, sur la route de Buthiers. Mention spéciale aux **gorges d'Apremont**, peuplées d'étranges créatures de pierre, comme le rocher de l'Éléphant que l'on trouve en longeant, vers la droite, les dernières habitations à la sortie du village, puis en suivant un sentier balisé en bleu, à gauche dans la forêt.

À **Barbizon** (77), tout proche, la **forêt des Arts**, face à la mairie, est une mine d'informations naturalistes. En d'autres lieux, les vieux chênes bellifontains enlacent tendrement les grès aux formes arrondies. Il en est ainsi du chêne de Millet, sur la N 7 à l'entrée de la forêt, au **carrefour de l'Épine**. L'arbre dont les racines enveloppent un gros rocher se situe au nord-ouest du parking, en longeant vers la gauche le chaos de Cuvier-Chaillon aux formes également pachydermiques. À quelques kilomètres, sur la D 142e, tout près du parking du **rocher Canon**, un chêne glisse ses racines dans les fissures d'un bloc de grès. Enfin, ne manquez pas de grimper sur la platière du **rocher de la Reine**, près de la plaine de Chanfroy, pour découvrir, regardant vers le nord, un pin dont les racines ont fendu en deux un imposant rocher, facilitant ainsi l'observation des « dessous » du grès.

Forêt de Fontainebleau : *un chêne s'insinue dans les grès sur le site du rocher Canon.*

Arbres extraordinaires autour de Paris

Les parcs et jardins d'Île-de-France constituent un véritable éden pour les chercheurs d'arbres. Les essences venues du monde entier ont fourni quelques beaux spécimens. Dès le XVIIe siècle, la mode des beaux arbres « indigènes » se répand en France. Les cèdres du Liban sont les plus célèbres, mais il peut être surprenant de découvrir les plus impressionnants en Seine-Saint-Denis, à **Livry-Gargan** ou **Gagny**. À quelques kilomètres, un catalpa s'incline majestueusement devant la mairie de **Gournay**. Dans le même département, fortement urbanisé, la nature a retrouvé ses droits dans le parc des Beaumont à **Montreuil**. Cette vaste friche installée sur les anciennes carrières de gypse sert de paradis aux oiseaux et à la flore spontanée.

Vedette incontestée du Val-de-Marne, l'arbre de Judée de la mairie de **L'Haÿ-les-Roses** se pare d'une abondante floraison rose au printemps mettant en valeur son invraisemblable tronc torsadé.

Les cèdres du Val-d'Oise, à **Taverny** ou **Saint-Gratien**, concurrencent ceux de la Seine-Saint-Denis. Le plus surprenant, par sa localisation, se dresse près de Roissy entre l'A 1 et la voie ferrée. Dans le parc de l'hôpital de **Taverny**, un platane dépasse 10 m de circonférence.

Cèdre de Joséphine à la **Malmaison**, arbres du parc de **Sceaux**, vieux châtaigniers de **Châtenay-Malabry** et du **Plessis-Robinson**, amandier à **Antony**, les Hauts-de-Seine ont des ressources inépuisables. Le plus bel arbre du département reste le cèdre pleureur de l'Atlas caché dans son écrin de verdure dans l'**arboretum de la Vallée aux loups**. Il a fallu soutenir sa ramure qui s'étale sur plus de 600 m², formant une merveilleuse tonnelle.

Dans les départements plus verdoyants de la périphérie francilienne, le choix est difficile. Outre les arbres de Fontainebleau, la Seine-et-Marne accueille notamment le vieux **chêne de Chessy**, à proximité de la N 34, ou le **hêtre Richou**, en forêt de Ferrières. Dans le parc du château voisin, les cyprès chauves dressent leurs pneumatophores près de la pièce d'eau. En Essonne, l'allée de séquoiadendrons du parc de Villeroy à **Mennecy** forme un ensemble exceptionnel, tout comme les arbres du parc de **Chamarande** dont un remarquable platane aux branches marcotteuses. Le plus gros et peut-être le plus bel arbre d'Île-de-France se trouve aux **Clayes-sous-Bois** ♥ dans les Yvelines. Planté à l'initiative de Diane de Poitiers, dans le parc qui porte aujourd'hui son nom, ce platane possède d'énormes branches qui rampent sur le sol et y plongent des racines nouvelles pour assurer l'avenir. À **Rambouillet**, le chêne de Montorgueil se reflète dans la pièce d'eau de la bergerie nationale. Le parc du château de **Versailles** a terriblement souffert de la tempête de Noël 1999, mais le vieux sophora qui côtoie le Petit Trianon et l'énorme platane du hameau de la Reine restent debout. S'agit-il vraiment d'un miracle?

Les Clayes-sous-bois : l'extraordinaire platane de Diane-de-Poitiers.

Épouvantails

En voie de disparition les épouvantails ? Pas du tout. Parfois ils ressurgissent, fantômes d'un autre temps. Éphémères, ils n'apparaissent que certaines bonnes années, et seulement pour quelques semaines.

Ils revêtent les costumes de leur époque, de leur région, les matériaux de leur décennie. Font-ils encore peur aux oiseaux ? Il est en tout cas remarquable de constater que pour effaroucher l'avifaune, on choisit la silhouette humaine. C'est pourtant l'homme lui-même qui est responsable de la prolifération des oiseaux qu'il tente de faire fuir : étourneaux, corbeaux freux ou goélands.

Cherchez bien, les plaines ouvertes et monotones de la Beauce sont des repaires d'épouvantails. Ils pointent le bout de leur balai dès les premiers matins printaniers.

ORLÉANAIS

À ne pas manquer !

- **Le coup de cœur :** le chêne de Meaucé
- **Le panorama :** les bords de Loire à Saint-Benoît
- **La balade :** le chêne du Puits-de-l'Enfer

Canards en chênaie

Le val de Loire autour d'Orléans, la Sologne, les vallées du Cher et du Loir riment avec douceur. Douceur du climat, douceur des paysages de ce pays presque plat où les eaux dormantes des étangs attirent une riche population ailée. La Loire, grand fleuve sauvage, traverse paisiblement la région, déplaçant à chacune de ses crues d'importants bancs de sable. Les forêts d'Orléans, de Chambord ou du Perche servent de refuge à de nombreux cervidés. À l'automne, sous les frondaisons des grands chênes, le sous-bois regorge de champignons indifférents au majestueux brame des cerfs.

Chêne de Meaucé

Forêt d'Orléans

Bords de la Loire à St-Benoît

1. Musée de Loury
2. Chêne du Puits-de-l'Enfer
3. Étang du Ravoir
4. Arbre aux Chiens
5. Chêne des Sorciers
6. Géodrome
7. Autoroute de l'arbre
8. Arboretum des Barres
9. Chêne de la Chapelle Vicomtesse
10. Forêt de Senonches
11. Forêt de Réno-Valdieu
12. Arbres de Vendôme
13. Chêne de Meaucé

Le pays où le chêne est roi

Du val de Loire au cœur de la France, la chênaie trouve ici son plein épanouissement. Le climat et les sols recouverts de limon favorisent depuis des siècles une exploitation en futaie pour l'ébénisterie et la tonnellerie. Divisée en trois massifs, Orléans à l'ouest, Ingrannes au centre et Lorris à l'est, la **forêt d'Orléans** est l'une des plus vastes de notre pays. Maintes fois déboisée pour alimenter les fours des potiers, elle est en partie repeuplée en pins sylvestres, mais conserve encore de magnifiques chênaies.

À **Loury** (45), le musée des Métiers et Légendes de la forêt constitue une bonne adresse pour s'initier aux mystères de la sylve. Plusieurs chênes remarquables préservés témoignent des siècles passés. L'un des plus impressionnants se situe non loin de **Saint-Léger-la-Forêt** (45). Tout près de la route du Tire-Bas, à partir du carrefour Sainte-Anne, un chemin de randonnée mène au **chêne du Puits-de-l'Enfer**. Un panneau indique également la présence d'un autre chêne dont le tronc se sépare en trois bras énormes. Dans le massif de Lorris, un impressionnant séquoia abattu lors de la tempête de 1999 trône au milieu du **carrefour de la Résistance**. Plusieurs sentiers balisés partent à la découverte des chênes remarquables de cette partie de la forêt. À partir du même carrefour, on peut accéder à l'**observatoire de l'étang du Ravoir** qui abrite un hôte de marque, le **balbuzard pêcheur**. Chaque année, dans plusieurs régions de France, on peut observer cet extraordinaire rapace, il est toutefois exceptionnel qu'il niche dans notre pays. Pourtant, au sommet d'un pin sylvestre, un couple fidèle a établi son nid depuis plusieurs années. Il semble malheureusement qu'une procédure de divorce soit en cours… Ventre blanc, bandeau noir sur l'œil, l'oiseau guette ses proies depuis la cime d'un grand arbre, plonge serres en avant et capture son plat unique, un poisson, souvent de belle taille. Ce spectacle inoubliable se déroule généralement sur la **Loire** voisine… « à vol d'oiseau ». En septembre, les balbuzards européens migrent vers les grands lacs africains, d'où ils reviennent au printemps suivant. Pratiquement disparus d'Europe au début du XXe siècle, ils ont d'abord recolonisé la Scandinavie, puis l'Écosse. En

Forêt d'Orléans : *le chêne du Puits-de-l'Enfer, près de Saint-Léger-la-Forêt.*

France, la Corse est longtemps restée le seul lieu de nidification de cette espèce protégée. Progressivement, on a vu la forêt d'Orléans devenir une étape migratoire, puis un site de reproduction. Chaque année, cinq ou six couples établissent leur nid dans ce milieu qui offre à la fois, des étangs, de vastes forêts et de grands pins. D'ici quelque temps, le Centre de la France hébergera peut-être plusieurs dizaines de balbuzards. Un sacré succès pour les protecteurs de la nature et surtout pour les balbuzards.

Direction la Sologne. À **Lanthenay** (41), sur la route de la forêt, l'**arbre aux Chiens** pourrait avoir été un rendez-vous de chasse de François Ier, d'où il faisait lâcher la meute, à moins qu'il n'ait servi de gibet pour les bêtes malades. Il a ensuite servi de lieu de rendez-vous aux chasseurs de la région. À **Chaumont-sur-Tharonne** (41), les plus patients guetteront auprès du vieux chêne fort décrépi les danses effrénées de quelques diablotins très efficaces pour éloigner les importuns. Les habitants du village le nomment le « **chêne des Sorciers** », mais le trouver au milieu d'une pâture est déjà une recherche diabolique.

Balbuzard pêcheur.

***Saint-Benoît-sur-Loire :** sur les berges du grand fleuve.*

Découvertes sur l'autoroute

Combien de fois peut-on passer sur l'A 10 et voir les panneaux **« Visitez le Géodrome »** sans prendre le temps de le découvrir ? La visite vaut pourtant le détour. Une occasion formidable de faire un tour de France géologique en quelques dizaines de minutes, sur l'aire d'Orléans-Gidy. Des charbons du Nord aux ocres de Provence, des schistes bretons aux grès des Vosges, toutes les roches propres à chaque région sont rassemblées sur une carte géante. Deux milliards d'années d'histoire géologique de la France racontées par les pierres ! En plein centre de cette carte de France, une fresque polychrome, vision en coupe unique de notre sous-sol révèle le socle granitique et sa couverture sédimentaire, les bouleversements alpins, les failles, la stratigraphie. Une pause assurément plus passionnante que la visite de la station-service la plus proche.

Puisque, une fois n'est pas coutume, un naturaliste vante les projets autoroutiers, signalons l'A77, baptisée **« autoroute de l'arbre »**. Entre **Montargis** (45) et **Cosne-Cours-sur-Loire** (58), chaque aire de stationnement présente une essence différente. Ici, il ne s'agit bien sûr ni de super, ni de gazole, mais d'arbres. Une belle réussite, enrichie par une pause végétale à la hauteur de Nogent-sur-Vernisson. Celle-ci a été mise en place avec le concours du célèbre **arboretum des Barres**, dont la visite guidée s'impose à quelques kilomètres de l'autoroute. L'occasion également d'admirer l'incroyable **pont-canal de Briare** (45) perché au-dessus de la Loire. ■

A10 : le géodrome, un tour de France géologique.

Un Saut dans le Perche

La tradition rurale a permis la préservation de quelques vénérables ancêtres, tel le chêne de la **chapelle Vicomtesse** (41) dans le Perche, près du cimetière du village. Ses 6 m de circonférence et son tronc creux confirment qu'il a largement plus de 500 ans. Combien de gamins l'ont escaladé? Combien s'y sont cachés à l'intérieur? Nul ne le sait, mais la municipalité a décidé un jour de préserver à jamais ce monument, en achetant le terrain. Promeneurs percherons, faites une halte sous le chêne où vous attend une charmante aire de pique-nique.

Les forêts du Perche hébergent également quelques spécimens remarquables, comme le **chêne-fauteuil**, près du rond des Ruelles, ou **les Trois Frères**, à proximité du rond d'Angoulême en forêt de Senonches. La **forêt de Réno-Valdieu**, aux confins de l'Orne et de l'Eure-et-Loire, offre à la découverte plusieurs chênes pluricentenaires répondant aux doux noms anglo-saxons de **chêne d'Aberdeen** et **chêne d'Oxford**, en hommage aux établissements formateurs des ingénieurs forestiers du Commonwealth, qui participèrent en 1991 au congrès forestier mondial. La « série artistique » du canton de La Gautrie qui les abrite est conservée en l'état depuis 1993, témoignage de la gestion des moines de Valdieu. La ville de **Vendôme** (41), véritable Venise régionale avec ses multiples bras du Loir qui traversent la ville, est également un lieu d'observation pour les beaux arbres. Tout près de la mairie, trône un superbe ensemble de platanes. Près de la rue au Change, un passage permet d'observer un platane planté en 1759, présentant un impressionnant enchevêtrement de racines baignant dans la rivière. Enfin, perché sur une butte, un cèdre du Liban monumental voisine avec les ruines du château médiéval. Mais c'est à la limite des communes de **La Loupe** et **Meaucé** ♥ (28) que se tient l'arbre le plus extraordinaire de la région. Le gros chêne qui se dresse à quelques centaines de mètres de la voie ferrée sur la route de Rémalard dépasse 8,70 m de circonférence. Âgé de plus de 600 ans, il serait le dernier survivant du bois qui environnait le château primitif, succédant en ces lieux à un chêne druidique millénaire. En tout cas, ce sacré monument aurait été planté au temps des Croisades par le chevalier de Montireau en gage de fidélité à sa fiancée, la fille d'un seigneur de Meaucé. L'histoire ne dit pas si l'hommage fut efficace. L'arbre païen fut ensuite christianisé avec la pose symbolique d'une statue de la Vierge, à l'origine de multiples légendes. Lorsque les révolutionnaires voulurent supprimer ce symbole du clergé, la rumeur dit que par miracle un champignon poussa, prenant la forme de la Vierge. Plus tard, une équipe de bûcherons tenta d'abattre l'arbre prodigieux, mais leurs haches ne purent entamer le colosse. Entre temps, le pays s'était mobilisé pour sauver le chêne et le détachement d'infanterie chargé de rétablir l'ordre renonça à intervenir pour éviter un massacre. Pourquoi alors ne pas croire comme on le rapporte que le vieux chêne abrita sous ses frondaisons quelques instants de repos de Henri IV, de Louis XII ou de Napoléon?

***Meaucé :** le gros chêne (8,70 m de circonférence) aurait été planté au temps des Croisades.*

Gare aux morilles

Le sous-sol, le climat, la forêt, tout réussit aux champignons, dans les forêts du val de Loire. Mais au fait, qu'est-ce qu'un champignon? Pas vraiment un végétal, car il n'a pas de chlorophylle et ne peut donc pas capter l'énergie solaire pour produire sa propre matière. Il doit donc comme un animal consommer de la matière fabriquée par d'autres êtres vivants. Le microscope révèle qu'il possède des cellules très différentes de celles des animaux. Selon leur « régime alimentaire », on distingue trois types de champignons. Les parasites tels les polypores prélèvent leurs substances nutritives sur d'autres êtres vivants et font parfois de gros dégâts en forêt. Les saprophytes trouvent leur nourriture dans les restes d'êtres vivants, branches ou feuilles mortes, souches, cadavres d'animaux. Comparables aux animaux charognards, ils jouent un rôle fondamental dans la nature en recyclant la matière morte. Ceux qui vivent en association ou symbiose entremêlent leurs filaments aux racines des arbres, chacun tirant bénéfice de cet échange. Dans ce groupe, on trouve des champignons recherchés comme les girolles ou les cèpes.

Satyre des chiens.

Surprise, le vrai champignon n'est pas celui que l'on croit! Ce que l'on appelle champignon ne représente que l'organe saisonnier d'un être vivant, le mycélium, qui étale sous terre toute l'année ses filaments blancs ou jaunes. Le vrai champignon, c'est lui! Chaque année, surtout en automne, apparaît une sorte de « fruit » aux formes bizarres, le carpophore, avec un pied surmonté d'un chapeau. Notre champignon est en fait l'organe producteur des spores, à l'origine de nouveaux mycéliums. Les semences naissent souvent sous le chapeau, portées par des lamelles, des tubes, des aiguillons ou dans des cavités. Dans le groupe des morilles, des clavaires ou des pézizes, le carpophore a une forme insolite. Dans la famille des gastéromycètes, littéralement « champignons à gros ventre », il prend un curieux aspect globuleux. Arrivées à maturité, les célèbres vesses-de-loup, généralement piriformes, laissent échapper au moindre choc une « fumée noire » composée de millions de spores. Le lycoperdon géant peut mesurer plusieurs dizaines de centimètres de diamètre. Lorsqu'elle est mûre, l'enveloppe des géasters s'ouvre en étoile, dégageant une membrane interne qui emprisonne les spores. Une goutte d'eau, une secousse, et voici la semence libérée aux quatre vents. Quant aux clatres, ils extraient d'une sorte d'œuf blanc une sphère couleur corail à l'aspect grillagé. Dans la même famille, le célèbre satyre puant laisse émerger d'un « œuf » blanchâtre un superbe phallus noir et blanc. Sa mauvaise odeur le rend particulièrement attirant pour les mouches qui véhiculent ainsi les spores reproductrices.

Satyre puant : *en latin* Phallus impudicus, *le bien nommé.*

Amanite tue-mouche *avant « éclosion ».*

À ne pas manquer !

♥ **Le coup de cœur :** le méandre de la Sioule à Queuille

Le panorama : le promontoire granitique de Crozant

La balade : les Pierres Jaumâtres

Voyage au Centre, dans les **terres**

Comment trouver une unité entre tous ces paysages ? Une atmosphère, peut-être celle de George Sand. Aux confins du Berry et du Limousin, non loin du centre géographique de la France, les brumes du petit matin chassant les fantômes de la nuit, des châteaux aux parcs romantiques, des rocs amoncelés, des forêts, des étangs. Tandis que la Champagne berrichonne au sud de Bourges consacre une grande partie de son vaste plateau calcaire à la grande culture, le Boischaut au sud possède une terre plus humide, où le bocage est toujours bien représenté. Par endroits des maisons de pierres rouges faites de grès veinés rappellent que les premières marches du Limousin ne sont pas loin. Près de Boussac, le vieux socle granitique hercynien émerge sous forme de chaos. L'univers décrit par George Sand hante les promenades. Beauté du parc du château de Lamotte-Feuilly, intimité du jardin de la maison de Nohant, mystère des Pierres Jaumâtres, sérénité des étangs de la Brenne et majestueuse forêt de Tronçais.

Viennent ensuite le Bourbonnais et les Combrailles. Qui peut situer précisément ces régions du Centre de la France ? L'ancien fief des ducs de Bourbon étend ses calmes paysages sur le nord des contreforts du Massif central. La monotonie n'est toutefois pas au rendez-vous. Ici, le bocage bourbonnais ondule doucement, quadrillé de parcelles aux haies vives. Entre Loire et Allier, la Sologne bourbonnaise constellée d'étangs rappelle son célèbre homonyme. Le pays de Tronçais est marqué par sa forêt héritée de Colbert, tandis que les reliefs parfois encaissés des Combrailles hésitent entre les départements de l'Allier et du Puy-de-Dôme.

Pierres Jaumâtres

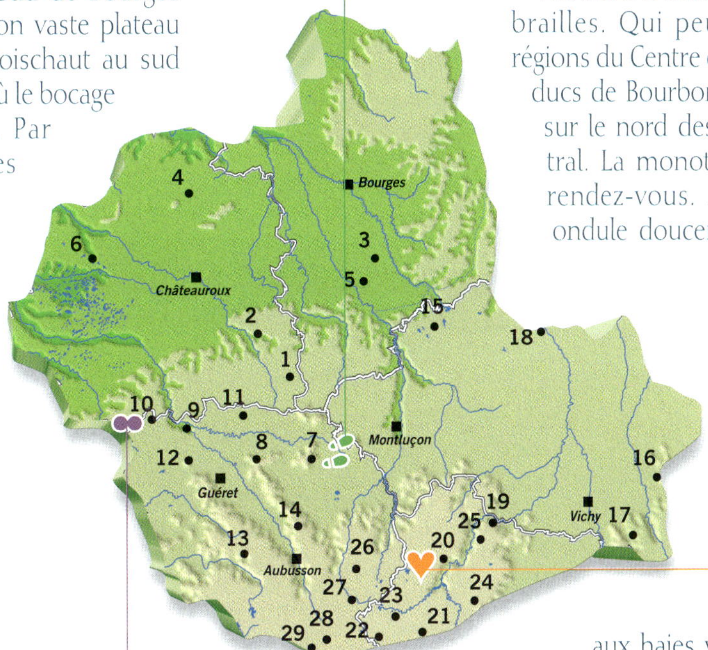

Méandre de la Sioule

Promontoire de Crozant

1. If de La Motte-Feuilly
2. Maison de George Sand
3. Château de Meillant
4. Château de Bouges
5. Abbaye de Noirlac
6. La Brenne
7. Pierres Jaumâtres
8. Roches blanches
9. Confluent des Creuses à Fresselines
10. Promontoire de Crozant
11. Tilleul de Mortroux
12. Tilleul de la chapelle du mas Saint-Jean
13. Chêne des Brodeuses
14. Chêne de Saint-Médard-la-Rochette
15. Chênes de Tronçais
16. Tilleul de Saint-Pierre-Laval
17. Sapins de Ferrières-sur-Sichon
18. Marronnier du château de Fourchaux
19. Gorges de Chouvigny
20. Méandre de la Sioule à Queuille
21. Panorama du Puy-Saint-Gulmier
22. Chêne de Giat
23. Chêne de Saint-Étienne-des-Champs
24. Tilleul de Pulverières
25. Soupée de Saint-Rémy-de-Blot
26. Tilleul de Saint-Bard
27. Tilleul de Pompignat
28. If de Flayat
29. Hêtres de Saint-Oradoux-de-Chirouze

Au pays de George Sand

L'**if de Jeanne-d'Arc** à **La Motte-Feuilly** (36) se cache à proximité du château, propriété privée dont le parc romantique décrit par George Sand dans *Les Beaux Messieurs du Bois-Doré* abrite un bel alignement de tulipiers. Pour le découvrir, longez les douves et dirigez-vous à gauche, au-delà du mur qui protège un verger. Quel âge peut avoir cet arbre préservé par des barrières : 700, 800 ans ? Difficile à dire. Dans le village, on raconte que Jeanne d'Arc se serait reposée sous ses frondaisons. Un amoncellement de pierres sans doute destiné à empêcher l'éclatement de son tronc masque une partie du fût. Des gravures du XIXe siècle le représentent sans ce curieux empierrement. Ce soutien ne semble d'ailleurs plus vraiment indispensable aujourd'hui.

La petite place de **Nohant** (36) avec son église romane entourée de tilleuls est absolument charmante, il est toutefois préférable de la découvrir « hors saison touristique ». Le **parc de la Maison de George Sand** permet de dénicher quelques arbres remarquables, un grand sophora dont on aperçoit les frondaisons dès les premiers pas, puis un beau ginkgo biloba, arbre aux quarante écus qui se dresse dans une des allées. Derrière la maison, le cimetière familial reste dans le ton : sérénité et romantisme à l'abri des vieux ifs. Au-delà, deux grands cèdres plantés pour la naissance des enfants de l'écrivain portent leurs prénoms, Solange et Maurice. Au premier étage de la maison, la chambre bleue cherche certainement encore la signification des derniers mots énigmatiques que George Sand y inscrivit : « laissez verdure ». Encore quelques bonnes adresses d'arbres berrichons, compagnons de sites historiques incontournables. Le parc du **château de Meillant** (18) possède un charme très âgé et un magnifique tilleul. Dans les beaux jardins du **château de Bouges** (36), on remarque particulièrement un énorme cèdre, non loin d'un vieux chêne et d'un beau tilleul. Enfin, la visite de l'admirable **abbaye de Noirlac** est l'occasion de découvrir un bel alignement de tilleuls tricentenaires. Près de la digue qui barre l'**étang de la Mer-Rouge**, dans la **Brenne**, un chêne majestueux s'avance au-dessus de l'eau.

La Brenne ! Une exceptionnelle mosaïque de milieux naturels humides, à l'origine d'une extrême diversité biologique. Le pays aux mille étangs ! Les botanistes y ont dénombré mille deux cents espèces végétales dont une vingtaine d'orchidées. Une cohorte d'insectes en bénéficie, parmi lesquels des papillons peu communs tels le damier de la Succise, l'azuré et le grand cuivré. Six espèces de libellules chassent au-dessus des flots, guettées par une quinzaine d'espèces d'amphibiens, dont le rarissime pélobate brun, le triton marbré et le sonneur à ventre jaune. Plusieurs milliers de cistudes d'Europe, tortues devenues très rares dans notre pays, y trouvent refuge. La Brenne est également un paradis pour les ornithologues, qui partiront à la découverte des oiseaux nicheurs peu fréquents, comme le butor étoilé, la guifette noire ou le grèbe à cou noir, rejoints durant la saison froide par de nombreux hivernants, garrots à œil d'or, fuligules ou même pygargues à queue blanche. En novembre et février, les grues cendrées survolent la Brenne par milliers. La réserve naturelle de Cherine, l'étang de la Gabrière ou celui de Massé sont équipés d'observatoires accessibles à tous. ■

***La Motte-Feuilly :** l'if de Jeanne-d'Arc et son curieux sarcophage de pierres.*

Le mystérieux chaos des Pierres-Jaumâtres

Entre **Boussac** et **Toulx-Sainte-Croix** (23), une promenade bien balisée plonge tout de suite le visiteur dans une atmosphère très particulière. Un chemin forestier conduit au site, au milieu de hêtres et de châtaigniers aux troncs tortueux bordés de pierres, rappelant les sentiers campagnards d'autrefois. Comme dans toutes les campagnes françaises, la forêt a reconquis l'espace sur les pâturages peu à peu délaissés. Autrefois, les roches s'apercevaient de loin au sommet du mont Barlot. Les temps ont changé, il faut désormais parcourir la forêt avant de découvrir les Pierres Jaumâtres, impressionnants amoncellements granitiques dispersés sur la butte. Certains semblent bénéficier d'un heureux équilibre, d'autres portent d'étranges « coups de griffes verticaux » qui rappellent que les eaux de pluie les ont peu à peu rabotés, isolés en boules géantes qui invitent à la méditation géologique.

Réfléchissons avant l'heure du pique-nique, et remontons le temps. Moins 300 millions d'années, une gigantesque chaîne de montagne est-ouest qui allait jusqu'en… Amérique traversait la

Toulx-Sainte-Croix : l'amoncellement granitique des Pierres-Jaumâtres.

Les Roches : le filon de quartz du site de la Péricholle.

France actuelle. Les plaques eurasienne, africaine et américaine ne formaient alors qu'un seul et même ensemble. Des magmas profonds remontèrent des entrailles de la Terre, comparables à d'énormes bulles incandescentes. Refroidis avant d'arriver en surface, puis pétrifiés, les granites ainsi formés s'endormirent pour des millions d'années. Il fallut attendre la poussée alpine pour les bousculer, les soulever, les dégager et les offrir en pâture au travail d'érosion des eaux de ruissellement, plus intenses en période glaciaire. Puis les hommes sont venus, découvrant ces chaos étranges sortis de terre ou tombés du ciel. Plusieurs blocs ont sans doute inspiré les cultes gaulois. Les dieux celtes ne vivaient-ils pas aux sommets des montagnes. Teutates, le dieu des Arts, serait représenté par le rocher installé solidement en équilibre sur une autre pierre. Tarann, le dieu du tonnerre, aurait la forme d'un des blocs arrondis, telle une boule de feu qui roule dans les nuages. Plus loin, un rocher allongé aux allures reptiliennes ne serait-il pas Hésus, le dieu de la guerre ? Hésus, Teutates, Tarann, une triade de dieux qui appelait les sacrifices. Les Pierres Jaumâtres dont le nom étrange pourrait dériver du gaulois *Jomathr*, « qui fait couler le sang », ont pu être utilisées comme pierres expiatoires. À moins qu'elles ne soient les pierres aux mâtres, déesses gallo-romaines devenues plus tard les fées ou fades. Ces bonnes dames faisaient jaillir des sources chaudes qui guérissaient bon nombre de malades. Les gens du pays oublièrent trop vite les fées et les sources. Humiliée, la grande fade bondit sur la plus haute pierre, frappa la roche d'un coup de pied violent qui stoppa les bénéfiques ruissellements. On dit que l'eau jaillit alors à quelques kilomètres donnant naissance aux sources d'Évaux, qui est encore aujourd'hui une station thermale.

Retour aux sources ! Nous voici à 602 m d'altitude, sur le **mont Barlot**. Près de la plus grande pierre, la vue sur le bocage berrichon est magnifique. Ah ! Au retour, lisez *Jeanne*, le roman dans lequel George Sand évoque ces blocs posés comme des champignons gigantesques sur leur étroite base. Pour les amateurs, un autre bloc rocheux, les **Pierres folles**, se cache près du village de la **Roussille**, sur la commune de Saint-Silvain-Bas-le-Roc. Pas facile à trouver ce « granite fou ». Suivez le fléchage depuis la D 997, puis dans le centre du bourg, dépassez de 200 m le panneau indiquant le lavoir, remontez ensuite à gauche après un sombre bois d'épicéas. Au fil de la promenade, de très vieux châtaigniers finissent tranquillement leurs jours, témoins d'une époque révolue, où ils fournissaient avec leurs châtaignes le « pain du pauvre ». Au sommet de la butte, le chaos surgit au milieu de la lande colorée de bruyères. L'abondance des lichens qui forment un épais tapis à même le sol confère un caractère nordique au paysage.

Près de **Chatelus-Malvaleix** (23), le site de la Péricholle sur la commune des **Roches** surprend par sa blancheur. Surmontés d'une croix, les rochers semblent empilés par une main céleste. Il s'agit en fait d'un filon massif de quartz, d'allure très chaotique, dont les reflets immaculés ont dû inspirer les croyances.

Confluents

À **Fresselines** (23), une promenade bucolique à partir de l'église du village mène au confluent de la Petite et de la Grande Creuse qui inspira Claude Monet. Après une pause sous le gros tilleul, on peut remonter la rivière pour trouver l'osmonde royale, une belle fougère ancestrale, curieusement égarée en Limousin, bien loin de ses congénères landaises ou bretonnes. Le **promontoire granitique de Crozant**, portant les ruines d'un château fort, doit être abordé par la D 30 en venant de Saint-Jallet. Outre une initiation à l'architecture féodale, la visite payante permet d'accéder au belvédère qui domine le confluent de la Creuse et de la Sédelle. Inoubliable site, entre Berry et Limousin.

Le département de la **Creuse** permet de découvrir plusieurs tilleuls remarquables, comme ceux de **Mortroux**, de **Jancillat**, **Gentioux** ou du village de **Nouallaguet**, près de Saint-Georges-La-Pouge. Le plus attendrissant se dresse au sud de **Dun-le-Pastel**, près de la D 913. Un tilleul monumental de 7,20 m de circonférence protège la **chapelle du mas Saint-Jean**. Une chaude journée d'été, le bocage limousin, l'ombre du vieil arbre pour se reposer : un bonheur simple loin des fureurs de la ville. Les chênes ne sont pas en reste. Le vieux chêne des Brodeuses se cache derrière l'église de **La Pouge** (23), tandis que celui du Muratet se dresse dans une prairie à **Saint-Médard-la-Rochette**.

Crozant : au confluent de la Creuse et de la Sédelle.

Les seigneurs de Tronçais

Les 10 500 ha de la forêt domaniale de **Tronçais** (03) sont réputés pour leurs superbes futaies de chênes, leurs étangs et leurs multiples sources. Réputé pour son grain fin, résultant d'une croissance très lente inhérente au terroir, le chêne de Tronçais fournit du bois à merrains, pièces essentielles pour la tonnellerie. On dit d'ailleurs qu'un bon cognac ne saurait vieillir dans d'autres tonneaux. En 1670, Colbert donna à cet ancien domaine royal la mission de fournir du bois de marine. Les forestiers privilégièrent alors l'exploitation en futaie. Les grumes roulées jusqu'au bord du Cher attendaient une crue de la Loire, qui les acheminait jusqu'à Nantes où des charpentiers les réceptionnaient. Au début du XIXe siècle, avec le développement industriel, les forges eurent besoin de taillis pour fabriquer du charbon de bois. La forêt périclita. Le charbon minier sauva alors la région. Grâce à l'exploitation houillère, la production de petit bois diminua et la futaie se reconstitua peu à peu. Attention ! Le chêne de Tronçais ne peut être abattu comme un vil peuplier, car le bois précieux est fragile. L'éhoupeur intervient avant l'abattage. Griffes aux pieds, soutenu par un ceinturon, il escalade le fût, coupe les branches et étête l'arbre. Les bûcherons font ensuite leur office, amortissant la chute du seigneur avec un lit de pneus ou de fagots. Pour obtenir un tronc aussi droit que possible, il faut laisser pousser les jeunes arbres très serrés et les éclaircir progressivement. Un cycle complet, « une révolution » entre semis et abattage, dure 225 ans. Ainsi, les arbres actuellement abattus proviennent de semis effectués sous Louis XVI ! Cependant, les forestiers ont préservé plusieurs chênes historiques qui témoignent de ce passé exceptionnel. Pas la peine de se précipiter vers la futaie Colbert dont les arbres sont vraiment en mauvais état, lancez-vous plutôt sur la piste des neuf chênes remarquables de la forêt. Depuis le rond de Buffevent à l'est de Saint-Bonnet-Tronçais, des panneaux permettent de trouver d'abord le **chêne Jacques-Chevalier**, dont le tronc est parfaitement rectiligne, puis à une centaine de mètres, **Les Jumeaux** et le plus vieux chêne de la forêt, **La Sentinelle**.

Forêt de Tronçais : *les Jumeaux, deux des plus vieux chênes de la grande futaie.*

Dans le secteur de la fontaine Viljot, dans laquelle les jeunes filles doivent lancer une épingle pour trouver un mari, se dressent plusieurs chênes remarquables. Au sud du rond Viljot, le **chêne carré** possède un tronc à la base étrangement renflée. Tout près de la D 978[A], les impressionnants chênes **Émile Guillaumin** et **Charles-Louis Philippe** honorent deux romanciers locaux. Pour les passionnés, il reste encore à découvrir le **chêne de Montaloyer**, dont le tronc est court et particulièrement noueux dans le secteur ouest de la forêt et le **chêne Stebbing**, qui est fléché à partir du rond du Vieux-Morat. Le **chêne de la Résistance** n'est autre que… l'ancien chêne Pétain.

Au-delà de la forêt de Tronçais, le département de l'**Allier** offre de belles découvertes : villages, châteaux ou douces vallées, comme celles de la Sioule, de la Bresbre ou de l'Aumance, magnifique à **Hérisson**. Quelques vieux arbres sont au rendez-vous. Les parcs de **Vichy** possèdent une des plus belles collections d'arbres d'Auvergne, en particulier dans les parcs d'Allier, en bord de rivière, créés à la demande de Napoléon III.

À **Saint-Pierre-Laval**, dans le hameau de La Tour, une famille passionnée conserve amoureusement un vieux tilleul au tronc noueux et dans la propriété, aux côtés de ginkgos, de frênes et de robiniers remarquables, un exceptionnel tulipier de Virginie de près de 5 m de circonférence. Près de **Ferrières-sur-Sichon**, deux très beaux sapins gardent les abords de la chapelle de Pierre-Encize, tandis qu'à l'entrée du château de **Fourchaux**, près de Besson, se dresse un marronnier monumental.

Saint-Pierre-Laval : le tilleul du hameau de la Tour.

Méandres en Combrailles

Queuille : l'extraordinaire méandre de la Sioule.

Descendant du massif du Mont-Dore, la Sioule rejoint l'Allier au-delà de Saint-Pourçain. En traversant les Combrailles, elle s'enfonce dans le socle granitique pour compenser la différence d'altitude créée par l'effondrement de la plaine de Limagne. Les **gorges de Chouvigny**, entre Châteauneuf et Ébreuil, illustrent parfaitement ce phénomène. Ici, la vallée est surplombée par de hautes falaises dans lesquelles l'érosion a découpé des pointes de granite impressionnantes, comme le roc Arnaud, que l'on peut escalader par un escalier pour admirer l'ensemble des gorges. Ne manquez sous aucun prétexte le belvédère qui se cache derrière l'église de **Queuille** (63). Celui-ci domine un extraordinaire **méandre de la Sioule ♥** au lit élargi par un barrage. La rivière emprisonne le « site forestier de Murat ».

Les **Combrailles** sont riches en arbres d'exception. À cheval sur deux départements, cette région méconnue des circuits touristiques recèle quelques trésors et plusieurs arbres remarquables, dont la découverte pourra accompagner celle des méandres de la Sioule et du panorama du **Puy Saint-Gulmier**. Aux confins du Limousin, le village de **Giat** (63) possède sur sa place un chêne de la Liberté. Il faut être têtu pour dénicher la perle des Combrailles, un chêne monumental dont le tronc est curieusement inclus dans les murs d'une grange. Depuis **Saint-Étienne-des-Champs** (63), rendez-vous dans le hameau « Chez Jally » et demandez aux propriétaires l'autorisation d'admirer cet arbre exceptionnel. Les villages de **La Peyrouse**, **Saint-Gervais-d'Auvergne**, **Montaigut** et **La Crouzille** (63) hébergent de beaux tilleuls, dont certains sont des « Sully ». Le plus remarquable est sans doute celui qui se dresse dans le hameau de Lespinasse, sur la commune de **Pulverières** (63), impressionnant avec ses 7 m de circonférence. À **Saint-Rémy-de-Blot** (63), une extraordinaire cépée de chênes, appelée ici « soupée », de 13 m de circonférence tient la vedette. Aux portes de la **Creuse**, le tilleul de **Saint-Bard** (23) pousse dans le mur de soutènement de la place de l'église. Avec 7 m de circonférence, un de ses congénères fait la fierté du village de Pompignat, à **Basville**. À **Flayat** (23), la terrasse du château privé porte visible depuis la rue un magnifique if de plus de 8 m de tour. Enfin, la forêt de **Châteauvert**, près de **Saint-Oradoux-de-Chirouze** (23), abrite des hêtres incroyables. Autrefois taillés par les sujets du baron d'Ussel pour obtenir du petit bois, ils ont depuis longtemps repris leur croissance, adoptant d'étranges silhouettes torturées. Ils se cachent près du premier parking forestier, entre La Courtine et Saint-Oradoux, sur la D 996.

PÉRIGORD-QUERCY

À ne pas manquer !

Le coup de cœur : le gouffre de Proumeyssac

Le panorama : les terrasses du château de Marqueyssac

La balade : les cingles de la Dordogne

Couleurs du terroir

Périgord noir, Périgord blanc, Collonges-la-Rouge, les contreforts du sud-ouest du Massif central sont aux couleurs du terroir. Comme partout en France, la présence du calcaire se traduit en quelques mots : plateaux secs des Causses, réseau karstique, grottes, avens et une présence humaine très ancienne. Si le blanc du calcaire domine les paysages de Dordogne et du Lot, le socle ancien, plus sombre, affleure dans les vallées. Quelques touches de grès rouge au sud de Brive complètent cette étonnante palette. Dans cet univers coloré, deux grandes rivières, le Lot et la Dordogne, venues du Massif central et rejointes par leurs affluents dessinent les paysages.

Gouffre de Proumeyssac

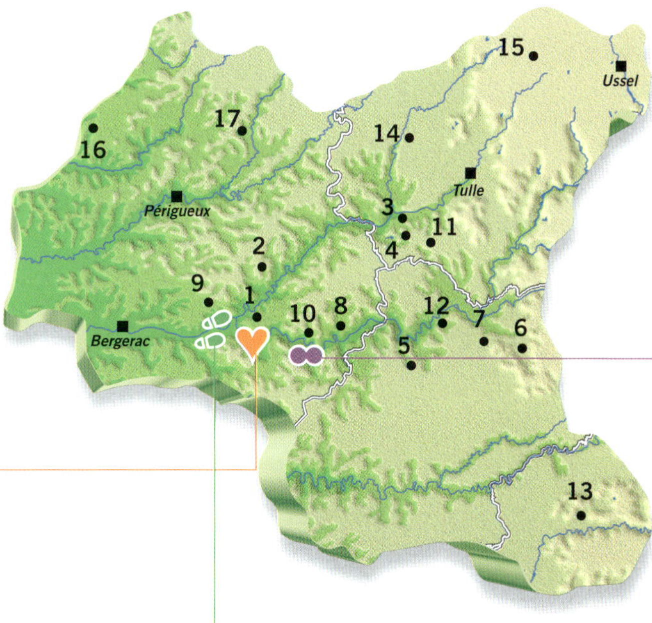

Jardins de Marqueyssac

1. Gouffre de Proumeyssac
2. Grotte du Grand-Roc
3. Grottes de Lamouroux
4. Gouffre de Lafage
5. Grottes de Lacave
6. Grottes de Presque
7. Gouffre de Padirac
8. Cingle de Montfort
9. Cingle de Trémolat
10. Château de Marqueyssac
11. Collonges-la-Rouge
12. Chêne de Montvalent
13. Tilleul de Saint-Cirgues
14. If de Vigeois
15. Tilleul de Bonnefond
16. If de Bertric-Burée
17. Ferme aux dinosaures

Cingles

Mélodie en sous-sol

Là encore, la roche blanche déposée à l'ère secondaire par une mer qui caressait les flancs du Massif central a subi les assauts des eaux d'infiltration. Ces dernières dissolvent les massifs fissurés en les travaillant de l'intérieur. D'imposants réseaux **souterrains** dits karstiques se mirent en place. Les galeries abandonnées par les rivières devinrent des grottes propres à la formation de concrétions et sources d'inspiration pour les *Homo sapiens*. Le plafond de ces cavités pouvait alors s'effondrer donnant naissance à des gouffres, ou avens. Voici quelques bons « rendez-vous des ténèbres » pour les amateurs de merveilles souterraines.

En **Dordogne**, l'art pariétal demeure bien sûr le point fort des visites. Les richesses préhistoriques des Eyzies sont exceptionnelles. La reconstitution de Lascaux à Montignac émerveille autant par l'incroyable talent des artistes magdaléniens que par celui de nos contemporains qui ont su parfaitement restituer chaque recoin, chaque peinture de la grotte au centimètre carré près. La région recèle bien d'autres trésors que les amateurs d'insolite se plairont à explorer.

Gouffre de Proumeyssac : la « cathédrale de cristal ».

Gouffre de Proumeyssac : le temps a fait son œuvre.

Deux « adresses » émergent parmi les nombreuses possibilités. Le **gouffre de Proumeyssac** ♥, près du **Bugue** (24), mérite bien son nom de « cathédrale de cristal ». Quel enchantement ! On y accède par un tunnel de 110 m, en progressant dans la pénombre pour mieux ménager le suspens. Spielberg n'a qu'à bien se tenir. Et la lumière fut ! Des effets spéciaux extraordinaires, mais dans un décor tout ce qu'il y a de plus naturel. On peut aussi descendre dans la grande salle en empruntant la nacelle, version améliorée du système d'origine autrefois tiré par un cheval. Dans ce gouffre, l'effondrement progressif de la voûte, banc après banc, a généré une cavité en coupole dans laquelle les concrétions traditionnelles, stalactites, stalagmites et draperies, se sont peu à peu mises en place. Plus surprenantes sont les « perles des cavernes ». Ces grains de sable ballottés dans un trou rempli d'eau se couvrent peu à peu d'un revêtement de calcite qui s'épaissit à chaque rotation. Fistuleuses et excentriques complètent ce décor insolite. Plus rares encore les cristallisations en triangle constituent un petit mystère minéral dont les clefs sont à chercher au fond des bassins peu profonds, remplis d'une eau calme et surchargée en carbonate de calcium, dans lesquels elles se forment. Dans la **grotte du Grand-Roc**, près des **Eyzies**, là aussi l'émerveillement est total. On a beau dire, les hommes n'ont pas fait mieux ! Millimètre par millimètre, la nature a échafaudé sur 700 m de galeries d'innombrables concrétions dont les formes résistent aux explications les plus rigoureuses. Excentriques ! C'est le nom que l'on donne à ces stalactites qui changent brusquement de direction ou se ramifient en d'étranges arborescences. Les interprétations foisonnent : circulation de l'air dans la grotte, rôle des bactéries vivant au contact du calcaire, phénomène de remontée des eaux par capillarité… Le mystère n'est pas résolu, mais n'amplific-t-il pas l'émotion que l'on ressent à la découverte de ce lieu magique ? Les amateurs de ténèbres pourront continuer à s'étourdir avec la découverte des grottes de **Lamouroux**, du gouffre de **Lafage** au sud de Brive (19), des grottes de **Lacave** ou **de Presque**, sans oublier l'incontournable gouffre de **Padirac** (46), dans lequel une promenade en bateau sur une rivière souterraine permet de poursuivre l'exploration du sous-sol quercynois.

Si vous cherchez la gabare…

Paisiblement, la Dordogne étire ses boucles au pied des falaises du Périgord. Après avoir creusé sur son cours limousin de profondes gorges, la belle rivière dessine des méandres serrés incrustés dans le calcaire. Ce sont les **cingles** dont les plus spectaculaires se situent près de Trémolat et Montfort. La rive concave rongée par un courant rapide présente un versant abrupt. En revanche, la rivière dépose tranquillement ses alluvions sur la rive convexe, fournissant les terres les plus fertiles du Périgord. La navigation peut être périlleuse sur les cingles. Les bateliers d'autrefois qui menaient leurs gabares chargées de bois auvergnat en se laissant porter par le courant connaissaient les dangers de ces méandres aux allures débonnaires. Un passage mal négocié, trop près de la rive concave, et la force centrifuge fracassait l'embarcation contre les parois rocheuses. Le **cingle de Montfort** s'apprécie depuis la D 703, à partir de laquelle s'ouvre un panorama exceptionnel sur le méandre dominé par le château. Une visite dans le village permet de se rendre compte que la forteresse repose sur une arche naturelle solidement ancrée dans le roc. Pour goûter au mieux les courbes esthétiques du **cingle de Trémolat**, montez au belvédère de Racamadou par une petite route qui escalade les hauteurs. Dans le virage de Bosredon, un chemin de terre conduit au belvédère, qui offre des ouvertures sublimes sur la rivière lovée au cœur d'un impressionnant amphithéâtre de hautes falaises.

Cingle de Trémolat.

Près de La Roque-Gageac, le **château de Marqueyssac** (24) propose un des points de vue les plus fantastiques sur la Dordogne. Le belvédère surplombe la vallée de plus de 130 m. À gauche, La Roque-Gageac, appuyée contre la roche, essaime ses maisons le long de la rivière, tandis qu'à droite, le château de Beynac veille sur son village. On se laisse plonger dans une rêverie bucolique qui peut se prolonger parmi les buis des **jardins de Marqueyssac**. Une véritable folie, née au XIXe siècle et restaurée en 1996. L'arbuste aux feuilles persistantes se prête à merveille aux contraintes de l'art topiaire. Ici, pas d'angle droit, tout est dans l'arrondi. On croit marcher au milieu des nuages ou dans ces gros coussins de mousse qui tapissent les sous-bois. Ces motifs ondoyants typiques des aménagements réalisés sous Napoléon III sont dus à la patience de Julien Cerval qui voulut faire de Marqueyssac l'équivalent des plus beaux jardins italiens.

Jardins du château de Marqueyssac.

Terre de feu, loin du cap Horn

Collonges-la-Rouge (19), quel extraordinaire cocktail de couleurs ! Un îlot rouge dans un univers blanc. Le blanc, c'est le calcaire du causse corrézien, au sud de Brive, terre pauvre et sèche rongée par les eaux d'infiltration, minée par les grottes et les avens. Il faut découvrir le causse depuis la côte Pelée, au sud-est de Chasteaux, à partir du village de **Soulier**, et de préférence au printemps, lorsque les pelouses rases s'illuminent de milliers d'orchidées. Les chênes verts complètent l'ambiance méditerranéenne bercée du champ des cigales. Le blanc, c'est aussi la pierre de construction des villages perchés comme Turennes, à quelques kilomètres de Brive, dominé par le château, depuis lequel s'ouvre une vue magnifique sur la région. Et puis voici Collonges. En s'approchant du village, déjà le rouge éclate, annoncé par les carrières, les bords de route et les premières bâtisses. Puis voici le joyau, à découvrir plutôt hors saison ou le matin, avant l'arrivée des grandes foules. Un merveilleux lacis médiéval où se mêlent castel, église aux chapiteaux sculptés, gentilhommières et chapelle. La pierre rouge flamboie au soleil du matin ou au coucher du soleil. Mais que fait-elle ici au cœur du causse calcaire ? Les grès rouges de Collonges sont plus anciens que les roches blanches des causses déposées à l'ère secondaire. La visite de Collonges ne nous rajeunit pas. Elle nous transporte à la fin de l'ère primaire, au permien, il y a 250 millions d'années. Des sables, produits de la décomposition de la chaîne hercynienne, se déversèrent dans des bassins d'effondrement autour du Massif central, se consolidant progressivement pour former des grès. La Terre n'avait alors pas sa configuration actuelle. L'Atlantique n'existait pas et l'Amérique, l'Europe et l'Afrique vivaient un heureux mariage. L'actuel Massif central se trouvait bien plus au sud, soumis à un climat chaud propice à l'évaporation des eaux du sous-sol chargées d'oxyde de fer. Les grès bien consolidés se rubéfièrent, fournissant aujourd'hui les spectaculaires teintes rouges que l'on peut rencontrer en lisière du Massif central, dans le bassin de Collonges, la région de Brioude, de Rodez, de Lodève ou de Saint-Affrique.

Collonges-la-Rouge : une terre de feu au cœur des calcaires blancs.

Des racines ancrées dans le terroir

Entre Gluges et Montvalent, sur la N 140, en suivant la direction du « mas du vieux chêne », on arrive dans un lieu idyllique. Au bord du Lot, un petit café avec piscine, une vue sur le village perché et surtout un arbre monumental, le **chêne de Montvalent** (46). Avec ses 8 m de circonférence, il affiche l'âge respectable de plus de 400 ans. Une rencontre avec le propriétaire a permis de comprendre pourquoi cet arbre isolé et au tronc torsadé, insolite dans cette terre de culture, est toujours debout. C'est en fait le seul survivant d'un bel ensemble de chênes qui ne résistèrent pas à la hache des bûcherons. Vrillé de bas en haut, grillé par la foudre, notre monument végétal ne présentait pas les qualités requises pour l'abattage. Il dut ainsi sa survie à une esthétique douteuse qui fait aujourd'hui son charme.

À signaler également dans le **Lot**, un beau micocoulier bicentenaire en plein cœur de **Puy-l'Évêque**, de vieux platanes au tronc creux au chevet de la magnifique église romane de **Souillac** et un volumineux tilleul à **Saint-Cirgues**. À **Grezels** (46), un buis caché dans le vieux cimetière, près de l'église, aurait plus de 500 ans. L'arbre le plus vieux de **Corrèze**, un if monumental, se situe à **Vigeois** (19), dans l'enceinte de l'école communale (demandez l'autorisation). Son tronc très court de près de 10 m de circonférence semble en partie masqué sous le bitume. De grosses branches tortueuses autour d'une cavité centrale en font une aire de jeux merveilleuse pour les enfants. Par comparaison avec ces homologues normands, on peut estimer son âge entre 1 200 et 1 400 ans. Si l'on retient cette dernière hypothèse, il pourrait avoir été planté au VIe siècle, lorsque saint Yrieix fonda sa communauté monastique à Vigeois. Des travaux d'assainissement effectués en 1993, à moins de 100 m de l'arbre, mirent au jour des sarcophages mérovingiens. Un beau cours d'histoire à retracer pour les jeunes qui jouent à cache-cache autour du vénérable ancêtre.

En Corrèze également, se nichent d'autres arbres historiques dans de charmantes bourgades. Un beau tilleul de Sully à **Bonnefond** (19) concurrence des chênes de la même époque à **Tarnac** et dans le hameau de **Colomby**, près de Meymac. Le plus vieil arbre de **Dordogne** est un if qui pourrait avoir 900 ans. Dans le village de **Bertric-Burée** (24), son propriétaire l'entretient avec amour, lui assurant un avenir millénaire. ■

***Montvalent :** le vieux chêne au bord du Lot.*

La ferme aux dinosaures

Si, si ! Des empreintes de dinosaures imprimées dans des dalles calcaires se trouvent au milieu de la cour d'une ferme. C'est à **Gironette**, chez monsieur et madame Picoud, près de **Corgnac-sur-Isle** (24). Ce gisement unique en Aquitaine fut découvert en 1995 par J.-P. Petit, géologue à l'université de Montpellier, et étudié par des spécialistes français, américains et suisses qui firent « parler » les pierres. Sur le site, deux pistes de dinosaures merveilleusement conservées se croisent, mais ne sont pas contemporaines. Les grands reptiles évoluaient en bord de mer dans une lagune régulièrement envahie par les eaux, il y a 200 millions d'années. Le premier, un thyréophore, sorte de stégosaure primitif de 5 m de long, a imprimé dans la boue calcaire dix-neuf empreintes de 30 cm dont la disposition semble traduire une légère claudication. Le second est un petit théropode carnivore et bipède, ressemblant au raptor de *Jurassic Park*, dont on ignorait jusque-là l'existence au jurassique inférieur. D'autres traces ont été découvertes récemment, apportant un formidable cocktail d'informations. Afin d'éviter les actes de vandalisme, le site a été classé en « réserve naturelle volontaire », puis protégé des intempéries par un auvent. Il est prudent de téléphoner au 05 53 62 10 33 pour se faire confirmer les horaires d'ouverture.

Ferme aux dinosaures : *l'impressionnante empreinte du thyréophore.*

À ne pas manquer !

Le coup de cœur : la vallée de Chaudefour

Le panorama : les roches Tuilière et Sanadoire

La balade : randonnée du sommet du Puy-de-Dôme au col des Goules en passant par le cratère du Pariou

Volcans et cheminées de fées

Peut-on imaginer l'Auvergne sans ses volcans? Impossible! Le conseil régional les a d'ailleurs choisis comme symbole. L'un des plus imposants, le puy de Dôme, a même donné son nom à un département. La chaîne des Puys correspond pourtant à des éruptions récentes. Ainsi, nos ancêtres *Homo sapiens* qui exerçaient leur art à Lascaux il y a 17000 ans ne purent apprécier la beauté de certains sites, puy Pariou, lac Pavin, puy de la Vache, car ceux-ci n'existaient pas encore! La jeunesse de ces édifices a permis une bonne conservation des paysages de la chaîne des Puys où les formes volcaniques sont merveilleusement « lisibles ». Cônes, coulées, cratères, lacs constituent un véritable musée naturel. Les Monts-Dore correspondent à un volcanisme plus ancien, où l'érosion, en particulier les glaciers, a modelé le paysage en dégageant les roches les plus résistantes donnant naissance aux necks, dykes, dents, pics ou cheminées de fées. L'eau tient ici un rôle fondamental, eau de consommation filtrée par les pouzzolanes, eau chaude des stations thermales et réseau hydrographique particulièrement dense de rivières qui deviendront fleuves. Les lacs, joyaux des paysages auvergnats, doivent en fait leur existence à l'histoire géologique complexe de la région partagée entre glaciers et volcans.

Tuilière et Sanadoire

Puy de Dôme

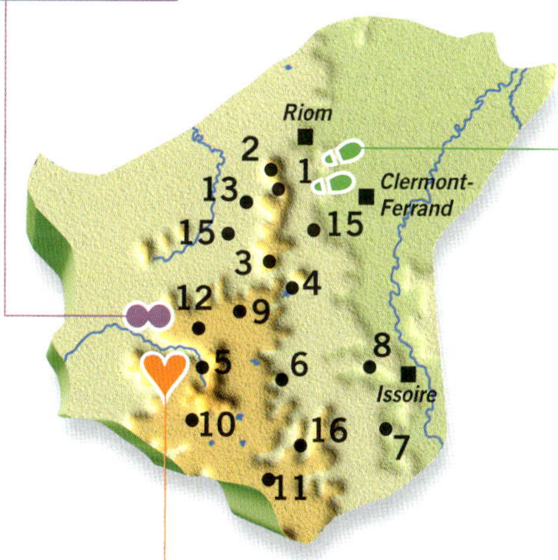

Vallée de Chaudefour

1. Puy-de-Dôme
2. Puy Pariou
3. Puy de La Vache
4. Lac d'Aydat
5. Vallée de Chaudefour
6. Cheminées de fées de Cotteuges
7. Vallée des Saints
8. Plateau de Perrier
9. Lac de Servière
10. Lac Pavin
11. Lac de la Godivelle
12. Roches Tuilière et Sanadoire
13. Hêtres du col de Ceyssat
14. Tilleul d'Olby
15. Érable du parc Bargoin
16. Maison des Tourbières

La chaîne des Puys :
dômes et cratères.

La vérité au fond du puy

Le **puy de Dôme** (63), un belvédère incontournable pour découvrir l'un des plus beaux panoramas de notre pays. Pour l'apprécier, il faut bien choisir son jour et son heure. Éviter absolument les jours, hélas nombreux, où le sommet disparaît dans les nuages et les débuts d'après-midi des belles journées d'été. Mieux vaut monter le matin ou tard dans la soirée, quand la lumière est belle et la foule en nombre raisonnable. Pour éviter les embouteillages, des navettes circulent en juillet et août. De toute façon, on ne se trouve jamais complètement seul au sommet. Martinets et corbeaux emplissent l'air frais et côtoient les parapentes. Le ton donné, on admire le temple de Mercure installé par les Romains – ils sont vraiment fous ces Romains – et l'exposition permanente qui explique l'essentiel du volcanisme auvergnat. Le spectacle commence d'abord au sud, par un exceptionnel alignement de cônes volcaniques, matérialisant la ligne de fracture nord-sud qui a permis la montée des produits volcaniques. Sur la gauche des édifices, de grandes surfaces forestières, les cheires, correspondent aux anciennes coulées de lave. Plus loin, des coulées dégagées par l'érosion des terrains voisins plus tendres impriment leurs silhouettes sur la ligne d'horizon. Le « must » s'ouvre cependant de l'autre côté, vers le nord, sur un des plus extraordinaires panoramas volcaniques du continent, où l'on distingue côte à côte deux types d'édifices correspondant à des éruptions très différentes. Impossible de confondre les dômes aux sommets arrondis et les cônes dont les formes parfaites se concluent par un profond cratère. Ainsi, on peut apprécier au premier plan, de gauche à droite, le double cratère du puy de Côme, puis le cratère aplani du Suchet. À son contact, deux dômes évoquent une opulente poitrine. Plus à l'est, le cône du Pariou, reconnaissable au chemin qui le traverse « en bandoulière », s'achève par un somptueux cratère. Les dômes paisibles correspondent à des

Puy de Dôme : l'incontournable belvédère de la chaîne des Puys.

Puy de la Vache : une ancienne carrière de pouzzolane.

montées de lave très visqueuse, qui ont refroidi sur place sans s'écouler. Certains comme le puy de Dôme ont pu faire l'objet de violentes explosions, dont les nuées ardentes détruisaient tout sur leur passage. Les cônes effusifs n'ont pas la même histoire. Dans ces volcans « rouges » formés par l'accumulation de projections de lave issues d'un cratère, des coulées très fluides ont pu s'échapper des flancs du volcan, formant aujourd'hui des cheires. Ce site exceptionnel pour la juxtaposition des deux types d'édifices parfaitement conservés car encore bien jeunes semble également propice à l'initiation à la toponymie occitane. Le Pariou tire son nom de la « paire », deux éruptions s'y sont succédé. Le puy des Goules, la « gueule » du cratère, côtoie le dôme explosif du Sarcoui, du grec *sarcos*, « les morts », car ses roches servaient à faire des pierres tombales. Le puy des Jumes, deux volcans jumeaux, est proche du puy de Louchadière, « la chaise », en raison de sa forme. Une des plus belles promenades relie le **puy de Dôme** au col des Goules, en passant par le somptueux cratère du **puy Pariou**, de 90 m de profondeur et 300 m de diamètre. L'ascension du **puy de Côme** avec son double cratère ou celle du **puy de la Vache** complète les observations. Les scories rouges et noires du puy de la Vache, une ancienne carrière de pouzzolane accessible par un chemin de randonnée à partir de la D 5, évoquent les grands paysages volcaniques contemporains. D'énormes bombes témoignent de la violence de l'éruption. Beaucoup d'entre elles conservent dans leur forme, le mouvement de rotation qu'elles ont subi lorsqu'elles furent projetées vers le ciel. Depuis l'abandon de l'exploitation de la carrière, la végétation s'installe peu à peu sur la roche nue. Lichens, mousses et bouleaux sont les pionniers de cette lente reconquête. Pour mieux comprendre l'histoire volcanique de cette partie de la chaîne, il est conseillé de la découvrir depuis la N 89, sur l'aire du puy de la Vache, entre le col de la Ventouse et Randonne. Le puy de la Vache et son jumeau, le puy de Lassolas, plus dénudé, présentent deux cratères « égueulés ». Lors de l'éruption, il y a 8000 ans, les projections retombaient sur un tapis roulant de lave fluide, formant alors des cônes incomplets. Une coulée de lave dirigée vers le sud-est a parcouru 17 km, formant un barrage pour plusieurs ruisseaux ou rivières ; le **lac de La Cassière** et celui **d'Aydat** témoignent de ces bouleversements. La rivière qui a donné naissance à ce dernier, la Veyre, s'infiltre toujours sous la coulée, à la sortie du lac et réapparaît en résurgence à quelques kilomètres à l'est.

Les 3 types de volcans auvergnats (chaîne des Puys).

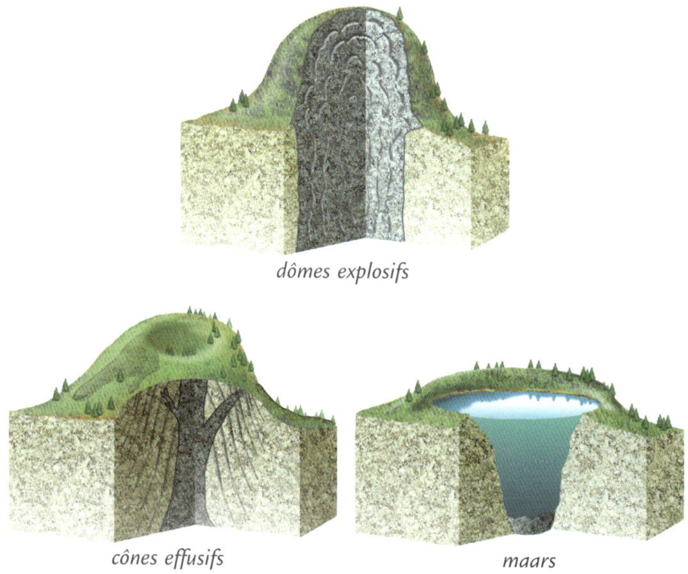

Inversion du relief

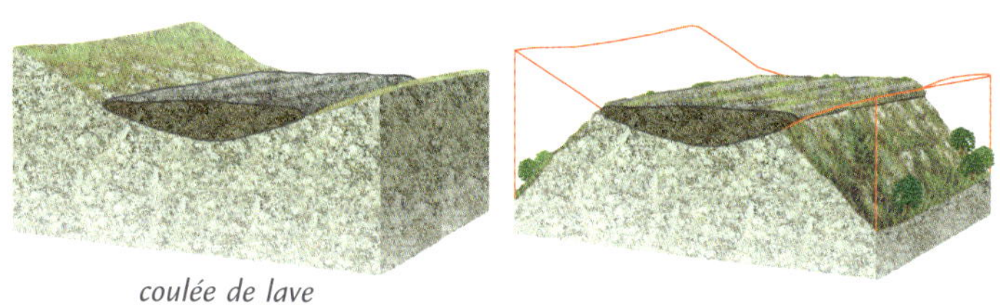

Vallée de Chaudefour ♥

La rancune tenace du Sancy

Vallée de Chaudefour : la dent de la Rancune.

Le massif des Monts-Dore, dominé par le puy de Sancy, présente un aspect franchement plus montagnard que la chaîne des Puys. Les formes volcaniques bien plus anciennes ont en partie été gommées, notamment par l'érosion glaciaire. L'énorme stratovolcan constitué en plusieurs étapes depuis l'ère tertiaire est désormais raviné par de profondes vallées en auge qui évoquent plus les périodes glaciaires que celles de sa formation volcanique. La somptueuse **vallée de Chaudefour ♥** est à cette image. De puissantes roches volcaniques rabotées par les imposants glaciers dont il ne reste aujourd'hui que de douces rivières, les couzes. On y accède à partir de Chambon-sur-Lac, par la D 36 que l'on emprunte jusqu'à la maison de la réserve naturelle. La richesse botanique et faunistique du site surplombé par les puys de Cacadogne et de Sancy a entraîné la création d'une réserve naturelle où s'ébattent chamois et mouflons. L'extrémité du sentier balisé par des empreintes de blaireau est dominée sur la droite par les deux « incisives » acérées de la crête de Coq et de la dent de la Rancune. La découverte peut se faire aussi en empruntant le téléphérique du Sancy, puis en suivant à partir du sommet le GR 4 vers le nord. Ces « dents » déchaussées correspondent à d'anciens filons de lave infiltrés, puis refroidis dans des fissures situées sur les flancs du volcan. L'érosion a ensuite raboté les terrains plus tendres avoisinants, laissant en relief ces dykes spectaculaires.

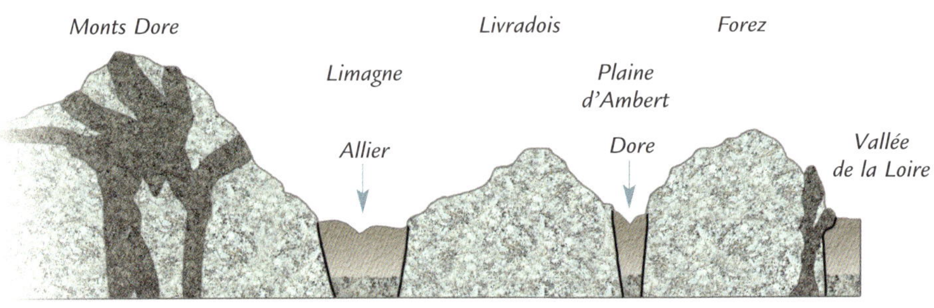

Volcans des Monts-Dore et plaines d'effondrement (coupe Ouest-Est).

Cheminées de fées auvergnates

Des cheminées mais pas de volcans, et toujours en Auvergne! On peut en effet y découvrir ces surprenantes colonnades naturelles, plus familières des paysages des Alpes ou de Cappadoce. Pour trouver la première, rendez-vous à **Cotteuges** (63), à quelques kilomètres de Besse-en-Chandesse. Sur la route, on peut voir les grottes de Jonas, étonnantes cavités creusées dans les tufs rouges volcaniques et habitées de siècle en siècle. Près d'un petit pont sur la Couze-Pavin, un panneau indique la cheminée de fée. Elle est cachée à quelque 200m sur la droite dans un petit bois. Et là, quelle découverte! Une impressionnante colonne particulièrement solide, surmontée d'un bloc de roche volcanique en équilibre non précaire. En examinant le site, on imagine ce qui a pu se passer. À chaque orage ou pluies violentes, les eaux de ruissellement déblayent un peu plus les argiles tendres qui entourent la colonne. Le bloc de roches jouant alors le rôle d'un parapluie protecteur. La colonne elle-même doit être imprégnée par des remontées d'eau profonde, comme dans un papier buvard. Leur évaporation contribue à cimenter un peu plus les grains entre eux, rendant l'édifice particulièrement solide. On retrouve ces argiles rouges dans le village viticole de **Boudes** (63), à 15km au sud d'Issoire, sur le site de la vallée des Saints qui est fléché à partir du bourg (environ 2km, délicats à faire en voiture, promenade à éviter par temps pluvieux). Depuis le parking, l'escalier de bois qui descend au fond de la vallée du Couzilloux puis remonte offre de beaux points de vue sur d'étranges pyramides, dont la succession évoque une procession de moines en longues robes de bure. Il est vraiment conseillé de remonter de l'autre côté, car la vue se dégage sur les formes arrondies et rubescentes du cirque des Mottes. Quelques points de repos situés sur le parcours incitent à la réflexion géologique. Le climat qui régnait il y a 30 millions d'années sur l'Auvergne était quasiment tropical et donc propice à la décomposition rapide des roches du vieux Massif central. Humidité, chaleur, tout concourait à leur érosion rapide. Entraînés par les fleuves, les débris argileux s'accumulèrent pour former une croûte rougeâtre colorée par les oxydes de fer. La fragilité de telles roches parfois mises à nu rend particulièrement délicate la conservation de ce mini Colorado auvergnat.

***Cotteuges** : cheminée de fée ou demoiselle coiffée ?*

Enfance de Lahar

Perrier, c'est vraiment fou ! À quelques kilomètres d'Issoire et de sa cathédrale romane au chevet sublime, un plateau parsemé d'étranges blocs dont certains semblent figés dans un équilibre précaire domine le village de **Perrier** (63). Pour mieux apprécier le site, suivez à pied le chemin des grottes, puis le balisage « sentier des roches » qu'une association locale réhabilite. Parvenu à une bifurcation, un petit crochet s'impose vers la gauche pour découvrir la tour Marifalet. De toute évidence, les innombrables cavités, moult fois habitées du site, confèrent à l'ensemble un intérêt historique. Mais l'intérêt géologique n'est pas moindre. On se trouve au cœur d'un des plus remarquables lahars observables en Europe. Un lahar, énorme coulée de boue, dévale les flancs d'un volcan, entraîne sur son passage des cendres et d'énormes blocs dont certains semblent rester en équilibre, car l'érosion travaille facilement les matériaux tendres de la coulée. Les géologues estiment que cette débâcle boueuse a parcouru plus de 30 km depuis les centres éruptifs mont-doriens. Les cataclysmes sont d'autant plus intenses que de la vapeur et d'énormes quantités de cendres, propres aux volcans explosifs les alimentent. Les éruptions récentes en Amérique du Sud ou aux Philippines rappellent leur violence ravageuse.

Perrier : *des troglodytes dans un lahar, coulée de boue d'origine volcanique.*

Des maars sans canards

En regardant la carte du département du Puy-de-Dôme, on est frappé par l'existence de lacs parfaitement circulaires, au nord, le Gour de Tazenat, dans le massif du Mont-Dore, près d'Orcival, le **lac de Servière**, près de Besse, le **lac Pavin** et dans le Cézallier, le **lac de la Godivelle**. Ils sont tous installés dans des maars volcaniques. Ce nom d'origine allemande désigne la rencontre tumultueuse entre une remontée de magma brûlant (1 200 °C) et une nappe d'eau souterraine froide. Le « chaud » et « froid » ne procure pas une impression aussi savoureuse que la dégustation de profiteroles, mais génère une violente explosion due à la vaporisation de l'eau et provoque l'effondrement du socle. Il en résulte un trou béant avec un amas de projection à proximité. Quand les conditions d'imperméabilité sont suffisantes, les eaux de pluie et de ruissellement viennent s'ajouter à la vapeur recondensée et remplissent le maar, formant un lac généralement très profond. L'histoire tumultueuse de ces éruptions et le caractère austère de certains sites auxquels elles ont donné naissance ont laissé libre cours à l'imagination. Ainsi le lac Pavin, le lac « épouvantable » (*pavens* en latin), aurait-il englouti une cité maudite dont les ruines et le clocher se reflètent parfois dans ses eaux sombres. N'y jetez pas de pierres au risque de déclencher des orages terrifiants, faites plutôt le tour de ce cercle parfait par le chemin qui le borde. Du côté ouest, la forte déclivité illustre l'effondrement phénoménal du socle. Avec ses 92 m de profondeur et ses 150 m de diamètre, le lac Pavin correspond à la plus récente des manifestations du volcanisme auvergnat. Il y a 4 000 ans, tout juste hier, alors attention ! Le réveil est peut-être pour aujourd'hui.

Lac de la Godivelle : *un bel exemple de maar circulaire, issu d'une formidable explosion.*

La pierre qui tinte

Le **site des roches Tuilière et Sanadoire ••** (63), à proximité du col de Guéry, est exceptionnel à plus d'un titre. Deux pitons de lave surgis des profondeurs se font face, séparés par la belle vallée glaciaire de Fontsalade. Rien à voir avec la laitue, mais plutôt avec une fontaine aux eaux riches en sels minéraux ! À droite, la roche Sanadoire a perforé à l'emporte-pièce les roches voisines. La viscosité du magma qui lui a donné naissance a produit une lave rapidement refroidie, se mettant en place sans s'écouler, comme un véritable piston. L'érosion a peu à peu décharné ce neck volcanique, constitué de phonolite plus dure que les roches voisines. Un sentier permet de s'approcher de la roche Sanadoire pour essayer de faire tinter la roche, « phonolite » signifiant « pierre qui tinte ». Encore faut-il savoir la frapper ! La roche Tuilière résulte probablement d'un édifice plus important encore, en grande partie effondré. Le refroidissement de la même phonolite a contribué à la formation des remarquables prismes verticaux que l'on peut admirer à partir de points de vue multiples qui s'ouvrent en s'éloignant du col de Guéry, en direction de Clermont. Il est cependant recommandé de descendre sur quelques centaines de mètres, la D 80 vers **Rochefort** pour apprécier ces orgues spectaculaires. Elles sont à l'origine du nom de la roche Tuilière, car la phonolite fut longtemps exploitée pour fournir des lauzes qui couvrent encore le toit de quelques vieilles maisons des villages environnants. Les roches Tuilière et Sanadoire sont beaucoup plus anciennes que la chaîne des Puys. La roche Sanadoire date d'il y a 2,2 millions d'années, tandis que la roche Tuilière n'a « que » 1,9 million d'années. Leur mise en place est donc contemporaine de l'immense remue-ménage qui vit la formation du stratovolcan des monts Dore. ■

Roches Tuilière et Sanadoire : deux pitons volcaniques dominant la vallée glaciaire de Fontsalade.

Theils, vernes et fayards

Puy Pariou : non loin du col des Goules, un hêtre majestueux évoque la forêt d'antan.

Ici, au cœur de l'Auvergne, les arbres retrouvent leur nom traditionnel. Le fayard, ancien nom du hêtre, couvrait autrefois les pentes des volcans. L'implantation de petites industries eut raison de ces merveilleuses forêts. Il fallait convertir la futaie avec ses arbres centenaires en taillis, fournisseur privilégié de charbon de bois. Heureusement quelques magnifiques fayards ont miraculeusement survécu à l'hécatombe. L'un des plus beaux peut être observé sur le chemin d'accès au puy Pariou, à partir du col des Goules. Un alignement remarquable de hêtres subsiste au-delà du **col de Ceyssat**, en direction d'Olby, sur la D 68. **Olby** (63), justement, est un charmant village au pied de la chaîne des Puys où trône un theil. Ce tilleul de Sully a 400 ans et près de 8 m de circonférence, il est l'un des plus beaux arbres du département, avec le tilleul du hameau de Lespinasse sur la commune de Pulverières. Quant au verne, nom celte de l'aulne, il a laissé sa trace dans la toponymie auvergnate. Beaucoup de villages, tels que Vernet, Vernines, Verneuges, installés à l'origine dans des zones humides, lui ont emprunté la racine de son nom. D'autres arbres n'ont pas suivi les traditions, mais n'en demeurent pas moins intéressants. À la limite de Royat et de Clermont, le **parc Bargoin** abrite l'un des plus gros érables de France. Il s'agit d'une cépée à sept « bras », dépassant les 7,50 m de circonférence. On accède au **plateau du Cézallier** par **Compains** (63), où un frêne majestueux côtoie l'église. Sur la route de **Saint-Alyre**, plusieurs hêtres imposants rompent la douce monotonie du paysage. À partir de l'intéressante **maison des Tourbières**, des circuits de découverte, notamment un sentier sur pilotis, permettent de pénétrer dans l'univers étrange des tourbières et ainsi s'initier à ce milieu de vie exceptionnel.

À ne pas manquer !

Le coup de cœur : le rocher Saint-Jean à Serverette

Le panorama : de la chapelle Sainte-Madeleine, à Massiac

La balade : la cascade du Faillitoux

Orgues et **trompettes** du Cantal à l'Aubrac

Superbes et méconnus, tels sont les paysages volcaniques du val d'Allier. Les cônes stromboliens du Devès, véritable « chaîne des Puys » de la Haute-Loire, ont produit de longues coulées de lave. Refroidies en colonnades de basalte, elles dominent la rivière, servant de perchoir à bon nombre de rapaces, à moins que des villages ou des châteaux n'y soient installés. Du côté de Saint-Flour, les orgues correspondent à des coulées plus anciennes provenant de l'énorme stratovolcan du Cantal, un gigantesque édifice aujourd'hui démantelé par l'érosion glaciaire. Plus au sud, les monts d'Aubrac et de Margeride, illuminés par les floraisons printanières des narcisses aux corolles en trompettes, offrent un subtil mélange de plateaux granitiques et volcaniques consacrés à l'élevage.

Chapelle Sainte-Madeleine

Cascade du Faillitoux

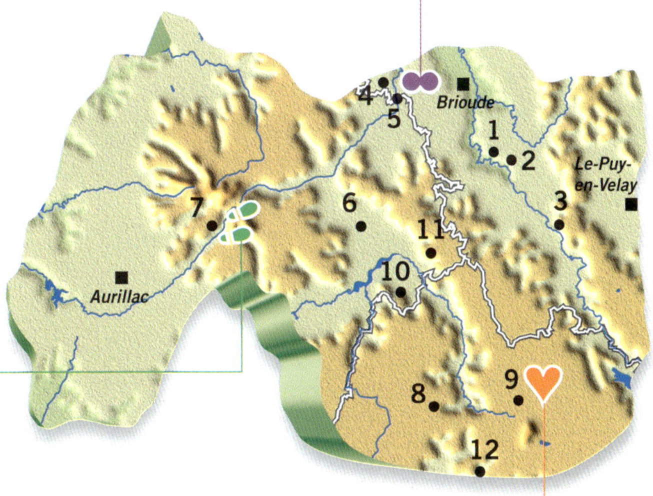

Rocher St-Jean à Serverette

1. Orgues de Chilhac
2. Falaises de Blot
3. Orgues de Prades
4. Blesle et Leyvaux
5. Chapelle Sainte-Madeleine
6. Orgues de Saint-Flour
7. Cascade du Faillitoux
8. Tor de Malbouzon
9. Rocher Saint-Jean
10. Roche de Saint-Marc
11. Jardin de Ruynes-en-Margeride
12. Parc des loups du Gévaudan

Prades : *de fabuleuses gerbes de basalte disposées en éventail.*

Concert d'orgues en val d'Allier

Un bon tuyau ! Allez admirer les orgues basaltiques qui surplombent le divin val d'Allier. Entre Brioude parée de sa superbe église romane et Monistrol-d'Allier, les sites sont éblouissants tout au long de la D 585. Les coulées de lave datées du villefranchien à l'ère quaternaire viennent de la chaîne du Devès située plus à l'est. En se refroidissant, elles ont formé de spectaculaires colonnades, peu à peu dégagées par la rivière. Le basalte, roche sombre et résistante, reste en relief dans le paysage. Il n'est alors pas étonnant de trouver des églises ou des villages juchés sur les orgues dominant le val d'Allier. À **Saint-Ilpize** (43), la chapelle et le château culminent sur un piton basaltique. En le contournant vers le sud, en direction de Chazieux, on peut apprécier les gerbes spectaculaires que dessine la roche. Depuis la **voûte Chilhac** (43) emprisonnée dans un méandre, rejoignez absolument le vieux village de **Chilhac**. Dans cette ravissante bourgade, les orgues basaltiques situées en contrebas forment des prismes d'une régularité saisissante. Comme à Saint-Flour, deux phases de refroidissement apparaissent nettement dans la coulée. En quittant le village vers l'est, sur la rive gauche de l'Allier, la petite route qui mène à Chambon effleure d'autres merveilles. Les **falaises de Blot** dégagées par l'Allier constituent les restes d'une importante coulée de lave qui a formé en se refroidissant des prismes disposés en éventail. Les princes des lieux restent sans conteste les rapaces qui apprécient ces rochers escarpés. Buses, milans, faucons crécerelles ou pèlerins ont adopté le site. Il n'est pas impossible d'apercevoir le plumage immaculé de l'aigle chasseur de serpent, le circaète Jean-le-Blanc. Après Langeac, l'abbaye de **Chanteuges** trône sur une ancienne coulée où la disparité entre les colonnes régulières et l'entablement chaotique se révèle là aussi très clairement. Quelques belles orgues encore sur la D 30, à **Saint-Arcons-d'Allier**, puis une superbe vue sur la chapelle Sainte-Marie-des-Chazes, près de Saint-Julien, et voici Prades.

Prades (43), un site sublime largement sous-estimé par les guides touristiques ! Si le temps le permet, reposez-vous sur la plage dominée par une fantastique forteresse de roches volcaniques. Les gerbes de basalte créent un véritable feu d'artifice qu'il vaut mieux découvrir en deuxième partie de journée pour bénéficier de l'ensoleillement. La baignade dans l'Allier, au pied du gigantesque éventail de pierre est idyllique. Une petite route permet d'aller à pied de la chapelle Sainte-Marie jusqu'à Prades. Ne manquez pas le train touristique des gorges de l'Allier qui parcourt toutes ces merveilles, du mardi au vendredi, de Langeac à Langogne.

***Chilhac :** les orgues basaltiques font apparaître deux phases de refroidissement.*

Entracte et suite du concert en Cantal

Depuis Brioude ou Issoire, rejoignez les gorges de l'Alagnon en prenant la D 909 qui suit la rivière dominée par le château de Léotoing, puis la corniche du plateau basaltique du Cézallier. On en aperçoit les colonnades en lisière de coulée sur la route qui conduit au joli village de **Blesle** (43). La D 81 d'un calme tout cantalien mène à la blanche église romane de **Leyvaux**. Juste avant **Massiac** (15), ne manquez pas la petite route qui monte à la chapelle Sainte-Madeleine juchée sur un éperon de basalte prismé. Perché sur un tel buffet d'orgue, on appréhende mieux le panorama. L'Alagnon en contrebas sert de frontière avec le Cézallier dont la corniche en vis-à-vis porte la chapelle jumelle de Saint-Victor. Plus au sud, voici **Saint-Flour** (15). L'avenue des orgues conduit à la ville haute. Que découvre-t-on en grimpant? Des orgues forcément, et monumentales! Il s'agit d'une coulée de lave basaltique datée de 9 millions d'années, provenant du massif volcanique du Cantal. Difficile pourtant d'imaginer en voyant les douces vallées cantaliennes que l'ensemble du massif formait un gigantesque édifice de 60 km de circonférence et 3000 m d'altitude; un stratovolcan, actif pendant plusieurs millions d'années. D'immenses coulées de lave s'échappaient des multiples cheminées volcaniques donnant naissance à de vastes plateaux en pente douce, les planèzes. Les grands volcans des îles Hawaï peuvent aujourd'hui évoquer ce que furent les éruptions du Cantal. La lave très fluide s'y écoule « à plat » sur de vastes étendues, telle une crème anglaise brûlante nappant un gâteau au chocolat. La coulée de Saint-Flour donne l'impression de deux phases successives bien distinctes, l'une régulièrement prismée à la base, et l'autre qui la surmonte, plus chaotique. Il s'agit en fait d'une seule coulée dont la rétraction lors du refroidissement s'est effectuée de manière inégale. Le fond qui refroidit plus lentement façonne de grands prismes réguliers, tandis que la couche superficielle au contact de l'air se rétracte rapidement en petits prismes irréguliers et enchevêtrés.

Chapelle Sainte-Madeleine.

Thiézac : la cascade du Faillitoux caressant de belles colonnades basaltiques.

La **cascade du Faillitoux**, encore une merveille, se trouve à 5 km à l'ouest de **Thiézac** (15), par la route de Vic-sur-Cère, puis par la D 59. Ici, l'eau tombe en cascade sur un bel ensemble d'orgues basaltiques perdu au fond d'une prairie où les passants les plus nombreux sont les vaches et les chevaux. Il est tout aussi spectaculaire de s'approcher du site que de prendre du recul pour en mesurer l'ampleur, en empruntant la petite route qui grimpe au-dessus du parking. Un conseil, puisque Thiézac n'est pas loin, montez à la chapelle Notre-Dame-de-la-Consolation. La sérénité du site, le point de vue sur la vallée de la Cère et quelques tilleuls pluricentenaires vous troubleront sans doute, favorisant une réflexion sereine sur les paysages cantaliens. Les formes volcaniques ne sont pas aussi « lisibles » que dans la chaîne des Puys. Trois raisons à cela. D'une part, il s'agit d'un volcanisme bien plus ancien. Cinq à vingt millions d'années, comparés à cela les monts Dôme font figure de gamins. D'autre part, le Cantal correspond à un colossal volcan multiforme couvrant la moitié d'un département actuel. Enfin, les glaciers ont creusé de profondes vallées en auge qui rayonnent autour de l'édifice, masquant un peu plus la configuration d'origine.

Saint-Flour : avenue des orgues...

Les « Sully » du Cantal

Lorsque vous traversez un village cantalien, regardez bien. Dressés près de l'église ou sur la place du village, les tilleuls sont encore souvent là, portant allégrement leurs 400 printemps. Les plus remarquables se cachent à **Raulhac**, **Saint-Santin**, **Talizat** ou **Villedieu** (15). À la lisière du département, mais côté Aveyron, le tilleul du hameau de Nigresserre, dépendant de la commune de **Thérondels** (12), mérite également une aimable visite. Village tranquille, croix au carrefour, arbre aux formes insolites ; ici le temps semble s'arrêter. C'est justement l'occasion de… le remonter. Depuis le Moyen Âge, l'obligation de planter des arbres au cœur des villages n'était pas forcément appréciée du monde rural, à cause de la charge que cela représentait. Sully fit appliquer plus fermement les décisions royales, utilisant les arguments les plus variés, de la contrainte aux rétributions. Alors on vit fleurir dans les bourgades, des ormes ou des tilleuls, baptisés selon les régions « Sully » ou « Rosny » en hommage à Maximilien de Béthune, baron de Rosny, passé à la postérité sous le nom de Sully. Nombre d'entre eux disparurent, arrachés par les adversaires du ministre de Henri IV. Les arbres plantés sur les places des villages furent davantage respectés, car ils jouaient un rôle social. Actes de justice, fêtes, rassemblements s'y déroulaient traditionnellement. Les ormes ne survécurent malheureusement pas à la maladie qui les décime encore aujourd'hui. Beaucoup de tilleuls sont en revanche encore là, 400 ans après leur plantation.

***Raulhac :** l'un des nombreux tilleuls de Sully auvergnats.*

Tors et trucs des monts d'Aubrac et de Margeride

Au quaternaire, les plateaux volcaniques de l'Aubrac et leur socle granitique ont porté une véritable calotte glaciaire d'où s'échappaient de courtes langues qui suivaient les vallées. Il en résulte des paysages rudes, exposés au vent, aujourd'hui consacrés à l'élevage. Au printemps, tout s'illumine. Des myriades de narcisses jaunes ou blancs dressent leurs trompettes dans les prairies humides. Il faut se perdre en mai dans ces étendues quasi désertiques pour goûter au bonheur. S'allonger au milieu d'une prairie en fleur et observer le manège des visiteurs ailés. Masque noir, couleurs éclatantes, voici la **pie grièche**, qui se perche sur le fil d'une clôture. Fraîchement revenu d'Afrique, cet oiseau aux allures de « mini rapace » capture des insectes, des lézards et même des petits rongeurs ou des amphibiens. Il les embroche sur les pointes des barbelés qui remplacent désormais les épines d'églantier ou d'aubépine qu'il utilisait autrefois et laisse faisander sa nourriture quelques jours sur cette étonnante lardoire. Plus tard, il consomme avec avidité ces délicieuses brochettes. En longeant les barbelés, il n'est pas rare de découvrir une malheureuse victime empalée. Une ombre impressionnante plane dans le ciel. Voilà l'aigle chasseur de serpents, le **circaète Jean-le-Blanc**, qui s'élève, utilisant les ascenseurs thermiques. Il pivote tout à coup exposant sa poitrine au soleil, la blancheur de son plumage éblouit. Quelques rémiges plus sombres aux extrémités des ailes contrastent avec cette vision immaculée. L'oiseau se stabilise, guettant ses proies au sol. Soudain, il plonge serres en avant. Ses phalanges équipées de coussinets antidérapants ne laissent aucune chance aux vipères ou aux couleuvres dont il se nourrit. D'un coup de bec rapide, il tue le serpent, évitant soigneusement le venin contre lequel il n'est pas immunisé. Mais déjà il s'éloigne et se perche sur un arbre pour consommer tranquillement sa proie.

Rocher Saint-Jean à Serverette.

Aubrac : paradis des narcisses au mois de mai.

Au milieu des prairies, des blocs de granite ou de basalte semblent curieusement empilés. Depuis des siècles, les paysans regroupent au prix d'un énorme labeur ces rocs abandonnés par les glaciers après un « voyage » de plusieurs kilomètres. En d'autres lieux, ce sont de véritables chaos, les **tors**, qui restent en place. Le plus spectaculaire domine le hameau de **Grand-Viala-le-Vieux**, près de Malbouzon. Grimpez au-dessus du village pour trouver les plus remarquables. Les sommets de l'Aubrac qui répondent au doux nom de « **trucs** » culminent à 1 400 m. Les plateaux basaltiques font également naître des sites spectaculaires en Aubrac, comme la superbe cascade du Déroc, près de Nasbinals. Osons le dire, la Margeride voisine a aussi ses tors et ses trucs ! Le plus connu, le rocher Saint-Jean ♥, se situe à la sortie de **Serverette** (48) en direction de Saint-Amans. On ne peut manquer ce remarquable empilement de blocs granitiques, miraculeusement en équilibre grâce à la présence de deux cales naturelles. Écoutez bien ! Ici, les premières cigales commencent à chanter et les gens ont déjà l'accent méridional. Si le chaos reste en équilibre, la France, elle, bascule vers le midi. Plus au nord, une inévitable roche branlante est bien connue des habitants du village de **Saint-Marc** (15). À l'entrée de **Giberges**, une belle demeure fait corps avec le granite. Dans les hameaux, cette roche, bonne pour tous les services, est utilisée aussi bien pour faire des dalles, des calvaires que des piliers dans les étables ou des piquets de clôture. **Ruynes-en-Margeride** (15) abrite un musée-jardin qui explique fort bien les traditions locales, la faune, la flore et la géologie complexe des lieux. Pour revenir quelques centaines d'années en arrière, il faut reprendre contact avec la grande faune aujourd'hui disparue de ces grands espaces, en visitant la **réserve des bisons** d'Europe à **Sainte-Eulalie**, ou le **parc des loups** du Gévaudan à **Sainte-Lucie**, près de Marvejols (48), dans lequel plus de cent loups vivent en semi-liberté. Les passionnés des loups comme Gérard Ménatory, créateur du parc en 1985, passeront un excellent moment. Une belle occasion de battre en brèche les idées reçues qui accablent encore ces superbes prédateurs.

Circaète Jean-le-Blanc : l'aigle chasseur de serpents.

À ne pas manquer !

Le coup de cœur : le piton d'Arlempdes

Le panorama : les gorges de l'Ardèche depuis la haute corniche

La balade : la cascade du Ray-Pic

Sucs en **morceaux** et chaussées de géants

L'Ardèche et la Haute-Loire, des paysages à pleurer d'émotion ! « Que la montagne est belle » chantait Jean Ferrat, au cœur de la vallée de la Volane. Dans le sud, l'intense travail de l'érosion a disséqué les plateaux calcaires d'origine marine. L'eau s'en est donné à cœur joie. Du bois de Païolive aux gorges de l'Ardèche, du pont d'Arc à l'aven d'Orgnac, elle a modelé la roche blanche. Au nord, c'est le monde des volcans. Pendant les deux derniers millions d'années, ils ont déversé d'immenses coulées de basalte qui empruntèrent les vallées. L'érosion a ensuite façonné les paysages en marches d'escalier. En Haute-Loire, un volcanisme plus ancien, produisant des laves moins fluides, a mis en place les « sucs » dont le plus célèbre, le mont Gerbier-de-Jonc, donne naissance à la Loire. Ce volcanisme fut ponctué de gigantesques explosions à l'origine de trous béants ou maars, occupés aujourd'hui encore par des lacs circulaires.

Cascade du Ray-Pic

Piton d'Arlempdes

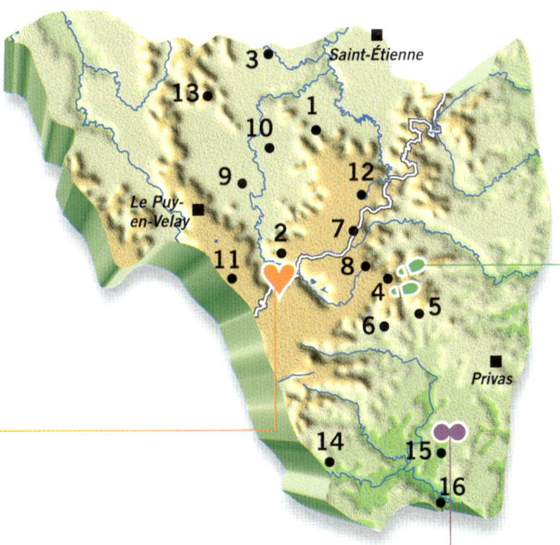

1. Orgues de Queyrières
2. Piton d'Arlempdes
3. Coulée de Saint-Julien-d'Ance
4. Cascade du Ray-Pic
5. Chaussée de géants de Burzet
6. Orgues de Thueyts
7. Le Mezenc
8. Mont Gerbier-de-Jonc
9. Rochers du Puy
10. Ravin de Rosières
11. Lac du Bouchet
12. Maar de Chaudeyrolles
13. Mont Bar
14. Bois de Païolive
15. Gorges de l'Ardèche
16. Aven d'Orgnac

Gorges de l'Ardèche

Queyrières : orgues basaltiques.

All you need is lave

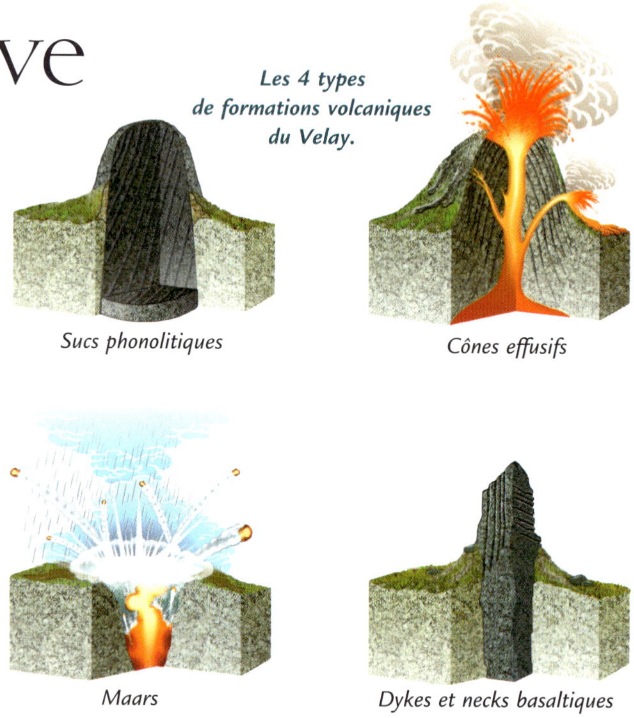

Les 4 types de formations volcaniques du Velay.

Comment imaginer, en voyant les doux paysages du Velay, que d'immenses coulées de basalte descendaient en rivières de feu. Le lent refroidissement de la lave fluide permit la formation, sur les flancs de la coulée, de prismes bien réguliers que l'intense érosion liée aux périodes glaciaires a pu mettre en évidence. Au nord du Puy, le village de **Queyrières** (43) est dominé par des gerbes extraordinaires disposées en éventail. Faites-en absolument le tour pour apprécier sous tous les angles ce festival d'orgues étrangement redressées, puis grimpez au sommet par le chemin qui s'élève au-dessus de la fontaine. C'est une autre lave, la phonolite, qui a fourni les lauzes, ces pierres plates de toute beauté, qui couvrent les toits des vieilles maisons et de l'église. Cette roche constitue d'étranges pitons ou sucs qui émergent du magnifique paysage que l'on découvre vers le sud. Le panorama est encore plus spectaculaire dans le hameau de Raffy à 2 km à l'est par la D 18.

Au sud du Puy, on frissonne d'émotion en apercevant le village d'**Arlempdes** (43) juché sur un **piton basaltique ♥**. Le meilleur point de vue se situe en contrebas au bord de la Loire fraîchement émoulue de sa source au mont Gerbier-de-Jonc. Pour en profiter au maximum, venez de préférence le matin lorsque la lumière caresse la falaise qui se reflète alors dans le fleuve. Le magma s'est autrefois infiltré dans une gigantesque fissure dans laquelle il a refroidi. De tels filons forment des murailles qui, déchaussées par l'érosion, sont appelées « dykes » par les géologues. Ici encore, en refroidissant, la lave a fait naître des orgues, dont certaines sont horizontales, témoignant ainsi d'une mise en place ascendante en « piston ». Dans le village, la visite des ruines du château offre des points de vue admirables sur les gerbes de basalte et les méandres de la Loire. Près du village de **Saint-Julien-d'Ance** (43), le site de la **« coulée de lave »** ressemble à une imposante chaussée inclinée, dont les pavés auraient tous été descellés. En fait, un épanchement de basalte a emprunté une gouttière naturelle, formant des prismes lors de son refroidissement. Les fissures ainsi mises en place ont permis l'infiltration des eaux de pluie jusqu'aux argiles sous-jacentes, entraînées par leur écoulement. Déstabilisées, les colonnes de basalte ont alors basculé en tous sens, s'effondrant comme un château de cartes. Comme si un séisme avait fait trembler une chaussée de géants. ■

***Arlempdes :** village juché sur un piton de basalte.*

Chaussées de géants ardéchoises

De coups de cœur en émotions, voici, aux portes de l'Ardèche, la **cascade du Ray-Pic** (07) où la nature a fait très fort en mariant l'eau et le feu. Ici, l'écume jaillit sur des gerbes de basalte disposées en éventail. Curieux retour des choses ! Il fut un temps où le basalte fluide et brûlant s'écoulait en cascade à partir d'un volcan voisin, et c'est l'eau qui, sous forme solide et glacée, l'a mis en relief bien des années après. Non loin de là, la Bourges issue de la cascade du Ray-Pic a dégagé une ancienne coulée de lave dont les prismes découpés forment un « pavage » naturel. Cette belle chaussée de géants peut être observée de part et d'autre du pont situé à un 1,5 km au sud de **Burzet**. À **Thueyts** (07), c'est l'Ardèche qui s'est mise au travail, dégageant de magnifiques orgues basaltiques. À l'est du village, un sentier balisé passe sous la route et descend au contact des belles colonnades, jusqu'au pont du Diable. Dans ce cadre idyllique, la rivière a creusé une gorge si profonde qu'elle atteint le socle calcaire de la coulée de lave. En suivant la direction « carrière de pouzzolane », on peut apercevoir les scories rouges qui constituent le cône volcanique édifié lors de l'éruption.

Burzet : *une chaussée de géant au bord de la Bourges.*

Cascade du Ray-Pic : *le fantastique mariage de l'eau et de la lave.*

Pains de sucs

Sucs ou pitons volcaniques font indiscutablement l'originalité des paysages à partir du Puy jusqu'aux pentes du **Mezenc**. La plupart furent érigés il y a cinq à dix millions d'années, à partir d'un magma très visqueux, surgi des profondeurs et rapidement solidifié. Ces pistons de lave traversent les roches encaissantes et se figent sans avoir eu le temps de s'étaler. L'érosion dégage ensuite ces « pains de sucre » très résistants, qui hérissent le paysage de ces surprenants pointements. L'exemple le plus célèbre est le **mont Gerbier-de-Jonc**, connu de tous les écoliers. La roche qui les constitue, la phonolite, est une lave dont le refroidissement produit en surface des craquelures régulières, la rendant ainsi facilement exploitable. De nombreuses carrières témoignent de l'extraction de la « pierre qui tinte » (*phono*, son ; *lithos*, pierre) pour fournir de la pierre de construction ou, pour les plus plates, des lauzes pour couvrir les toits. Les points de vue les plus remarquables se situent cependant entre **Queyrières** et **Yssingeaux**, sur la D 42 et autour du **mont Mezenc**. Depuis le col de la **Croix-des-Boutières**, on domine le cirque d'origine glaciaire et les sucs de Sara et de Borée. En grimpant au sommet, le panorama éblouissant s'étend des monts Forez aux volcans d'Auvergne et jusqu'aux sommets alpins.

La ville du **Puy** (43) est elle-même surplombée par des pitons étrangement dressés, le rocher d'Aiguilhe qui supporte une belle chapelle romane et le rocher Corneille surmonté d'une imposante statue rouge de la Vierge. Ces aiguilles qui dominent l'admirable cathédrale ne sont pas des sucs phonolitiques, mais des necks. Ces anciennes cheminées volcaniques constituées de brèches particulièrement résistantes correspondent à un volcanisme strombolien mis en place en partie sous l'eau et rappelant la formation en 1963 de l'île de Surtsey au large de l'Islande. Toutes les pierres de la vieille ville aux ruelles agréables résonnent de cette histoire. En contrebas, le magnifique jardin Henri-Vinay permet d'admirer des arbres remarquables, notamment des magnolias, des chênes et des hêtres vraiment imposants. ■

Près du mont Mezenc : *un suc de phonolite.*

L'étrange ravin de Corbeuf

Près de **Rosières** (43), une impressionnante entaille évoque certains grands paysages des déserts américains. Argiles tendres ou indurées, beiges ou bleues, se superposent ainsi sur 50 m d'épaisseur. Chaque nouvel orage creuse un peu plus les profonds sillons imprimés dans ce matériau de choix. L'érosion est intense et le paysage en constante évolution. Pour atteindre le meilleur point de vue sur le ravin, empruntez la D 7 vers le nord, puis juste après la gendarmerie la petite route de Chastel. Après 3 km, près d'une barrière en bois, prenez le petit chemin qui redescend à droite.

Petite pause contemplative pour comprendre. Il y a 35 millions d'années, le vieux Massif central fut secoué par la poussée alpine. La croûte continentale étirée provoqua l'affaissement de plusieurs ensembles régionaux : la Limagne, la plaine du Forez et pour ce qui concerne la région, les bassins du Puy et de l'Emblavez, où se trouve Rosières. Les vastes plateaux granitiques voisins, beaucoup plus élevés qu'aujourd'hui, furent peu à peu usés par les eaux de ruissellement. Des rivières chargées de sédiments déversèrent tous ces produits d'altération au fond d'un vaste lac qui occupait tout le bassin. Les argiles se mirent lentement en place, bien avant que le volcanisme ne modifiât encore le paysage.

Une autre promenade étonnante peut être faite à partir de Rosières. Le syndicat d'initiative se fera un plaisir de vous indiquer le meilleur accès pour le ravin, mais aussi pour découvrir la promenade de **« la galoche »** qui emprunte le chemin d'une ancienne voie ferrée avec ses viaducs ! Pour les marcheurs, un circuit pédestre permet de relier agréablement ces deux centres d'intérêt. Enfin, pour ceux qui apprécient les sucs, grimpez à la table d'orientation de **Roiron** à partir de la D 35 pour profiter du superbe panorama.

***Rosières :** le ravin de Corbeuf.*

Lire dans le maar

Les lacs du Velay ont une forme bien caractéristique, celle d'un cercle presque parfait ! C'est le cas des lacs d'**Issarles**, du Bouchet ou de **Saint-Front** (43). Un sentier ombragé permet de faire le tour du **lac du Bouchet**, à partir duquel on peut grimper à la « croix de la Chèvre » pour admirer cette merveille ronde et bleue. Ces paysages bien paisibles laissent difficilement imaginer la violence des phénomènes qui ont vu la mise en place de ces maars, nom d'origine allemande désignant un cratère d'explosion.

Il y a quelques millions d'années, le magma bouillonnant remontant des profondeurs rencontra sur son passage une nappe d'eau souterraine. Un fantastique chaud et froid qui provoqua une gigantesque explosion, puis un effondrement. Les projections entassées sur les bords formèrent un bourrelet dissymétrique. Dans l'excavation ainsi formée, l'eau de ruissellement s'accumula, contribuant à la formation d'un lac circulaire. D'autres maars sont actuellement de simples dépressions marécageuses moins lisibles dans le paysage. Sur les flancs du Mezenc, le maar de **Chaudeyrolles** forme une vaste cuvette dépourvue de lac, mais dont le fond est occupé par une tourbière que l'on peut découvrir grâce à un sentier aménagé. Droséras carnivores, busards cendrés et marmottes s'y partagent la vedette. La tourbe longtemps exploitée servait à alimenter le feu des cheminées très sollicitées lors des hivers très longs. À l'ouest du Puy-en-Velay, le paysage ressemble étrangement aux environs de Clermont-Ferrand. La chaîne du Devès est constituée d'un bel ensemble de cônes stromboliens dont le sommet déprimé évoque encore le cratère initial. Plus au nord, près d'Allègre, le **mont Bar** a conservé une silhouette parfaite de volcan effusif. Le lac qui occupait autrefois la dépression sommitale a laissé place à une tourbière. Du Devès au bassin du Puy, la célèbre culture des lentilles a repris de la vigueur. Le label « bio » empêchant l'utilisation d'herbicides, les champs se parent de bleu dès le début de l'été, signifiant le retour des bleuets. Les milans royaux qui apprécient les vastes étendues du Devès font admirer leurs couleurs orangées et leur queue échancrée.

***Lac du Bouchet :** un cercle parfait.*

Avens et Païolive

Gorges de l'Ardèche : des panoramas à couper le souffle.

Aux roches sombres volcaniques succède au sud du département de l'Ardèche le royaume du calcaire et de tous ces tourments, réunis ici sur quelques dizaines de kilomètres. Les eaux de pluies et la rivière elle-même ont sculpté le paysage, offrant mille possibilités d'émerveillement devant le fabuleux spectacle de l'érosion en marche. Tout près du village méridional des **Vans** (07), le site du **bois de Païolive** (le pays de l'olive) constitue un bel exemple de ce que les géologues appellent un mégalapiaz. Les calcaires lentement accumulés au jurassique au fond de la grande mer provençale ont subi dès leur émersion le patient travail des eaux de pluie. Soulevés, puis fissurés par les mouvements tectoniques, ils se crevassèrent peu à peu sous l'action chimique de l'eau acidifiée par le dioxyde de carbone de l'air, donnant peu à peu naissance à un étrange bestiaire minéral. À l'entrée ouest du bois, l'Ours et le Lion s'affrontent obstinément en un combat dont nous ne connaîtrons jamais l'issue. En quelques années, par recul du pâturage, la forêt regagne du terrain, masquant inexorablement l'architecture minérale. La richesse végétale n'a rien à envier aux beautés rocailleuses. Les orchidées sont nombreuses sur le site, parmi les lianes de salsepareille ou les herbes aux femmes battues. Le glaïeul sauvage, l'aphyllante de Montpellier, la psoralée bitumineuse, le chèvrefeuille étrusque illuminent les sentiers au printemps.

Autre site sublime, mais très fréquenté en été, les **gorges de l'Ardèche** ●● . Tout près de **Vallon-Pont-d'Arc** (07), la rivière passe sous l'arche naturelle de 34 m de hauteur ! L'Ardèche contournait autrefois le promontoire calcaire par un vaste méandre. Une partie de ses eaux devait sans doute s'infiltrer et passer en souterrain, court-circuitant ainsi la boucle. Des effondrements successifs du plafond des galeries souterraines ont progressivement élargi ce qui n'était au départ qu'un simple goulet. Les crues ont permis d'agrandir encore le passage en maintenant une arche imposante. L'Ardèche a abandonné le méandre, désormais inutile. La D 290 conduit à un ensemble de belvédères à couper le souffle. Celui du Serre-de-Tourre domine le méandre du Pas-de-Mousse. Plus loin, les belvédères de Gournier, puis de la Haute-Corniche donnent le tournis. Ce n'est pas un rêve, on est bien en France ! Et ce n'est pas fini. Sur l'autre rive, l'**aven d'Orgnac** nous attend patiemment, puisque les stalagmites ne grandissent qu'au rythme de 1 cm par siècle ! Dans la salle supérieure, celles-ci poussent sur un énorme cône d'éboulis. L'eau chargée de bicarbonate de calcium percole depuis le plafond, déposant au gré de sa fantaisie et des courants d'air d'incroyables colonnades de calcaire aux formes insolites. Piles d'assiettes, choux-fleurs, pommes de pin, palmiers, buffets d'orgue s'unissent pour composer une extraordinaire forêt minérale. Le bonheur n'ayant pas de prix, il faudra descendre ou gravir sept cent quatre-vingt-huit marches et plonger sous terre pour atteindre le septième ciel.

CAUSSES-CÉVENNES

À ne pas manquer !

♥ **Le coup de cœur :** l'aven Armand

●● **Le panorama :** le cirque de Navacelles

La balade : le chaos de Nîmes-le-Vieux

Causses toujours

Ballotté entre les influences méditerranéennes, atlantiques et continentales, le sud du Massif central rassemble des merveilles naturelles, lentement façonnées par l'érosion. Rudesse hivernale sur le versant nord, sécheresse et violents orages sur le versant sud : les conditions sont réunies pour faire naître des formes spectaculaires dans un paysage à découvrir plutôt au printemps, où les floraisons sont exceptionnelles, puis à l'automne, lorsque le feuillage prend ses teintes rouges et jaunes.

Aven Armand

Chaos de Nîmes-le-Vieux

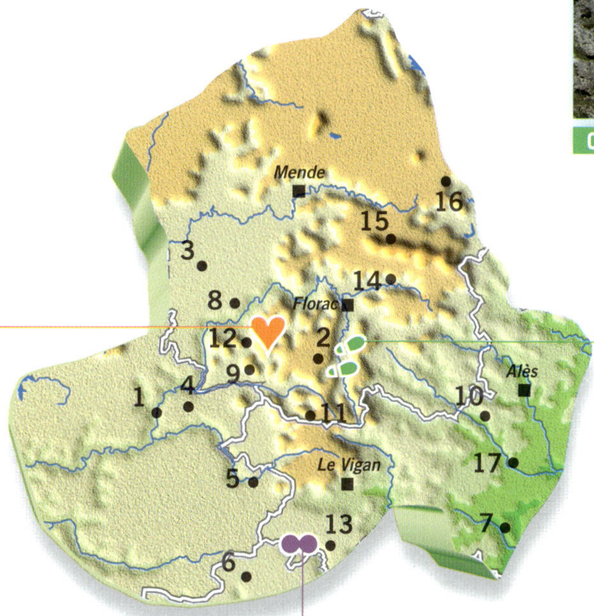

1. Montpellier-le-Vieux
2. Nîmes-le-Vieux
3. Sabot de Malepeyre
4. Chaos de Roques-Altes et du Rajol
5. Site de Cantobre
6. Arbre du Caylar
7. Mer des rochers de Sauve
8. Gorges du Tarn
9. Grottes de Dargilan
10. Grottes de Trabuc
11. Abîme de Bramabiau
12. Aven Armand
13. Cirque de Navacelles
14. Pont de Montvert
15. Col de Finiels
16. Tilleul de Prévenchères
17. Bambouseraie de Prafrance

Cirque de Navacelles

Sauge des prés.

Villes fantômes

Déposés à l'ère secondaire par la mer, les calcaires qui forment aujourd'hui les Causses accumulèrent des épaisseurs considérables sur les restes aplanis de la chaîne hercynienne. Subissant les outrages du temps, travaillés par les eaux d'infiltration, ces calcaires dolomitiques donnèrent naissance à des formes extraordinaires qui stimulent encore aujourd'hui les imaginations. La ressemblance que les bergers établissent avec des villes fantômes fut à l'origine des noms attribués à ces lieux étranges des Causses.

Montpellier-le-Vieux (12) sur la commune de La Roque-Sainte-Marguerite (entrée payante) est un extraordinaire chaos ruiniforme au cœur des calcaires dolomitiques du causse Noir. Jusqu'aux confins du XXe siècle, la « cité maudite », peuplée de monstres, hantée par le diable, était impénétrable. Les blocs furent peu à peu dégagés de la végétation qui les masquait, donnant toute sa beauté au lieu comparable à une immense cité de pierre, véritable labyrinthe minéral. Plusieurs circuits permettent d'apprécier les merveilles du calcaire travaillé par l'érosion. Quelques points forts affublés de noms évocateurs émergent de cet univers rocheux : le crocodile, la tête d'ours, la quille, le chameau… Tout en évitant le milieu de journée, pour bénéficier d'une lumière rasante mettant en valeur les jeux d'ombre, ne manquez pas le belvédère qui offre une vue plongeante sur le massif et le Douminal, véritable forteresse de pierres dominant les falaises du causse Noir, la vallée de la Dourbie et la corniche du Larzac. La Porte de Mycènes est sans doute le lieu le plus remarquable du chaos. Cette arche naturelle évoquant la Porte des Lions de la Grèce antique atteint 12 m de hauteur. À proximité, les rochers du sphinx ou du crocodile composent un étonnant bestiaire surplombé par les rochers de Château-Gaillard.

Nîmes-le-Vieux : les moutons sont chargés de l'entretien du site.

Entre Meyrueis et Florac, le chaos de Nîmes-le-Vieux (48) dans le hameau de Veygalier est moins connu et moins fréquenté que celui de Montpellier-le-Vieux, mais quel bonheur ! Un formidable labyrinthe à découvrir lorsque les floraisons printanières colorent les vertes prairies encore pâturées. Les blanches fleurs de l'amélanchier donnent plus de relief encore aux rocs dolomitiques particulièrement impressionnants, formant des tours imposantes ou des arches de pierre. Le lieu est idéal pour réfléchir à la succession des événements qui ont permis d'engendrer ces villes fantômes. Il faut remonter à l'ère primaire lorsque la chaîne hercynienne s'étendait d'est en ouest sur la Pangée. À l'ère secondaire, les restes de ce formidable ensemble furent rabotés par l'érosion jusqu'à n'être plus qu'un plateau à peine ondulé. C'est alors que la mer venue du sud recouvrit la région, accumulant d'importantes quantités de calcaire et de dolomie, sédiments riches en calcium et magnésium. Peu à peu libérés par les flots, les futurs Causses se mirent en place. Il y a 60 millions d'années, à l'ère tertiaire, les plissements alpins bousculèrent le Massif central. La gigantesque carapace calcaire des Causses se brisa, se disloqua. De grandes fractures aujourd'hui occupées par des rivières séparèrent le Larzac, le causse Noir et le causse Méjean. Au quaternaire, pendant les périodes glaciaires, le niveau de la mer s'abaissa, accentuant le travail d'érosion des eaux de ruissellement et favorisant le dégagement de ces chaos spectaculaires. Voilà… Réveillez-vous ! Vous êtes à Nîmes-le-Vieux au milieu des moutons.

Pour les « fous » de chaos, voici quelques autres propositions de découverte. Près de La Canourgue, la vallée de l'Urugne est dominée par le **sabot de Malepeyre** (48). La « voûte plantaire » de cet étrange rocher fut creusée par les eaux qui circulaient autrefois sur le causse. La D 46 permet d'approcher cette curieuse galoche naturelle, de se glisser sous une arche de 3 m de hauteur et d'apprécier un superbe panorama sur la vallée et les monts d'Aubrac. Les chaos de **Roques-Altes** et du **Rajol** sont également impressionnants. Des tours de calcaire hérissées au milieu des vertes prairies printanières forment une véritable forteresse naturelle surplombant de plus de 400 m les eaux de la Dourbie. La porte naturelle de Roques-Altes et le rocher du dromadaire de Rajol en sont les rocs les plus spectaculaires.

Plusieurs villages caussenards sont complètement intégrés à leur environnement rocheux. **Cantobre**, près de **Nant** (12) sur la D 991, est une petite merveille. Les maisons du village semblent perdues au milieu de gigantesques choux-fleurs minéraux, au confluent du Trévezel et de la Dourbie. Beaucoup plus au sud, aux confins du Larzac, **Le Caylar** (34), littéralement le « rocher », est encerclé de blocs ruiniformes comparables à une citadelle. L'orme sculpté sur la place du village est bien mort comme beaucoup de ses congénères, vaincus par la graphiose, mais Michel Chevray a su par son talent lui redonner vie. Il faut prendre le temps d'admirer le travail de l'artiste inspiré des légendes et traditions locales. Sur le tronc, un berger caussenard porte un agneau, un autre est accompagné de son chien. En tournant autour de l'arbre, quelques rencontres fortuites sont figées dans le bois : un cheval, un renard, une chouette, une feuille de chêne, un gland et la cardabelle, le chardon symbole du Larzac. En grimpant vers les branches, les rencontres se multiplient : un puissant bélier, puis un monde tourmenté où se mêlent lézards et crapauds, morilles et perdrix. Sur d'autres branches, un sanglier porte un rapace, tandis que deux serpents enchevêtrés se font face. Un peu plus loin, un hanneton côtoie les alvéoles d'un nid d'abeilles. Sous la main d'un sculpteur, l'esprit du Larzac s'imprègne au cœur d'un arbre mort.

C'est aux confins du Gard, perché au-dessus du village de **Sauve** (30), que l'on découvre la **mer des Rochers**, en empruntant les rues les plus élevées du village. Un sentier balisé longeant les murets des pâtures abandonnées permet de se retrouver au cœur d'un curieux labyrinthe de calcaire. Attention aux fortes chaleurs en été !

Nîmes-le-Vieux : *une arche de calcaire.*

Causses – Cévennes

Gard – Lozère

Gorges chaudes

Chahutés, brisés par les poussées venues de l'est alpin et du sud pyrénéen, les calcaires stratifiés des Causses sont parcourus de multiples réseaux de fissures. Les plus importantes permettent aux rivières de se frayer un chemin dans le blanc royaume du calcaire. Les **gorges de la Vis**, de la Dourbie, du **Trévezel** et les sublimes **gorges du Tarn** en sont l'illustration. Trois solutions pour parcourir ce site vraiment magnifique, en évitant si possible les jours d'été les plus chargés. Le canoë, pour découvrir les gorges « d'en bas », les randonnées au départ du **Rozier** (48), pour grimper pendant plusieurs heures vers les belvédères et les extraordinaires « vase de Chine » et « vase de Sèvres », rochers monumentaux aux formes évocatrices ou, enfin, la voiture avec un itinéraire éblouissant qui permet de relier, en passant par Les Vignes, le **belvédère du point sublime** à celui du roc de **Hourtous** dont le nom surprenant pour un causse évoque la multitude de petits jardins qui étaient cultivés dans la moindre cuvette un peu humide. Chaque virage réserve de nouvelles surprises. Imposantes colonnes de calcaire, couleur verte du Tarn, vue plongeante sur le canyon qui sépare les causses de Sauveterre et Méjean, rapaces virevoltants, flore lumineuse, on ne se lasse pas du spectacle. Les gorges du Tarn comme celles de la Jonte font aussi le bonheur des ornithologues. Les hautes falaises offrent aux grands rapaces des sites privilégiés de nidification, dès lors que les mesures de protection sont mises en place. Faucon pèlerin, hibou grand-duc, aigle royal se partagent les biotopes. Il est plus aisé encore d'observer les vautours fauves. Totalement éliminés du Massif central au début du XXe siècle, ces paisibles charognards planent à nouveau sur les Causses. Il a fallu beaucoup de ténacité pour réintroduire ces oiseaux, et le succès est au rendez-vous. Les efforts portent maintenant sur le retour du vautour moine. Quel bonheur de voir évoluer ces incroyables planeurs, profitant des « ascenseurs » d'air réchauffé au contact du calcaire blanc. En surface, l'érosion fonctionne comme un gigantesque râteau dont les griffes impriment des stries profondes dans la roche. Ainsi prennent naissance les paysages nommés lapiaz, dont les grands chaos ici présentés constituent de bons exemples. L'eau continuant son chemin en profondeur et s'écoulant dans d'étroites galeries souterraines, une véritable circulation interne, battant au rythme des pluies et des périodes sèches, anime le calcaire. Ainsi naissent les grottes, les siphons, les gouffres ou avens. L'univers des spéléologues est avant tout le royaume de l'eau.

Gorges de la Jonte : *le retour des vautours.*

Il est si difficile de choisir au pays des merveilles ! Le choix est forcément arbitraire. Dans les **grottes de Dargilan**, en Lozère, l'inspiration mystique viendra peut-être. La salle de la Mosquée dominée par le minaret rivalise de beauté avec le clocher, énorme stalagmite de 20 m ayant atteint la voûte. À quelques kilomètres de la bambouseraie d'Anduze, dans les **grottes de Trabuc** (30), la merveilleuse salle des cent mille soldats crée l'événement. Une multitude de fantassins de quelques centimètres de haut, groupés les uns contre les autres attendent un ordre incertain pour se mettre en marche. Ces microstalagmites n'accroissent leurs dimensions que lorsqu'elles sont immergées, donc en hiver. Des phénomènes d'électrolyse naturels permettraient d'expliquer leur formation, bien différentes de celles des stalagmites traditionnelles. ■

Gorges du Tarn : *le belvédère du roc de Hourtous.*

La mélodie du Bonheur

Le Bonheur, c'est le nom de la petite rivière qui s'infiltre dans le causse de Camprieu, formant l'**abîme de Bramabiau** (48), à la base duquel les eaux sortent en résurgence. Plus on s'éloigne, plus le site paraît spectaculaire. Il est vivement conseillé de gagner le belvédère situé sur la D 986. La pédagogie est alors au rendez-vous. Très sec en surface, le causse semble avoir été tailladé par un gigantesque coup de sabre. La rivière qui coulait autrefois sur le plateau et dévalait en cascades la falaise s'est enfouie dans le causse. Après un parcours de 600 m, elle en sort désormais en résurgence. Par temps de crue, le bruit assourdissant des flots rappelle un beuglement bovin : *Brama – biau*. Il est ensuite possible de gagner l'accès principal où de remarquables aménagements permettent de dominer la cascade et de pénétrer dans les entrailles du calcaire, au niveau de la résurgence, réapparition à l'air libre de la rivière infiltrée à distance et beaucoup plus haut. Le circuit proposé, de cascade en cascade, franchit l'imposant chaos du Pas-du-Diable, puis longe un filon de barytine blanchâtre jusqu'à la salle de l'Étoile tapissée de cristaux de calcite. Il emprunte de fait une impressionnante diaclase, fracture naturelle découpant à la verticale les sédiments calcaires. La visite de l'abîme de Bramabiau permet à tous de jouer aux spéléologues sans risques. Une excellente façon de comprendre comment les eaux qui s'infiltrent sur un plateau calcaire sinuent par un réseau complexe à l'intérieur de celui-ci, empruntant galeries souterraines, siphons et boyaux étroits, formant ce que les géologues appellent un réseau karstique. ■

***Abîme de Bramabiau :** la résurgence du Bonheur.*

Circulation dans l'aven

L'aven Armand ♥ (48), n'ayons pas peur des mots, est une des merveilles de la planète. Louis Armand, serrurier au village du Rozier et passionné de spéléologie, découvrit le site en 1897. Si son nom est lié à ce gouffre, il convient de lui associer également celui d'Édouard Martel, grand nom de l'exploration spéléologique du début du xxe siècle. Aven Armand, gorges du Verdon, le public doit une fière chandelle, si l'on ose dire, à celui qui fit « toute la lumière » sur le monde des ténèbres. Un tunnel de 200 m creusé pour permettre l'accès au public, parcouru par un funiculaire, débouche dans une extraordinaire cathédrale, véritable forêt de stalagmites mise en place sur des éboulis résultant de l'effondrement de la voûte d'une galerie souterraine. La nature s'en est donné à cœur joie pour édifier plus de quatre cents extraordinaires colonnades aux allures végétales : palmiers de calcite, araucarias insolites ou prêles géantes. On croirait revivre l'époque carbonifère qui précède les dinosaures, mais ici les forêts sont pétrifiées. Quelle merveille ! Sans doute un des plus fabuleux spectacles de la nature. À ne manquer sous aucun prétexte. La visite, comme celle des autres grottes de la région, est l'occasion de mieux comprendre la formation des célèbres stalactites et stalagmites. Traversant les réseaux karstiques des grands plateaux calcaires, l'eau enrichie en dioxyde de carbone lors de son passage dans l'atmosphère est légèrement acidifiée. Le calcaire, chimiquement un carbonate de calcium, récupère durant ce voyage un atome de carbone passant ainsi de l'état de carbonate insoluble à celui de bicarbonate soluble. La roche se dissout. Le travail d'érosion opère alors « en creux » : grottes, gorges, lapiaz, diaclases, avens se mettent en place. Lorsque l'eau infiltrée chargée de calcaire parvient, à l'issue d'une circulation complexe, au plafond d'une grotte, la réaction chimique s'inverse alors. Sous l'effet d'une rapide modification de pression et de température, le bicarbonate de calcium redevient carbonate insoluble. Le calcaire « précipite », autrement dit la roche se recompose. Le miracle de la chimie du calcaire ! Fonctionnant au goutte-à-goutte, les stalactites accumulent le carbonate de calcium à l'extrémité de leurs tubes creux. Une partie du précieux liquide tombe au sol, formant cette fois une concrétion montante, la stalagmite. Courants d'air, vitesse des réactions chimiques et parfois bactéries modulent des formes souvent exceptionnelles.

***Aven Armand :** une incroyable forêt de stalagmites.*

Tourne Vis

Le **cirque de Navacelles** ●● (34), installé dans la vallée de la Vis, est un site extraordinaire (encore!). Pour bien l'apprécier, il faut le découvrir depuis le belvédère situé au sud, au lieu-dit La Baume-Auriol, sur la D 130, ou depuis le belvédère nord, sur la D 713, près de Blandas. C'est à couper le souffle! Situé entre le causse du Larzac et celui de Blandas, cet énorme entonnoir correspond à un superbe méandre creusé, puis abandonné par la Vis. Celle-ci franchissait autrefois le maigre pédoncule qui faisait obstacle aux eaux tumultueuses, délaissant la boucle qui subsiste dans le paysage. ■

Cirque de Navacelles : depuis le belvédère de la Baume-Auriol.

Anduze : *l'extraordinaire bambouseraie de Prafrance.*

Bambous au pied des Cévennes

À Prafrance, près d'**Anduze** (30), voici le jardin des merveilles : une réussite exceptionnelle ! Le travail acharné de plusieurs familles passionnées a fait naître une phénoménale bambouseraie au cœur de laquelle s'épanouissent des arbres aux dimensions remarquables. En 1885, Eugène Mazel acheta le site et commença une très grande collection de végétaux provenant d'horticulteurs d'Europe, d'Asie, d'Amérique, ainsi que du jardin des Plantes de Montpellier. De cette époque, sont restés les séquoias qui avoisinent aujourd'hui les 50 m, les cyprès chauves, les ifs, les ginkgos, les chênes, le tulipier de Virginie, les marronniers et les magnolias.

Le développement de ces arbres est dû non seulement à leur âge respectable, mais aussi aux qualités du sol, au microclimat local et aux soins qui leur sont prodigués. L'introduction des bambous date de cette époque. Leur croissance spectaculaire crée une ambiance tout à fait insolite. Chaque génération a eu à cœur de perpétuer l'œuvre d'Eugène Mazel. La famille Nègre a racheté le domaine en 1902. Yves Couzet a accru la collection de bambous, portée aujourd'hui à trois cents variétés. Visitez Prafrance par beau temps, lorsque les rayons de soleil se faufilent entre les pousses de bambou. Enthousiasmantes ces herbes géantes ! Leur tige est en fait un rhizome souterrain. Seules les feuilles, dont la croissance peut dépasser plusieurs dizaines de centimètres par jour, poussent à la verticale. Une forêt de bambous peut finalement n'être constituée que d'un seul individu. À quelques kilomètres, tout au fond du **parc des Cordeliers**, à **Anduze**, se cache un chêne imposant venu des Amériques.

Calices au pays des merveilles

Venant des Causses, la descente vers Florac par la D 16 est vertigineuse. Au loin se dessinent déjà les croupes alanguies des **Cévennes**. En gagnant **pont de Montvert** (48), le contraste est saisissant, les roches sombres presque rouges du socle ancien remplacent le blanc du calcaire. La flore calcicole dominée par le chêne blanc, le genévrier et les multiples espèces d'orchidées disparaît brutalement, tandis que vieux châtaigniers et genêts prennent le dessus, appréciant l'acidité naturelle du sous-sol. À l'aridité des Causses succèdent la fraîcheur et l'humidité favorables aux floraisons printanières de narcisses. Alors les fleurs blanches ou jaunes inondent les vertes vallées. Au sud, le mont Aigoual capte les eaux qui irriguent le Languedoc et les Causses parvenant à terme en Méditerranée ou dans l'Atlantique. De vieux hêtres pluricentenaires subsistent encore sur ses flancs. C'est au **col de Finiels**, près du sommet du **mont Lozère**, que l'on rencontre les paysages les plus insolites. Martyrisés par les intempéries hivernales, les sommets sont dénudés. Les vieux granites aux cristaux de feldspath surdimensionnés ont subi les outrages du temps et de l'érosion. Conservant des équilibres précaires, les « boules » monumentales dominent les pâturages envahis de genêts. Sur les sommets cévenols, les dieux de la géologie semblent avoir entamé une phénoménale partie de pétanque. Beaucoup plus bas, dans le village de **Prévenchères** (48), le plus bel arbre de la Lozère, un tilleul de Sully, se dresse sur la place du village. Dans le même département, le hêtre de Veyrines à **Allenc** et le châtaignier du Buech qui s'appuie contre un mur, dans la commune de **Saint-Privat-de-Vallongue**, sont également remarquables.

Des Causses aux Cévennes, abeilles et bourdons recherchent le précieux nectar des fleurs séductrices. Calices, corolles déployées, orchidées, narcisses, genêts ou sauges déploient des trésors d'ingéniosité pour transmettre la semence mâle, les grains de pollen. Le plus souvent, c'est à son insu que le pollinisateur véhicule la poudre magique. De nombreuses espèces sont pourvues de mécanismes étonnants pour parvenir au résultat. Les fleurs de **genêt** fonctionnent comme de véritables catapultes. Forçant l'entrée des fleurs, les bourdons déclenchent un étonnant mécanisme. Dès que les deux pétales de la carène (partie inférieure de la corolle) se séparent sous le poids de l'insecte, les étamines se détendent comme des ressorts et viennent asperger le dos poilu de l'insecte. Tout n'est pas perdu pour celui-ci puisqu'un bouquet de cinq étamines très courtes lui sert un délicieux pollen sacrifié pour l'occasion. Le balancier de la **sauge** constitue sans doute la plus spectaculaire des machines pollinisatrices. Lorsqu'un bourdon pénètre dans la fleur de sauge pour y prélever le nectar désiré, il actionne involontairement un levier. Celui-ci fait basculer les étamines qui tamponnent de pollen le dos de l'insecte. La « langue » fourchue située à l'extrémité du pistil sera bien sûr sur le chemin de l'insecte dans une fleur voisine. ■

***Mont Lozère, col de Finiels :** équilibres précaires.*

INDEX

Les folios en italique renvoient à des illustrations.

INDEX

Les folios en italique renvoient à des illustrations.

Remerciements

L'auteur remercie particulièrement :

• Éliane, sa tendre épouse, qui a souffert face à une montagne de textes qu'elle a grandement améliorés.
Angela et Johanne qui ont presque sacrifié leur chambre pour que leur papa puisse travailler.
David et Pauline, responsables des pique-niques, du TGV et de la conception de l'auteur.

• Jean Arbeille.

• L'association A.R.B.R.E.S, ses adhérents, ses correspondants et les membres éminents de son conseil d'administration.

• Robert Bourdu et Yves-Marie Allain.

• L'association **Escapades** qui a servi de stimulant pour découvrir de nouvelles idées de promenades insolites.

• Tous ceux qui ont aidé à la recherche de sites ou de photos, en particulier :

• Daniel et Annette, Jean-Yves et Nicole, Jean-Claude, Danièle et François, Hélène, Claude, Régine, Serge, Bill et Fafa, Nathalie-Marie, Jean et Jean-Loup, Danièle, Doris et Jean-Louis, Gérard et Martine, Rolande et René, Jeannine, Évelyne, Denise, Michel et Liliane, Gilberte, Alain, Victor, Guy, Francis, Sébastien, Fabien, Maurice, Jacqueline, Jacques, Fernand, Annick, Arlette, Pierre et Madeleine, Babou et Léon.
Hélène Bugler, messieurs Gouyet, Ulysse, Dedieu, Bricaud, Mattei.

• Fabien Chenel de Nature et Découvertes.

• L'Université ouverte de Paris-VII et ses étudiants qui m'obligent chaque année à creuser de nouveaux sujets.

• L'agence 2A voyages, et en particulier Frédéric.

• La FNAC-Charenton.

• Objectif Nature et Alain Endewelt.

• Les offices du tourisme de Thueyts, Ille-sur-Têt, Rhinau, Langeac, Boën, du Pays de Bitche, du Sidobre, de la vallée d'Aspe, du pays de Guillestre, des départements des Deux-Sèvres, du Tarn, des Alpes-de-Haute-Provence.

• Les parcs naturels régionaux de l'Avesnois et de Scarpe-Escaut.

• Les gorges de la Fou, le parc de Courzieu, l'aven Armand, le gouffre de Proumeyssac, les grottes de Clamouse, le musée de la Météorite à Rochechouart, le zoo de Doué-la-Fontaine, la bambouseraie de Prafrance, le conservatoire des espaces naturels de Bourgogne, le jardin des Montets à Nancy, les jardins de Marqueyssac, les grottes de Choranche, Centre Bretagne Environnement.

Bibliographie

Guides géologiques, Masson.
Roches et paysages ont une histoire, François Michel, éditions BRGM.
Les Côtes de France, François Michel, éditions BRGM.
À la découverte des réserves naturelles de France, éditions Nathan.
Balades Natures, éditions Dakota.
Le faucon-pèlerin, R.J. Monneret, éditions Delachaux et Niestlé.
Guides naturalistes des côtes de France, Turquier Pomerol Bouměrias, éditions Delachaux et Niestlé.
Terrils majeurs en sol minier, association La Chaîne des terrils.
Nature insolite en France, P. Pellerin, éditions Nathan.
Collection Découvertes géologiques, éditions BRGM.

Pour les arbres :
Les arbres remarquables du Rhône, Conseil général, FRAPNA.
Les beaux arbres de la Drôme, AUED, Conseil général.
Les arbres remarquables de l'Isère, De feuilles en aiguilles, FRAPNA.
L'arbre Hérault.
Les arbres remarquables de Charente, Charente Nature.
Les arbres remarquables de Charente-maritime, Nature Environnement.
Les arbres remarquables du Morbihan, Conseil général.
Les arbres remarquables d'Ille-et-Vilaine, éditions Apogée.
Les arbres remarquables d'Île-de-France, AMC Éditions.
Les arbres remarquables de Haute-Vienne, association Découverte du patrimoine paysager et botanique.
Les vieux arbres de l'Orne, AFFO.
Les arbres remarquables de la Vienne, Vienne Nature, Atlantique éditions.
À la découverte des ifs de la Manche, CAUE de la Manche.
Les arbres remarquables du département de la Somme, CRPF, Arbres, DIREN.
Guides des arbres remarquables du Jura, de la Haute-Saône, du Doubs, du Territoire de Belfort, association Bois, Monts, Lacs.
Les arbres remarquables de la Creuse, association La digitale.
Arbres remarquables en Loire-Atlantique, CAUE, Conseil général.
Liste d'arbres remarquables du Haut-Rhin, ADAUHR, Conseil général.
Les vieux arbres de Normandie, le petit pierrotin, ACL Saint-Pierre-les-Elbeuf.
Le troglodyte, bulletin de la SEPENES (Sarthe).
Arbres admirables de l'Ardèche, Jacky Reyne, l'Ardéchoise.

Crédits photographiques

Toutes les photos sont de l'auteur sauf :

p. 26 (haut) : Jean et Jean-Loup Blanchet ; p. 52 : Claude Garnier ; p. 63 : Jean et Jean-Loup Blanchet ; p. 69 : grotte de Choranche ; p. 75 (bas) : Jean et Jean-Loup Blanchet ; p. 91 : Jean-Claude Lonnet, Parc du Gévaudan ; p. 97 : Jean-Yves David ; p. 103 : Alain Mayet ; p. 111 : Jean-Claude Lonnet ; p. 112 : Jean-Claude Lonnet ; p. 120 : Jean et Jean-Loup Blanchet ; p. 124 : Eliane Feterman ; p. 125 (haut) : Serge Dumont ; p. 126 : Serge Dumont ; p. 127 : Jean et Jean-Loup Blanchet ; p. 132 : Maurice Dedieu ; p. 138 : Michèle Moyano ; p. 146 (haut) : Hélène Bonnemaison ; p. 202 (haut) : Jean et Jean-Loup Blanchet ; p. 209 (haut) : Jean-Yves David ; p. 214 (haut) : Claude Garnier ; p. 215 (haut) : Claude Garnier ; p. 230 : B. Voisin, Géodrome ; pp. 242-243 : Gouffre de Proumeyssac ; p. 244 : Jardins de Marqueyssac ; p. 245 : Jean Blanchet ; p. 247 : Ferme aux dinosaures ; p. 279 : Jean et Jean-Loup Blanchet.

Toutes les illustrations sont de Matthieu Hofseth.

Achevé d'imprimer en mars 2003
sur les presses de Beta
Dépot légal : mars 2003